KB180904

제4차 산업혁명의 핵심동력

장수기업의 소프트 파워

4th
Industrial Revolution

Preface

　스웨덴의 일렉트로룩스, 네덜란드의 필립스, 독일의 아에게와 로벤타 등은 유럽의 대표적인 장수기업들이다. 이들의 공통점은 바로 모두 100년 이상의 오랜 역사를 바탕으로 세계적 명품 가전 브랜드라는 것이다. 산업화의 역사 속에서 성장한 글로벌 가전 기업들은 단순히 100년, 200년의 숫자만으로는 헤아릴 수 없는 특별한 가치를 가지고 있다.

　오랜 전통과 역사에서 찾을 수 있는 기업 고유의 브랜드 유산(heritage)이 바로 그것이다. 특히, 가전 기업의 브랜드 유산에는 다른 산업 분야와의 차이점이 존재한다. 전통적 가치와 첨단의 기술, 두 가지 상반된 개념이 함께 존재한다는 점이다. 오래된 기업들이 시장 내 선도적 위치를 유지하기 위해서는 혁신적 기술 개발이 필수이기 때문이다.

　이처럼 오랜 역사와 고유의 이념이 녹아든 혁신 기술이 적용된 명품 가전에는 따라잡기 식의 기술 개발로는 쉽게 이뤄낼 수 없는 브랜드만의 가치와 기술이 존재한다.

소프트 파워(soft power) 또는 연성권력(軟性權力)은 하버드 대학교의 조지프 나이(Joseph S. Nye)가 고안한 개념으로, 설득의 수단으로서 돈이나 권력 등의 강요가 아닌 매력을 통해 얻을 수 있는 능력을 말한다. 나이는 1990년에 출간한 《주도국일 수밖에 없는 미국: 미국 국력의 변화하는 본질》(Bound to Lead: The Changing Nature of American Power)이라는 서적에서 이 용어를 만들어냈다. 그는 더 나아가 2004년에 출간한 《Soft Power: The Means to Success in World Politics》에서 이 개념을 발전시켰다.

소프트 파워는 군사력, 경제력 등의 물리적인 힘을 지칭하는 '하드 파워(hard power, 경성권력)'에 대응되는 개념이다. 이 용어는 외교 현장과 언론에서 자주 사용되기 시작하였다. 이것은 강제력 등의 물리적인 힘이 아니라 자발적인 행동을 이끌어내는 매력을 말한다.

소프트 파워의 단적인 예가 문화다. 그리고 이런 문화에 감화된 예로 몽골이 피정복문화인 중국 문명과 이슬람 문명권에 동화된 것이 있다. 소프트 파워는 교육, 학문, 예술, 과학, 기술 등의 이성적, 감성적, 창조적 분야를 포함한다. 조지프 나이는 '자신이 원하는 것을 상대도 원하도록 하는 힘'인 문화, 이데올로기, 국제체제 창설 등의 능력 무형자원을 소프트 파워라고 정의했다.

기존의 국제 관계는 약육강식의 질서에 따라 이익중심, 승자중심의 제로섬 논의만이 존재했던 '현실주의' 국제 정치였고 공존, 평화, 상생 등의 가치들은 명분 쌓기의 수사에 그쳤다. 나이의 소프트 파워론은 '설득', '매력'과 같은 수단들을 통해 국제 관계에서 포지티브섬 방식의 이상주의적 논리를 현실화하면서 대립적, 위계적 국제질서의 외교적 대안과 수단을 모색한다.

그리고 20세기의 비폭력 외교나 대외문화정책과는 다른 21세기적 상황을 반영하여야 한다. 제국주의의 전성기인 19세기는 상품과 물자의 세계화뿐만 아니라 보편화된 삶의 양식, 즉 유럽의 사상, 가치관, 문화 역시 전 세계로 확산되던 시기였다. 이때의 '유럽 문화'는 근대 문명이라는 이름으로 아시아, 아프리카, 아메리카 지역에 이식되었다. 이와 동시에 토착·지역 문화에 대한 관심 역시 고조되면서 문화인류학이 비약적으로 발전하게 되었는데, 이것이 제국주의의 확장과 문화이식 차원에서 이루어졌다는 것은 주지의 사실이다. 하지만 나이의 소프트 파워론은 세계화와 그에 따른 국제 질서의 변화를 배경으로 정립되었다. 그는 세계화·정보화로 인해 군사, 경제력, 소프트 파워의 상호 연관성 속에서 소프트 파워의 비중이 더 크게 될 것이고, 국경에 구애받지 않는 가상사회와 가상조직이 만들어지며 이로 인해 초국가적, 비정부적 관여 주체들이 더 큰 역할을 할 것이라고 예견하고 있다.

곤고구미(金剛組)는 사찰과 신사, 불각 건축의 설계 및 시공, 성곽 및 문화재 건축물의 복원과 수리 등을 주업으로 하는 일본의 건설회사로, 현존하는 기업 중 세계에서 가장 오래된 기업이다. 서기 578년 설립되어 버텨온 세계에서 가장 오래된 장수기업으로 인정받고 있었다.

역시 일본의 호시료칸(法師旅館)은 718년 나라(奈良) 시대 때 창업하여 지금까지 이어져 내려오는 장수기업이다. 1999년, 세계에서 가장 오래된 호텔로 기네스북에 등재되었으며, 46대째 가업을 이어 1,300여 년 동안 운영해 오고 있는 일본 전통 료칸이다.

독일 라인가우 지역에 위치한 슐로스 요하니스베르그(Schloss Johannisberg)는 전 세계에서 가장 오래된 리슬링(Riesling) 포도밭을 가지고 있는 와인 전문 기업이다. 1720년부터 100% 리슬링 포도밭으로 구성되어 있다. 슐로스 요하니스베르그의 포도 재배 역사는 샤를마뉴 대제(768~814) 시대까지 거슬러 올라간다. 전설에 따르면, 잉글하임에 위치한 궁전에서 풍경을 바라보던 샤를마뉴 대제는 한 언덕의 눈이 다른 곳보다 빠르게 녹는 것을 발견하고, 와인 포도용 재배를 위한 이상적인 지역이라는 것을 직감하고 포도 재배를 명한다. 따라서 이 기업의 창업연도는 768년이다.

이들은 모두 수백 년 동안 같은 업종에서 대를 이어 가업을 지켜온 대표적인 장수기업들이다. 이들은 분명히 수백 년의 숫자만으로는 헤아릴 수 없는 특별한 가치를 가지고 있다.

이른바 제4차 산업혁명의 원동력이 바로 소프트 파워라고 하는 것이다. 소프트 파워의 핵심은 '연결성'과 '창의성'에 있다.

이 책은 세계 각 분야의 장수기업들이 가지고 있는 소프트 파워, 수백 년 견디어 온 그들만의 가치를 되새겨보고자 하는 데 목적이 있다. 이 책이 출간되기까지 주위의 많은 분들로부터 귀중한 조언과 아낌없는 성원을 받아 감사의 말씀을 전한다.

마지막으로 이 책의 출판에 많은 도움을 주신 한올출판사 임순재 사장님 이하 관계자 여러분의 노고에 깊은 감사의 말씀을 드린다.

2018년 1월
저자 씀

Contents

14 Chapter

세계 최대 항공기 제작 회사 - 보잉   **357**

제4차 산업혁명의 핵심동력
| 장수기업의 소프트 파워 |

장수기업의
소프트 파워

Chapter 01
장수기업의 **소프트 파워**

1. 명불허전

(1) 의미

    '이름이 헛되이 전해지지 않았다', 다시 말해 이름값을 한다는 뜻이다. 널리 알려진 명성이 실제로 인증되었을 때 쓰는 사자성어이다. 명불허전(名不虛傳)이라는 말은 정말 익숙하게 사용되는 말이다. 일반적으로 "역시 그 사람은 대단하다."라고 사용할 때 명불허전이라는 단어에 많이 비유되는 것을 알 수 있다.

    명불허전의 한자구성으로 직역을 하게 되면 '이름이 전해지는 데는 비어 있지 않다.'는 정도로 알 수 있는데 의역을 하게 되면, '사람의 이름이 알려지게 되는 데 그만한 이유가 있다.'라는 정도로 이해할 수 있다.

    현대에는 아주 좋지 않은 사실이나 명성 그리고 실패 등등에 "그러면 그렇지."라는 반어적인 의미를 담아 사용하기도 한다. 비꼬아서 말할 때에도 원래 의미에 맞는다는 게 재미있다. 반어적인 의미로 쓰일 때는 장애인 올림픽과 같은 맥락에서 '병불허전', '명불허접' 등의 변형으로 쓰기도 한다.

(2) 유래

　명불허전의 유래는 사마천(司馬遷)의 사기(史記) 열전(列傳)에 등장하는 인물 중 한 명인 맹상군이라는 사람에게서 유래가 되는데, 맹상군(孟嘗君)은 전국사공자(戰國四公子) 또는 전국사군자 중 한 명이다. 맹상군은 인재들을 후하게 대접을 하여 수천의 식객(食客)을 거느린 사람인데 제(齊)의 왕족으로 진(秦), 제(齊), 위(魏)의 재상을 역임하였다.

　"맹상군이 객을 좋아하고 스스로 즐거워하였다고 하니 그 이름이 헛된 것이 아니었다(世之傳孟嘗君好客自喜 名不虛矣)."라고 한 것에서 유래하였다는 설이 일반적이다.

자료: brunch.co.kr

🔷 그림 1-1　맹상군

자료: daejonilbo.com

◈ 그림 1-2 맹상군과 식객들

2. 장수기업

(1) 장수기업의 특징

200년 이상된 장수기업의 수는 일본에 3886, 독일에 1850, 영국에 467, 프랑스에 376, 미국에 157개 있다고 한다.
이들 기업의 특징은 다음과 같다.

① 환경변화에 민감하다 - 자사의 기본을 축으로 변화한다.
② 종업원의 결속력이 강하며, 사업의 독창성이 있다.
③ 현장판단을 소중히 한다.
④ 보수적인 자금운용을 하고, 검약을 실천한다.
⑤ 끊임없이 자기개혁을 한다.

삼성경제연구소가 2006년 7월 발표한 '장수기업의 조건'이라는 보고서를 보면, 장수기업들은 '사람'을 중시하는 풍토가 유별나며, 이는 노사관계에서 잘 나타난다. 보고서에서 삼양사·유한양행·아모레퍼시픽·동국제강 등을 분석한 결과 ▲강한 일체감 ▲고용안정과 직원에 대한 투자 ▲개인 고충 해결 노력 ▲노사 동반자 문화 등이 특징으로 꼽혔다. 기업 분위기가 '인간적이고 가족적'이라는 결과이다.

　반면, 글로벌 장수기업들은 더 안정적이고 견고한 노사관계를 보이고 있다. 보고서는 듀폰·P&G·코닝·도요타·HP의 사례를 통해 다섯 가지의 특징을 꼽았다. ▲직원 존중의 핵심 가치화 ▲경쟁력 우선의 노사관계 ▲현장 완결형 조직 관리 ▲노사문제 사전 예방 시스템 ▲글로벌화에 부합하는 다양성 존중 등이다.

국가별 200년 이상된 장수기업 보유순위 (단위: 개)

국가	순위	개수
일본	1	3886
독일	2	1850
영국	3	467
프랑스	4	376
오스트리아	5	302
네덜란드	6	296
이탈리아	7	192
스위스	8	167
미국	9	157
러시아	10	149

자료: 슈칸 도요게이자이

일본 창업 1000년 이상된 현존 기업 순위
(2010년 10월 현재)

	기업	업종 (창업연도)	소재지
1	곤고구미(金剛組)	건축(578년)	오사카
2	니시야마온센게이운칸 (西山温泉慶雲館)	숙박(705년)	야마나시
3	고만	숙박(717년)	효고
4	젠고로(善吾樓)	숙박(718년)	이시카와
5	겐다지교(原田紙業)	종이(771년)	교토
6	다나카이가부츠구텐 (田中伊雅佛具店)	불교용품 (885년)	교토
7	나카무라샤지(中村社寺)	건축(970년)	아이치

자료: 데이코쿠 데이터 뱅크

자료: segye.com

🏛 그림 1-3 장수기업의 나라 일본

일본과 독일을 비롯한 서양의 여러 나라에는 200년 이상된 장수기업이 많이 있지만 한국에는 100년 이상된 기업이 두산그룹과 한전 두 군데 밖에 없다.

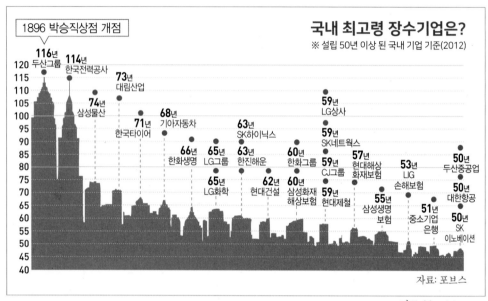

그림 1-4 국내 장수기업

(2) 장수기업의 비결

스웨덴의 일렉트로룩스, 네덜란드의 필립스, 독일의 아에게와 로벤타 등은 유럽의 대표저인 장수기업들이다. 이들의 공통점은 바로 모두 100년 이상의 오랜 역사를 바탕으로 세계적 명품 가전 브랜드라는 것이다. 산업화의 역사 속에서 성장한 글로벌 가전 기업들은 단순히 100년, 200년의 숫자만으로는 헤아릴 수 없는 특별한 가치를 가지고 있다.[1]

---

1) 전자신문, 2013.01.19.

자료: theceo.co.kr

🔷 그림 1-5 장수기업의 특별한 가치

글로벌 초우량 장수기업의 성공 DNA

- 탁월한 시장 선택능력을 키워라(시장선점 · 다각화).
- 적과 차별화하지 않으면 살아남지 못한다.
- 노사안정 없이 절대 승리할 수 없다.
- 인재투자에 돈을 아끼지 마라.

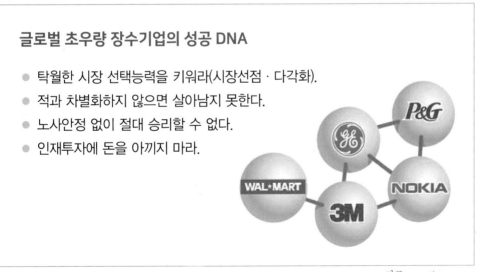

자료: gore.tistory.com

🔷 그림 1-6 글로벌 장수기업의 성공 DNA

오랜 전통과 역사에서 찾을 수 있는 기업 고유의 브랜드 유산(heritage)이 바로 그것이다. 특히, 가전 기업의 브랜드 유산에는 다른 산업 분야와의 차이점이 존재한다. 전통적 가치와 첨단의 기술, 두 가지 상반된 개념이 함께 존재한다는 점이다. 오래된 기업들이 시장 내 선도적 위치를 유지하기 위해서는 혁신적 기술 개발이 필수이기 때문이다. 이처럼 오랜 역사와 고유의 이념이 녹아든 혁신 기술이 적용된 명품 가전에는 따라잡기 식의 기술 개발로는 쉽게 이뤄낼 수 없는 브랜드만의 가치와 기술이 존재한다.

최초의 가정용 청소기 개발 101주년 일렉트로룩스(Electolux)

일렉트로룩스의 역사는 곧 청소기의 역사라 해도 과언이 아니다. 창업자 악셀 베네그렌은 1912년 세계 최초로 가정용 진공청소기 개발에 성공했다. 이미 그보다 앞선 1901년, 영국에서 진공청소기가 개발되긴 했지만 무게가 50kg에 달해 마차에 싣고 다녀야 할 정도로 무겁고, 소음도 심했다. 일부 청소업체들이 대형

자료: zdnet.co.kr

🔷 그림 1-7 스웨덴의 악셀 베네그렌이 개발한 룩스1

자료: topclass.chosun.com

그림 1-8 최초의 로봇청소기 트릴로바이트

공간을 청소하는 용도로만 쓸 뿐이고 가정용으로는 적합하지 않았다. 스웨덴 가전 그룹 일렉트로룩스(Electolux)의 창업자 악셀 베네그렌(Axel Wenner-Gren)은 1912년, 가정에서도 사용할 수 있는 이동 가능한 진공청소기 룩스1(Lux1)을 세계 최초로 개발하여 가사 노동에 얽매여 있던 여성들에게 자유를 선사했다.

이외에도 바퀴 달린 진공청소기의 전신인 모델 V(Model V)와 세계 최초의 로봇청소기 트릴로바이트(Trilobite) 역시 일렉트로룩스의 제품이다. 일렉트로룩스는 100여년 전, 최초의 가정용 진공청소기 개발을 시작으로 지속적으로 혁신적인 기술의 역사를 만들어 나가고 있는 기업이다. 현재 유럽 시장 내 최대 규모의 가전 그룹으로 자리잡고 있으며, 전 세계 150여 개국 시장에 진출, 한국 시장에는 2002년에 공식 출범했다. 2013년에는 최첨단 기술이 집약된 코드리스 청소기 라인을 새롭게 선보였다.

6.9초에 1대 팔리는 글로벌 자동차 브랜드 쉐보레

세계적인 자동차 브랜드 쉐보레(Chevrolet)는 1911년 미국 디트로이트에서 시작했다. 당시 스위스 태생의 루이스 조셉 쉐보레와 제너럴모터스(GM)의 설립 파트너인 윌리엄 듀런트가 만나 처음 탄생했다고 한다.

자료: gyotongn.com

🔹 그림 1-9 미국 GM의 핵심 브랜드인 쉐보레

1913년부터 지금의 모양과 비슷한 엠블럼이 사용되기 시작했다. 이 엠블럼은 윌리엄 듀런트가 1908년 파리 방문 때 묵었던 호텔 방의 연속적으로 나열된 나비 넥타이 패턴 벽지 무늬에서 모티브를 얻었다는 일화가 있다. 하지만 듀런트의 딸은 "아버지가 저녁 식사 중 종이에 자동차 엠블럼을 디자인하는 모습을 여러 차례 목격했다."고 말했고, 그의 아내 캐서린은 "온천 호텔방에서 남편이 신문을 보다가 '쉐보레 엠블럼으로 안성맞춤'이라고 말하는 것을 들었다."고 말했다. 그 진실은 명확히 알 수 없다.

쉐보레는 1979년 1억 번째 차량 생산을 이루어냈고, 2007년에는 자동차의 미래라 불리는 전기자동차 볼트를 선보이며 전 세계 자동차 시장에서 혁신적인 이미지를 구축하고 있다. 볼트는 전기 주행거리가 89km로, 우리나라 자동차 1일 평균 주행거리가 43.9km인 점(2014, 교통안전공단)을 감안했을 때 일상생활에서 순수 전기자동차와 같이 사용할 수 있다. 전기자동차의 구동시스템을 기반으로

1911   1914   1934

1942   1965   1978

2000   2004   2011

2013

자료: motoroid.tistory.com

◈ 그림 1-10 쉐보레 엠블럼 변천사

자료: chevrolet.co.kr

◈ 그림 1-11 쉐보레 전기자동차 볼트

하되 가솔린 주유가 가능한 볼트는 전기자동차가 아직 낯선 운전자가 처음 접하기에 좋은, 가장 현실적인 전기자동차이다. 현재 세단, SUV, 스포츠카, 전기차 등 다양한 풀라인업으로 전 세계 130개국 이상에서 6.9초당 1대씩(2011년 10월 기준) 팔리며 늘 새로운 디자인과 혁신적인 기술을 개발해오는 전통의 자동차 브랜드다. 2011년 글로벌 판매 476만 대를 기록하며 브랜드 출범 100년 만에 사상 최대 판매실적을 달성하기도 했다.

발명가 에디슨의 기술로 시작된 독일 명품 가전 브랜드 아에게(AEG)

1883년 엔지니어였던 에밀 라테나우(Emil Rathenau)가 설립한 독일에디슨회사(Deutsche Edison Gesellschaft)에서 출발했다. 에밀 라테나우는 미국의 발명가 에디슨이 보유한 전구 특허권 사용 허가를 얻어 베를린에 독일에디슨회사(DEG)를 세워 처음에는 전구, 엔진, 발전장비 등을 생산했다.

1887년 회사 이름을 종합전기회사(Allgemeine Electricitets Gesellschaft, AEG)로 바꾸고, 1889년 아에게(AEG)는 처음 소형 가전제품을 선보였다.

1907년 건축가이자 디자이너인 페터 베렌스(Peter Behrens)를 고용하여 세계에

자료: blog.naver.com

◈ 그림 1-12 에밀 라테나우

자료: m.cafe.daum.net

🔷 그림 1-13 세계 최초로 CI의 개념을
확립한 디자이너 페터 베렌스

자료: blog.naver.com

🔷 그림 1-14 AEG의 CI 디자인을 도입하여
기업이미지를 확고하게 통일

서 처음으로 CI(corporate identity) 개념을 도입해 로고, 제품 및 카탈로그 디자인에 일관성을 부여했다.

이후 진공청소기, 냉장고, 전기 조리기구, 세탁기 등을 내놓으며 가전업계의 발전을 이끌어나갔다. 세계 최초로 완전 자동 세탁기를 출시하면서 명품 가전 브

자료: m.blog.daum.net

🔷 그림 1-15 아에게(AEG) 퍼지로직 기능 드럼 세탁기

랜드로 성장했다. 125년의 역사와 전통을 가진 아에게는 견고한 품질과 내구성으로 유럽시장에서는 최고급 제품으로 인정받고 있다.

전구 회사에서 세계 최고 조명 기업으로, 필립스(Philips)

필립스는 1891년에 카를 마르크스의 모계 사촌인 제라르드 필립스가 네덜란드 아인트호벤에 설립했다. 처음에는 백열등과 전기기술 장비를 생산했다. 첫 번째 공장은 박물관으로 남아 있다. 1920년대에, 필립스는 진공관같은 다른 제품을 제조하기 시작했다.

1927년에, 필립스는 영국 진공관 제조업체 멀라드를 인수하였고, 1932년에 독일 진공관 제조업체 발보를 인수했다. 멀라드와 발보는 현재 필립스의 자기업이 되었다. 1939년에 필립스는 전기면도기, 필립쉐이브를 발표하였다. 필립쉐이브는 미국에서 노렐코라는 브랜드 이름으로 판매되었다.

자료: magazine.hankyung.com   자료: philips.co.kr

그림 1-16 1939년 최초의 전기면도기   그림 1-17 필립스 LED 자동차 헤드라이트 전구

현재는 다양한 가전제품으로 유명하지만 사업 초기에는 전기가 상용화된 이후 늘어나는 전구 수요를 충족하기 위해 'Philips & Co.'라는 이름으로 세워졌다. 전기면도기로 유명한 필립스는 1939년에 최초의 전기면도기를 생산하였으며 1940년대와 1950년대, 과학 및 기술이 눈부신 속도로 발전하면서, TV 화면 레코딩, 전송, 재생 기능 개발 부문에서 두각을 나타냈다. 최근 시장 내에서도 오랜 역사를 가진 전구 회사의 명성에 걸맞게 첨단 조명 및 LED 제품 출시에 힘쓰며 강력한 브랜드 파워를 유지하고 있는 장수기업이다.

세계 최고의 헤어 케어 가전 브랜드, 로벤타(Rowenta)

1884년 독일인 로베르트 바인트라우트(Robert Weintraud)가 오펜바흐에서 바인트라우트 & Co를 설립하여 필기도구 등의 잡화를 생산, 1909년 로벤타를 상표명으로 등록한 후 나중에 회사명도 로벤타로 변경하였다.

자료: beautypl.co.kr

🏵 그림 1-18 로벤타 상표명

사업 초기에는 필기도구, 흡연용 액세서리, 세면화장용품, 벨트버클 등을 생산하다가 1920년대부터 다리미, 토스터기, 커피메이커, 전기 주전자 등의 소형 가전제품을 생산하기 시작했다. 1963년 미국의 선빔 코퍼레이션이 로벤타를 인수하였다. 1988년 프랑스의 다국적기업 세브그룹(Group SEB)은 로벤타 본사와 세계 각국에 있는 로벤타 자회사 8개를 인수하였다.

국내에는 2007년 헤어 제품군과 퍼스널 케어 제품군으로 진출하였으며, 최근 국내 이·미용 가전 시장에서 우수한 성능의 헤어드라이어와 헤어스타일링기로 여성 소비자들의 사랑을 받고 있다.

자료: lovelymaddy.tistory.com

◉ 그림 1-19 로벤타 에어브러쉬/롤드라이기/브러쉬드라이기/빗드라이기

자료: it.donga.com

◉ 그림 1-20 일렉트로룩스, 한국 사용자에 맞춘 '울트라플렉스' 출시

일렉트로룩스 관계자는 "일렉트로룩스는 세계 최초 가정용 진공청소기를 출시한 이후에도 끊임없는 기술과 디자인 개발을 통해 100년이 넘는 시간 동안 업계의 선두를 지켜왔다."며, "브랜드만의 고유한 철학을 지키면서도 지속적인 혁신을 선보이기 위해서는 무엇보다 소비자 위주의 사려 깊은 제품 개발이 필요하다. 이것이 역사와 전통이 있는 글로벌 브랜드의 장수비결이라고 할 수 있을 것"이라고 설명했다.

3. 소프트 파워

(1) 개요

소프트 파워(soft power) 또는 연성권력(軟性權力)은 하버드 대학교의 조지프 나이(Joseph S. Nye)가 고안한 개념으로, 설득의 수단으로서 돈이나 권력 등의 강요가 아닌 매력을 통해 얻을 수 있는 능력을 말한다. 나이는 1990년에 출간한

자료: namu.wiki

◈ 그림 1-21 조지프 나이

《주도국일 수밖에 없는 미국: 미국 국력의 변화하는 본질》(Bound to Lead: The Changing Nature of American Power)이라는 서적에서 이 용어를 만들어냈다. 그는 더 나아가 2004년에 출간한 《Soft Power: The Means to Success in World Politics》에서 이 개념을 발전시켰다.

소프트 파워는 군사력, 경제력 등의 물리적인 힘을 지칭하는 '하드 파워(hard power, 경성권력)'에 대응되는 개념이다. 이 단어를 처음 사용한 사람은 하버드 대학교 케네디 스쿨의 조지프 나이 석좌교수이다. 이 용어는 외교 현장과 언론에서 자주 사용되기 시작하였다. 이것은 강제력 등의 물리적인 힘이 아니라 자발적인 행동을 이끌어내는 매력을 말한다.

소프트 파워의 단적인 예가 문화이다. 그리고 이런 문화에 감화된 예로 몽골이 피정복문화인 중국 문명과 이슬람 문명권에 동화된 것이 있다. 소프트 파워는 교육, 학문, 예술, 과학, 기술 등의 이성적, 감성적, 창조적 분야를 포함한다. 조지프 나이는 '자신이 원하는 것을 상대도 원하도록 하는 힘'인 문화, 이데올로기, 국제체제 창설 등의 능력 무형자원을 소프트 파워라고 정의했다.

(2) 소프트 파워가 필요한 이유

기존의 국제 관계는 약육강식의 질서에 따라 이익중심, 승자중심의 제로섬 논의만이 존재했던 '현실주의' 국제 정치였고 공존, 평화, 상생 등의 가치들은 명분 쌓기의 수사에 그쳤다. 나이의 소프트 파워론은 '설득', '매력'과 같은 수단들을 통해 국제 관계에서 포지티브섬 방식의 이상주의적 논리를 현실화하면서 대립적, 위계적 국제질서의 외교적 대안과 수단을 모색한다.

그리고 20세기의 비폭력 외교나 대외문화정책과는 다른 21세기적 상황을 반영하여야 한다. 제국주의의 전성기인 19세기는 상품과 물자의 세계화뿐만 아니라 보편화된 삶의 양식, 즉 유럽의 사상, 가치관 문화 역시 전 세계로 확산되던 시기였다. 이때의 '유럽 문화'는 근대 문명이라는 이름으로 아시아, 아프리카, 아메리카 지역에 이식되었다. 이와 동시에 토착·지역 문화에 대한 관심 역시 고조되

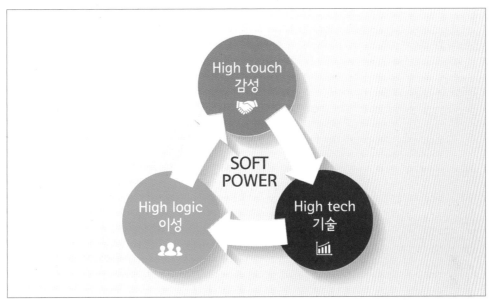

자료: trendinsight.biz

🌐 그림 1-22 소프트 파워

면서 문화인류학이 비약적으로 발전하게 되었는데, 이것이 제국주의의 확장과 문화이식 차원에서 이루어졌다는 것은 주지의 사실이다. 하지만 나이의 소프트 파워론은 세계화와 그에 따른 국제 질서의 변화를 배경으로 정립되었다. 그는 세계화·정보화로 인해 군사, 경제력, 소프트 파워의 상호 연관성 속에서 소프트 파워의 비중이 더 크게 될 것이고, 국경에 구애받지 않는 가상사회와 가상조직이 만들어지며 이로 인해 초국가적, 비정부적 관여 주체들이 더 큰 역할을 할 것이라고 예견하고 있다.

좀 극단적인 경우로, 더 이상 무력으로만 해결할 수 없는 것이, 지금은 핵무기가 있다. 강대국들조차도 어떤 약소국이 핵무기를 가진 국가라면 조심한다. 왜냐하면 그걸로 인해 공멸할 수도 있기 때문이다. 여기까지 갈 것도 없이 상호확증파괴를 생각하면 곧 이해할 수 있다.

상호확증파괴(mutually assured destruction, MAD)란 냉전 당시에 존 폰 노이만이 제안하여 만들어진 용어로, 전쟁이나 전투의 결과에 상관없이 양측 모두 파괴될 것이 확실한, "너 죽고 나 죽자."를 말한다. 미·소 핵군비경쟁 초기에 등장했으며 이후 모든 핵전략의 기초가 되었다. 노이만 특유의 센스로 '미쳤다'는 뜻의 MAD와 같은 스펠링을 가지도록 약어를 지었다. 말 그대로 정말 미친 짓이다.

정작 폰 노이만이 창안한 게임 이론에 따르면 상대에 대한 억지력은 확실하지만 상대가 허세라고 받아들일 가능성도 가장 높은 전략이다. 상대가 핵미사일한 발 맞았다고 정말 끝장을 보려 들겠냐는 뜻이다.

가령 소련이 극한 상황에 몰려 네바다 주의 핵실험장에 미사일 한 발을 쐈다고하자. 핵실험장에 쐈으므로 인명피해는 최소화될 것인데, 미국이 모스크바를 비롯한 소련 전역에 핵을 퍼부으려 할까? 차라리 시베리아 어딘가에 보복성으로한두 발 쏘지 않겠냐는 의미다.

물론 그럴 가능성이 높다는 의미고 정말 상호확증파괴까지 가지 말라는 법은없다. 무엇보다 핵을 그렇게 우습게 봐서도 안 되고, 어디까지나 폰 노이만의 게임 이론에서 이론적으로 그렇다는 의미다.

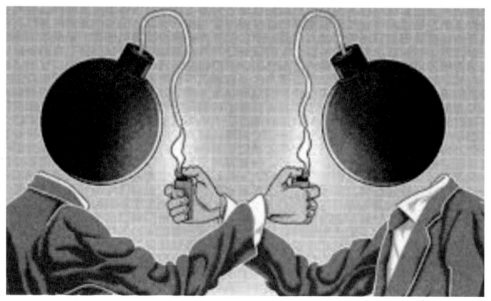

자료: namu.wiki

🔶 그림 1-23 상호확증파괴

무엇보다 중요한 것은 제4차 산업혁명의 원동력이 바로 소프트 파워라고 하는 것이다. 소프트 파워의 핵심은 '연결성'과 '창의성'에 있다.[2]

자료: news.samsung.com

🔶 그림 1-24 CES 2017

① 연결성

삼성전자가 2017년 1월 4일(현지 시각) 미국 라스베이거스에서 세계 최대 전자 전시회 'CES 2017' 개막에 앞서 프레스 컨퍼런스를 개최하고 삼성전자의 IoT '연결성' 강화방안과 2017년형 전략 제품을 소개했다.[3]

미디어와 업계 관계자 약 1,500명이 행사장을 가득 채운 가운데, 삼성전자는 ▲ IoT 연결성 강화, ▲ 메탈 퀀텀닷 기술이 적용된 삼성 QLED TV, ▲ '플렉스워시'와 '플렉스드라이, '패밀리허브 2.0' 등 혁신 가전 제품, ▲기어 S3를 중심으로 한 웨어러블 파트너십 등을 선보였다.

---

2) 한중전략경영연구소, 제4차 산업혁명 충격과 도전, 배문사, 2017, pp.209~231.
3) SAMSUNG NEWSROOM, 2017년 1월 5일.

삼성전자 미국법인 팀 백스터 부사장은 "삼성전자는 지속적인 기술 혁신과 라이프 스타일을 고려한 디자인으로 소비자 일상에 즐거움과 편리함을 제공하기 위해 노력해 왔다."며, "2017년에는 이와 더불어 삼성전자의 주요 가전제품과 TV가 IoT에 연동되고 이를 바탕으로 더 많은 서비스가 가능해질 것"이라고 강조했다.

또한, 팀 백스터 부사장은 "이러한 서비스는 단순히 기기와 서비스를 연결하는 것이 아니라 클라우드를 기반으로 인공지능, 빅데이터, 오픈 API 등의 기술을 연동하고 통합된 앱으로 간편하게 제어함으로써 소비자들이 이전에 경험하지 못했던 진정한 IoT 생활에 한 걸음 더 다가가게 될 것"이라고 말했다.

한편, 삼성전자는 1억 5천만 달러 규모의 '삼성 넥스트 펀드'를 조성해 전 세계 유망 기술 분야(특히 IoT, 가상현실, 인공지능 등) 스타트업을 발굴하고 육성해 나갈 것이라고 발표했다. 이것은 향후 IoT 관련 업계의 생태계 강화에도 중요한 역할을 할 수 있을 것으로 기대된다.

자료: news.samsung.com

◈ 그림 1-25 여성 모델이 삼성전자 전자동 세탁기를 열고 있는 모습

또한 삼성전자는 2개의 독립 공간을 일체형으로 설계하고 소비자의 다양한 요구를 맞춤형으로 해결해 주는 신개념 세탁기 '플렉스워시', 건조기 '플렉스드라이'를 공개했다.

삼성전자 미국법인 존 헤링턴 가전 담당 임원은 "삼성전자는 미국 시장에서 애드워시의 혁신에 힘입어 냉장고에 이어 세탁기에서도 TOP 브랜드로 인정받게 되었다."며, "'플렉스워시', '플렉스드라이'가 그 이상의 시장 반응을 얻을 수 있을 것으로 확신한다."고 자신감을 피력했다.

'플렉스워시'는 상부의 3kg급 전자동 세탁기와 하부의 21kg급 대용량 드럼 세탁기가 일체형으로 디자인된 제품으로 세탁물의 종류, 양, 시간에 맞춰 사용자가 원하는 대로 동시 혹은 분리 작동할 수 있어 세밀하게 의류 관리를 할 수 있고 세탁에 필요한 에너지와 시간도 절감된다.

'플렉스드라이'는 상부의 소용량 건조기와 하부의 대용량 건조기가 일체화된 제품으로, 스카프나 블라우스와 같이 섬세한 관리가 필요한 세탁물을 상부의 소용량 건조기에서 별도로 건조시킬 수 있어 시간 절약 효과가 크다.

'플렉스워시'와 '플렉스드라이' 모두 IoT 연결성이 더욱 강화된 '스마트홈' 기능이 탑재되어 시작·중지·모니터링 등 모든 세탁 과정을 스마트폰으로 제어할 수 있다.

삼성전자는 기존의 '푸드 매니지먼트', '패밀리 커뮤니케이션', '엔터테인먼트' 기능이 더욱 강화된 '패밀리허브 2.0'을 공개했다.

'패밀리허브 2.0'은 음성 인식 기능, 가족 구성원별 개인 계정 설정 기능, 사용자 인터페이스 개선 등 사용자들의 니즈가 반영돼 편의성이 대폭 높아졌다.

'패밀리허브'는 2016년에 이어 2년 연속 'CES 혁신상'을 수상했다. 이날 공개한 냉장고, 월 오븐, 콤비 오븐, 쿡탑, 후드, 식기세척기로 구성된 프리미엄 주방가전 패키지 역시 고급스러운 디자인과 첨단 기능은 물론 IoT 연결성이 강화됐다.

프리미엄 주방가전 패키지의 모든 제품은 와이파이를 통한 원격 제어가 가능해 스마트폰으로 조리 상태를 확인할 수 있고, 스토브나 쿡탑 사용 시 자동적으로 후드가 작동되는 기능도 갖춰 편리하게 사용할 수 있다.

② 창의성

　창의성(創意性)은 새로운 생각이나 개념을 찾아내거나 기존에 있던 생각이나 개념들을 새롭게 조합해 내는 것과 연관된 정신적이고 사회적인 과정이다. 창조성(創造性)이라고도 하며, 이에 관한 능력을 창의력(創意力), 창조력(創造力)이라고 한다. 창조력은 의식적이거나 무의식적인 통찰에 힘입어 발휘된다. 창조성에 대한 다른 개념은 '새로운 무엇을 만드는 것'이다.

　과학적인 관점에서 보면, 창조적인 사유의 결과물은 항상 독창성과 '함께' 적합성을 지닌 것이다. 창의성과 창의적인 행동들은 심리학, 인지과학, 교육, 철학(특별히 과학 철학), 신학, 사회학, 언어학, 경영학, 경제학 등의 여러 학문 분야에서 연구되어 왔다. 그 결과 창의성에 대한 여러 정의와 접근 방식이 생겨났다.

자료: grade.tistory.com

🌐 그림 1-26 창의적 사고의 필요성

"창조성, 창의력, 창조력" 등의 여러 말로 사용되는 이 창의성을 정의하기란 복잡한 일이다. 1961년에 로데스(Rhodes)는 창의성에 대한 64개의 정의를 분석하였다.

따라서 여러 학자의 연구 중 하나를 선택하여 살펴볼 수밖에 없다. 물론 학자들의 연구는 일정 부분 서로 통하는 면이 있기 마련이기에 한 학자의 연구를 통해 다른 학자들의 정의도 이해하는 데 도움이 된다.

1995년에 토랜스(Torrance)는 세 가지 측면에서 창의성을 다루었는데, 연구 수행을 위해 만들었으며 창의적 사고의 과정에 초점을 둔 '연구용 정의', 그림으로 창의성을 보여주는 '예술적 정의', 생존하기 어려운 위기 상황에서 생존을 위해 나타나는 창의적인 반응을 다룬 '생존적 정의'가 그것이다.

첫째인 연구용 정의에 따르면, 창의적 사고는 다음과 같은 과정을 거치는데, 어려운 문제나 빈틈을 인식하고 그러한 빈 곳을 메우는 추측을 하거나 가설을 만들며, 그러한 가설을 검증하고 마지막으로 그 결과를 다른 사람에게 말하는 것이다.

둘째인 예술적 정의는 그림을 그려서 '창의성이란 이 그림과 같은 것'이라는 식으로 비유적인 설명을 하는 것으로, 열린 문을 그린 후에 "창의성이란 문 밖으로 나가는 것과 같다."는 말로 설명하는 것이다.

셋째인 생존적 정의는 미국 공군 생존훈련처럼 춥고 먹을 것이 없는 극한 상황에서 그 상황에 맞는 생존 방법을 찾아내는 능력을 말하며, 이전의 사례를 참조하여 지금 현 상황에 맞는 '새로운 형태의 것으로 상상하여 재조합'하는 능력이다.

창의성에 대한 과학적 연구를 요약하면서 마이클 멈포드(Michael Mumford)는 "그러나 최근 10년간의 논의를 통하여 우리는 창의성이 소설을 창작하고 쓸모 있는 제품을 만드는 것을 포함하는 개념이라는 일반적인 일치에 도달한 것으로 보인다."라고 말했다.

오늘날처럼 변화무쌍한 경영환경에서 살아남기 위해서 기업은 창의적이고 민첩하게 움직여야 한다. 하지만 조직의 규모가 크면 클수록, 그리고 의사결정 체

🔹 그림 1-27 혁신제품 아이디어를 토론하고 있는 LG 신입사원들

계가 짜임새 있을수록 한편으로는 새로운 아이디어를 내거나 시장에 빠르게 대응하기 어려울 수 있다.[4]

그래서 요즘엔 기업 내에서 스타트업(startup)을 키우려는 시도들이 이뤄지고 있다. 기업 입장에서는 기존의 제도와 고정관념을 벗어나 하나의 혁신을 이루려는 도전인 셈이다. 이를 통해 회사는 기존 조직 내에서 추진하기 힘든 신규 사업을 적극적으로 개발할 수 있고 구성원의 창의성과 기업가정신을 육성할 수 있다.

이렇게 기업가정신을 갖추게 된 구성원은 조직에 혁신 에너지를 공급하고, 기업의 지속적인 성장을 가능하게 한다. 말 그대로 서로가 윈-윈할 수 있는 상생의 선순환이 이뤄지는 것이다.

---

4) LGBlog, 2016년 6월 10일.

028   제4차 산업혁명의 핵심동력 | 장수기업의 소프트 파워 |

자료: m.hbrkorea.com

🏛 그림 1-28 란제이 굴라티

최근 발간된 LG경제연구원 보고서 〈거대 기업 안에 스타트업을 키우려면〉에 따르면, "스타트업은 절박함을 가지고 매달려야 성공한다는 통념을 깨고 '대기업 안의 스타트업'이 오히려 유리할 수 있다."고도 한다.

보고서 내에는 란제이 굴라티(Ranjay Gulati) 하버드 경영대학원 교수가 제시한 '스타트업의 지속 성장 조건'이 인용되었다. 굴라티 교수는 스타트업이 1차 성공 이상으로 크기 위해서는 ① 전문적인 역할 규정, ② 새로운 관리체계, ③ 체계적인 기획과 예측, ④ 창의적인 기업문화 유지 등 네 가지 조건이 필요하다고 설명했는데, 이 중 상당 부분은 대기업이 이미 갖추고 있는 요소이다. 대기업 내 스타트업은 직원 월급이나 복리후생에 대한 걱정, 초기 자본투자나 실패에 대한 부담이 적다는 장점이 있다.

이런 관점에서 LG의 행보도 주목할 만하다. LG전자는 지난 2016년 5월, 그동안 CTO(chief technology officer) 부문에서 개발 중이던 프로젝트 두 개를 사외벤처로 분사하기로 결정했다. 이 프로젝트는 각각 '디지털 갤러리' 프로젝트와 '분자영상진단 기기' 프로젝트로, 프로젝트를 진행하던 임직원들이 '에이캔버스 (Acanvas)'와 '인핏앤컴퍼니(Infit&Company Inc.)'라는 회사를 설립해 각각 담당 하게 된다. LG전자는 이들의 성공 확률을 높이기 위해 관련 특허와 기술을 제공 하는 것은 물론 이들이 창업 전문가의 컨설팅도 받을 수 있도록 했다.

에이캔버스 사의 디지털 갤러리는 수백 만 점의 그림을 보유한 콘텐츠 플랫폼 과 연계해 전용 디지털 액자로 다양한 예술작품을 즐길 수 있게 한 제품이다. 기 존 액자의 느낌을 최대한 살리기 위해 충전 후 스스로 선을 감추는 기능을 적용 했고, 인테리어에 따라 프레임을 교체할 수도 있다.

에이캔버스 사는 미국의 대표적인 클라우드 펀딩 사이트인 '킥스타터(Kickstarter)' 에서 공개 모금을 진행해 10만 달러 모금을 조기 달성했다.

자료: ipnomics.co.kr

🌐 그림 1-29 에이캔버스의 디지털 갤러리

앞으로 예술작품에 대한 구매력이 큰 북미 시장을 시작으로 유럽 등 글로벌 시장에도 진출할 계획이다.

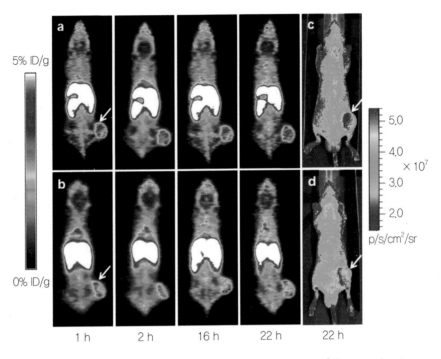

자료: samsunghospita.com

🔷 그림 1-30 분자영상진단

인핏앤컴퍼니 사는 '분자영상진단 기기' 사업화를 준비 중이다. '분자영상진단 기기'는 방사선을 사용하는 대신 근적외선으로 조직 내 염증 정보를 영상화해 류마티스 관절염을 간단하게 측정할 수 있는 제품이다. 근적외선 토모그라피 기술을 통해 환자들은 더 빠르고, 정확하며, 경제적으로 진단 서비스를 받을 수 있다. 인핏앤컴퍼니는 이미 투자 유치를 거의 끝낸 상태이다.

LG전자는 두 사외벤처로 이동하는 직원들이 3년 내에 언제든 회사로 복귀할 수 있는 제도도 마련했다. 이는 임직원들의 도전을 장려하고, 도전 경험을 통해 얻은 혁신 DNA를 사내에 전파하기 위해서다.

사외벤처 지원뿐 아니라 LG는 임직원 스스로 혁신을 이끄는 기업문화를 조성하기 위해 노력하고 있다. 그 일환으로 다양한 임직원 아이디어 공유 프로그램을 운영하며 혁신의 발판이 될 창의적인 기업문화를 만들어가고 있다.

자료: lgblog.co.kr

그림 1-31 창의적 기업문화와 혁신을 위한 LG의 노력

자료: orion.mk.co.kr

그림 1-32 LG 오픈톡스

2013년 시작된 'LG 오픈톡스(LG Open Talks)'는 그룹 임직원들의 시장선도 경험과 노하우를 15분간의 프레젠테이션으로 사내에 공유하는 프로그램이다. 아이디어를 공유함으로써 시각을 넓히고 통찰력을 키워 더욱 창의적인 제품과 서비스 개발로 연결시키기 위한 것이다. 현재까지 다양한 계열사의 다양한 직급의 임직원 30명 이상이 강연자로 나서 자신의 경험과 인사이트를 공유했다.

제4차 산업혁명의 핵심동력
| 장수기업의 소프트 파워 |

Chapter
02

세계 최장수기업
곤고구미

Chapter 02
세계 최장수기업 **곤고구미**

1. 개요

곤고구미(金剛組, Kongo Gumi Co., Ltd.)는 사찰과 신사, 불각 건축의 설계 및 시공, 성곽 및 문화재 건축물의 복원과 수리 등을 주업으로 하는 일본의 건설회사로, 현존하는 기업 중 세계에서 가장 오래된 기업이나.

무려 6세기부터 버텨온 세계에서 가장 오래된 기업으로 인정받고 있었다. 그러나 결국 2005년에 파산하고 현재는 브랜드만 남은 상태라고 할 수 있겠다.

본래 곤고 가문이 경영하는 회사였으나, 현재는 다카마쓰 건설이 경영하고 있다.

2. 연혁

● 578년 : 쇼토쿠 태자가 시텐노지 건립을 위해 백제의 통신사와 함께 온 3명의 건축장인을 초대. 그 가운데 한 사람인 곤고 시게미쓰(金剛重光, 본명 류중광

자료: gagoon.com

🏵 그림 2-1　세계에서 가장 오래된 기업 곤고구미

자료: biumgonggan.tistory.com

🏵 그림 2-2　다카마쓰 건설

🔷 그림 2-3 쇼토쿠 태자

(柳重光))에 의해 창설. 에도시내에 이르기까지 관영사찰과 시텐노지 전속으로 봉록을 받는 건축장인집단으로 명맥을 이어옴.

- 16세기에 들어와 오사카 성 건설이나 호류지 개축에도 참여하였다고 전해진다.
- 1868년 : 메이지유신의 일환으로 폐불훼석령으로 인해 시텐노지로부터 받아오던 봉록이 끊기고 공사 수주량도 급격히 감소하여 쇠퇴의 길로 접어듦.
- 1934년 : 37대 당주 곤고 하루카즈가 자살, 그의 아내 요시에가 38대, 최초의 여자당주가 됨. 초대형 태풍으로 무너진 시텐노지 5층 목탑을 재건.
- 1955년 2월 3일 : 주식회사로 전환. 제2차 세계대전 패전 이후 전후 재건사업에 의한 건설 붐 가운데, 전통적 사찰건축에 철근 콘크리트를 조화시킨 공법으로 각광을 받음.
- 2006년 1월 16일 : 40대 당주 곤고 마사카즈는 다카마쓰 건설 산하의 신 곤

고구미에 영업을 양도하고 종업원의 대다수를 이적. 기존의 곤고구미를 주식회사 KG건설로 상호를 변경하고 청산절차 진행.

- 2006년 7월 13일 : KG건설, 오사카 지방법원에 자기파산을 신청. 26일 파산수속 개시 결정. 부채총액은 약 40억 엔. 곤고가문이 경영하는 곤고구미로서 1429년의 역사에 막을 내리다.

3. 시공이력

- 시텐노지(오사카시)
- 가이라쿠엔의 고분테이(好文亭) 복원공사(이바라키 현 미토시(水戸市))

자료: naeiltour.co.kr

🏛 그림 2-4 가리아쿠엔 공원 내 도쿠가와가(家)의 다실로 사용되었던 고분테이

4. 역사

서기 577년에 비다츠 덴노가 백제로부터 여러 장인들을 대거 받아들였고, 쇼토쿠 태자가 절인 시텐노지(四天王寺)를 건축하게 하여 593년에 완성한다. 이후 이들은 607년에 호류지를 지었고, 목수 중 한 명인 금강중광(金剛重光: 곤고 시게미쓰)은 일본에 남아 대대손손 시텐노지의 증축과 유지보수를 하게 된 것이 곤고구미의 시작이다. 이후 곤고 성을 가진 장인을 중심으로 한 가족기업으로 활동하게 되었고, 1400년이 넘는 시간 동안 일본의 유명한 목조 건축물들을 건설하고 유지보수하게 되었다. 오사카의 현존하는 가장 오래된 건물이라는 쇼만인(아이젠도)의 다보탑 역시 1595년에 도요토미 히데요시의 명으로 곤고구미에 의해 재건된 것이다.

자료: namu.wiki

🏵 그림 2-5 쇼만인 다보탑

에도 시대까지 곤고구미는 시텐노지의 유지보수를 전담해 왔기 때문에 시텐노지로부터 매년 정해진 돈을 받아 회사를 유지해 왔다. 그러나 1868년, 메이지 유신 직후에 내려진 '신불 분리령'에 의해 시텐노지는 소유한 사원의 토지를 모두 잃고, 곤고구미도 고정수입을 잃고 휘청거리기 시작한다.

이후 1932년에는 경영이란 것에 대한 개념이 약한, 오로지 장인정신만을 가지고 있던 한 후손이 조상에게 사과하고 선조들의 무덤에서 자살하기도 했으며, 결국 아내가 회사의 경영을 이었다. 게다가 곧 닥친 태평양 전쟁 기간 동안 국가 신토(일본 제국 정부의 황국사관 정책에 의해 설립되었던 국가 종교)의 신사 등과 관련된 일만 들어오고, 사찰 관련된 일이 끊어져 재정이 어려워진 탓에 곤고구미는 군사용 나무 상자를 제조하는 등의 막일을 하며 간신히 회사의 명맥을 유지하였다.

1955년 이후로는 주식회사로 변모하였으며, 현대에도 많은 사찰과 고건축의 유지보수를 담당하며 새로운 사찰 등 목조건축물을 계속 신축하였다. 고건축을 다루는 노하우와 기술에 있어서는 독보적인 기업으로 평가받는다.

"곤고구미가 흔들리면 일본이 흔들린다."고 할 정도로 상당히 건실한 기업으로 평가받아왔으나, 80년대 거품경제 시절에 빚내서 투자한 땅이 잘못되어 휘청거리더니 결국 2006년에 파산하였다. 결국 다카마츠 건설에 인수되었고, 브랜드와 사원은 남게 되었지만 회사의 운영은 넘어가게 되었다. 이후 빌딩 등 현대 건축 사업부터는 전면철수하고 전통적인 목조 건물, 그 중에서도 신사와 사찰의 수리, 건축을 전문으로 하는 다카마츠 그룹의 자회사 '신 곤고구미'로서 명맥을 이어나가고 있다.

곤고구미의 상징이라면 시텐노지라고 할 수 있겠지만, 세월이 지나고 보니 시텐노지는 철근 콘크리트로 변해 있다는 것은 좀 잔인한 결과다. 시텐노지는 태평양 전쟁 중 미군의 폭격으로 주요 건축물이 전소되었고, 일본 정부에서 아스카 시대의 양식으로 콘크리트를 사용하여 복원하였다. 곤고구미도 이때 참여한 것으로 보이며, 이후로도 콘크리트로 고건축을 복원, 신축하는 일을 많이 하고 있다.

자료: blog.daum.net   자료: daejonilbo.com

🔷 그림 2-6 다카마츠 그룹의 자회사 '신 곤고구미'   🔷 그림 2-7 곤고 토시타카

2013년 10월 28일, 39대 동량(棟梁)이었던 곤고 토시타카(金剛利隆, 향년 89세)가 후계를 남기지 못하고 사망함에 따라 1000년 이상 이어져 내려온 곤고구미 동량의 혈통은 끊어지게 되었다. 이후는 상담역이였던 우에마츠 죠이치를 중심으로 한 이사회가 회사를 이끌어가는 모양이다.

5. 사천왕사

(1) 개요

사천왕(四天王)은 본래 고대 인도의 신화에 나오는 사방을 수호하는 방위신(方位神)이지만, 불교에서 사천왕의 개념을 가져와 불법(佛法)과 가람을 지키는 수호신으로 변하였다. 이 때문에 사천왕의 이름을 딴 절들은 불교 문화권에서 공통적으로 쓰이는 이름이 되었다.

특히 일본 오사카의 시텐노지(四天王寺)는 일본 오사카에 위치한 아스카 시대의 사찰이다. 시텐노지는 우리말로 '사천왕사'다. 호류지와 함께 백제의 건축 양식 영향을 받은 곳으로 알려진 곳이다. 그러나 태평양 전쟁으로 인해 주요 건축물들이 모두 파괴되어 복원하였다.

(2) 역사

서기 578년에 쇼토쿠 태자가 백제로부터 장인 세 사람을 받아들여 절인 시텐노지를 건축하게 하였고 593년에 완성되었다. 이는 호류지보다 이른 것이다. 아스카데라가 역사상 일본 최초의 사찰이지만 사라졌다면, 시텐노지는 최초의 관사이자 남아 있는 가장 오래된 사찰이다. 그러나 1576년에 있었던 화재로 전체 가람이 완전히 소실되었고, 얼마 지나지 않아 재건되었다. 이 때문에 건물 자체는 호류지가 더 오래되었다.

자료: kr.enjoy-jp.net

그림 2-8 시텐노지 오중탑

에도 시대를 거치면서 시텐노지 역시 계속 증축되었으며, 금당과 탑 등의 건축 양식 역시 바뀌었다. 사실상 사진으로 볼 수 있는 시기에 이르러서는 공포(拱包)[1]의 형식이나 기둥의 배치조차 바뀌어 지붕이나 하앙(下昂, 처마 도리 밑으로 툭 튀어나온 나무) 정도만 옛 흔적이 남아 있던 것으로 추측된다. 다만, 가람의 배치만큼은 창건 그대로다. 지금도 시텐노지식이라고 함은 강당과 금당, 탑, 정문이 일직선으로 놓여 있는 배치를 뜻하며, 백제식 가람배치라고 부른다.

이후 1934년에는 태풍 등으로 큰 피해를 입었으나 복구하였지만 결국 태평양 전쟁 때 미군의 폭격으로 인해 탑과 정문, 금당, 남측 회랑이 완전히 불타버렸다. 이후 일본 정부에 의해 셋 다 아스카 시대의 양식으로 고증하여 철근 콘크리트로 복원을 하고 말았다. 양식을 되돌리는 것이야 종종 있는 일이지만 콘크리트라니 참으로 안타깝다. 콘크리트 건축물은 그 무게 때문에 기초공사하기 위해 땅을 다 파헤쳐야 한다. 이 과정에서 과거의 흔적이 남아 있는 주춧돌과 기단(基壇)[2]은 제거되기 때문에 문제가 있다.

(3) 가람

① 중심 가람(中心伽藍)

백제의 영향을 받아 한 개의 5층 목탑과 금당을 가지고 있는 1탑 1금당식 가람 배치를 하고 있다. 호류지와 달리 모든 건물이 일직선으로 놓여 있는 이러한 배치를 시텐노지식이라고 부르며, 전형적인 백제 사찰의 가람배치로 추정한다.

현재 있는 금당과 탑 등 중심 가람의 건축물들은 모두 철근 콘크리트로 만들어

---

1) 전통 목건축에서 기둥 위와 지붕 사이에 있는 여러 목재가 끼워 맞춰진 부분을 말하며, 지붕의 무게를 기둥으로 전달하는 부분을 말한다.
2) 건물을 건립하기 위하여 지면에 흙이나 돌을 쌓고 다져서 단단하게 만들어 놓은 곳으로, 건물의 습기나 침하를 막을 수 있으며, 그 모양을 돋보이게 할 수 있다.

자료: imgrapher.co.kr

🌐 그림 2-9 시텐노지 중심 가람

진 것이라서 세월의 흔적 같은 것은 느껴지지 않는 안타까운 점이 있다. 내부는 현대식으로 복원되었으며, 내부에 있던 벽화와 장식 등도 완전히 소실되어서 현대적으로 새로 그려 놓았다.

콘크리트로 복원하면서 에도 시대의 양식이 아닌 창건 당시였던 아스카 시대의 양식으로 복원을 했다. 고증은 한국과 일본의 고건축을 연구했던 저명한 학자인 후지시마 가이지로가 했다. 고증에는 호류지나 7세기경에 건물 모양으로 만들어진 가구인 다마무시노즈시(옥충주자, 玉蟲廚子), 한국 삼국 시대 건물들의 흔적 등을 참고하였다고 한다.

복원된 시텐노지는 호류지와 비슷하게 하앙 구조, 배흘림 기둥[3] 등 백제의 영향을 받은 아스카 시대 요소로 추측되는 것들을 많이 공유하고 있다. 그러나 에도 시대까지 이어진 고식으로 파악되는 독특한 지붕의 형식, 가람 배치와 서까

---

[3] 단면이 원형인 원기둥 중 기둥의 허리부분을 가장 지름이 크게 하고 기둥 머리와 기둥 뿌리로 갈수록 줄인 항아리 모양의 기둥.

래의 종류와 배열 방법, 사람 인(人)자형 대공 등에서 호류지와는 좀 차이가 있다. 가람배치는 창건 당시부터 달랐고, 호류지는 난간을 제외하면 사람 인(人)자형 대공이 없는 데 반해 시텐노지에서는 직접 가구에 쓰고 있다.

자료: blog.ohmynews.com

🜨 그림 2-10 배흘림 기둥으로 장식된 건물을 이어주는 공간

그리고 서까래가 호류지나 일반적인 일본 건물들처럼 평연(모든 서까래가 평행)이 아닌 선자연(부채꼴)으로 배치한 근거는 발굴 조사 때문이다. 화재로 인해 건물이 다 없어진 상태에서 1950년대에 발굴조사를 진행하였다. 이 과정에서 여러 흔적들을 발견했는데, 그 중에는 나라 시대 즈음 주저앉아 버린 서까래의 흔적이 나왔다. 그 모양이 둥근 긴 서까래와 선자연의 형태였던 것이다. 이러한 발견점을 반영하여 호류지와 다르게 복원하였다.

다만, 현존하는 사진 등은 모두 에도 시대의 자료고, 옛 그림들도 시대도 다르고 간략화되어 파악하는 데 한계가 있어 복원이 완벽하다고 확신할 수는 없다. 시텐노지의 양식은 어디까지나 백제 건축물의 영향을 강하게 받은 아스카 양식이지 백제 양식과 동일하다는 근거가 없음은 주의해야 한다.

② 외부 가람

비록 시텐노지의 중심 가람은 현대에 재건되었지만, 그 밖에 오래된 다른 건축물들은 아직 남아 있다. 주로 에도 시대에 지어진 것으로, 아름다운 조경을 가진 혼보(本坊) 정원이나 유서 깊은 춤 무대인 이시부타이(石舞台, 돌무대)와 뒷편의 건물인 로쿠지도, 쇼토쿠 타이시덴(쇼토쿠 태자전), 박물관인 보물전 등이 있다.

🏛 그림 2-11 시텐노지의 대표 스팟 중 하나인 이시부타이(石舞臺)

(4) 시텐노지의 행사

① 시텐노지 성령회 무악

해마다 이시부타이에서는 쇼토쿠 태자를 위령하는 행사를 한다. 4월 22일이 쇼토쿠 태자의 기일이며, 이때 대법회인 성령회(聖靈會)와 이때 추는 춤에 쓰이는 음악인 무악(舞樂)를 연주한다.

성령회와 성령회 무악은 1400년이나 이어진 오래된 행사로, 많은 기원을 가진 춤과 음악을 펼친다. 무악은 좌무(左舞)와 우무(右舞)라는 두 가지 기본형식으로 이루어진다. 각 형식에 따라 음악과 옷 색깔이 다른데, 좌무는 중국에서 유래한 음악인 당악(唐樂)에 따라 추며, 우무는 고구려에서 전래한 음악인 고려악(高麗樂)에 따라 춤을 춘다. 그 중에서 특기할 만한 것은 한반도에서 전래된 춤인 소리코(蘇利古)로, 612년에 백제에서 건너온 무용가인 미마지(未麻之)에 의해 전수된 고구려 사자춤과 탈춤이다.

자료: japan-tour.jp

🏵 그림 2-12 시텐노지 성령회 무악

🔆 그림 2-13 성령회 무악 대법요 : 소리코

② 시텐노지 왓소 마츠리

어디서 많이 봤던 것 같은 복장들이다. 백제인들이 오사카 해안에 도착할 때면 일본인들이 반가워서 그들을 가마에 태우고는 "왔소~, 왔소~"를 외치며 시가를 행진했다는 설이 있으나 사실 이 당시 언어는 현대의 한국어와는 전혀 달랐기 때문에 설득력이 약한 주장이다. '왔소'라는 표현이 등장하는 것은 적어도 기록 상에서는 16세기 이후이기 때문에, 민간 어원에 의한 재해석일 뿐이다.

그러나 시텐노지의 역사를 보면, 시텐노지 왓소 축제 자체가 백제와 관련이 있었던 것은 유력하며, 실제로도 한국의 복장들을 입고 한국에서 온 문화를 기념하는 축제를 진행하고 있다.

자료: osaka-info.jp

🔶 그림 2-14 시텐노지 왓소

자료: m.blog.daum.net

🔶 그림 2-15 시텐노지 왓소 마쯔리

일본에서는 축제에서 왓쇼이(ワッショイ)라고 구령을 부르는 것이 널리 퍼져 있는데, 시텐노지의 왓소 축제에서 나왔다고 추측하는 경우도 있다. 하지만 확실한 근거는 없으며, 그 중에는 유태인의 문화가 영향을 주었다는 좀 억지스러운 설도 있는 모양이다.

자료: blog.daum.net

🔶 그림 2-16 왓쇼이 백만 여름 축제

6. 호류지

(1) 개요

일본 나라현 이코마군 이카루가정(마치)에 소재한 불교 사찰이다. 창건 시기는 607년이라 알려져 있으며, 서원(西院)은 현존하는 세계에서 가장 오래된 목조건축물 중의 하나이다. 시텐노지(四天王寺)와 함께 백제 목조 건축 양식의 영향을 받은 건물로 여겨지고 있다. 일본의 아스카 시대를 상징하는 아스카 양식의 대표작이다.

호류지(法隆寺)의 건축물은 호키지(法起寺)와 함께 1993년에 '호류지 지역의 불교건축물'로서 일본 최초의 유네스코 세계유산으로 등록되었다.

(2) 역사

호류지가 현존하는 가장 오래된 절이자 목조건축물이지만, 역사적으로 보면 아스카데라가 일본 최초의 절이다. 호류지는 쇼토쿠 태자가 만든 오사카의 시텐노지가 세워진 뒤 역시 쇼토쿠 태자에 의해 20년 후인 607년에 세워졌다고 알려져 있다. 다만, 창건 시기에 대한 확실한 기록은 없다. 그리고 당시의 쇼토쿠 태자 나이가 너무 어렸기 때문에 실제로 그가 건설을 명한 것이라고 믿기는 어렵다.

단지 금당의 히가시노마(東の間)에 안치된 동조약사여래좌상의 광배명(光背銘)에 "요메이 덴노(用明天皇)가 스스로 병 구완을 위해 가람 건립을 발원했으나, 그가 얼마 안가 사망했기 때문에 유지를 받든 스이코 덴노와 쇼토쿠 태자가 스이코 덴노 15년(607년), 다시금 불상과 절을 완성했다."라는 기록이 있을 뿐이다.

아무튼 이때 세워진 호류지는 당시의 지역명에서 따온 이카루가노데라(斑鳩寺)라는 별명으로 불리기도 했다.

자료: shilim.tistory.com

🏛 그림 2-17 호류지 금당과 오층탑

　일본서기에는 창건 기록이 없으며, 27권에 "덴치 덴노 9년(670)에 호류사는 한 채도 남김없이 소실되었다."는 기록만 있다. 이 때문에 현재 호류지의 건축물은 670년 이후에 재건된 것으로 추정되고 있다.

　실제로 현재의 호류지 가람 남동쪽 가까운 곳에서 가람터가 발견되었다. 즉, 원래의 호류지가 화재로 소실된 이후에는 그 터를 비우고, 거기서 서북쪽 가까운 곳에 지금의 호류지를 새로 세운 것이다. 참고로 원래의 호류지 가람배치는 먼저 지어졌던 시텐노지처럼 정문과 탑, 금당이 일렬로 되어 있는 시텐노지식이었다.

　이후 호류지는 많은 보수와 개축을 거치긴 했어도 1300년 동안을 살아남았다. 그러나 1949년에 금당 건물을 해체보수하며 벽화를 수리하던 중 화재가 일어나 금당 내부의 표면이 타버리는 불상사가 일어났다. 이때 벽화가 극심한 손상을 입었다. 다행인 점은 해체보수를 위해 금당의 2층 부분의 목재들과 불상 등은 다른 곳으로 이동시켜 놓았다는 것이다. 이 때문에 1950년부터 1954년 동안 복구공사를 해서 복원을 시킨 것이 지금의 금당이다.

(3) 가람(伽藍)배치와 건축물

호류지는 금당과 5층 목탑이 있는 서원(西院)과 유메도노(몽전)가 있는 동원 (東院)으로 나뉘어 있다. 서원은 1탑 1금당식이며, 이는 전형적인 백제식 가람배 치와는 좀 다르다. 먼저 지어졌던 백제양식가람(百濟樣式伽藍)의 대표적인 예인 시텐노지는 정문과 탑, 금당이 일렬로 되어 있어 일본에서는 시텐노지식이라는 용어로 구별하고 있다. 호류지의 가람배치는 동전서탑(東殿西塔)이며, 현존하는 중국과 한국의 사례가 없어 과거에는 일본 고유의 식이라고 파악되기도 하였다. 그러나 이후 고려~조선 시대의 절이었던 보제사(연복사)의 경우 터를 조사한 결 과 동전서탑의 배치였음이 밝혀졌다.

자료: sangsanguniv.com

그림 2-18 호류지 서원과 동원

호류지의 금당 건물은 정황이나 기록상 백제의 목조 건축 양식을 상당 부분 받 아들였을 것으로 추정되고 있다. 호류지에 쓰인 난간의 사람 인(人)자형 대공, 하앙의 사용과 배치, 卍자형 난간 등의 특징적인 부분들은 백제나 삼국 시대 유물과도 일치하는 점이다. 이 외에도 배흘림(엔타시스, entasis) 양식의 기둥 등 역시 한국 건축의 특징과 유사하다.

그러나 호류지의 모든 것이 백제 양식이라고 볼 수는 없는데, 우선 금당과 탑의 1층 처마 밑에 한층 낮게 덧댄 차양 부분은 8세기 나라 시대의 것이며, 이층의 용 모양 기둥 역시 17세기 말에 처마를 보강하기 위해 세운 것이다. 이 외에도 한반도에서 하앙을 받치고 있는 운형 공포와 동일한 모습의 부재가 발견된 적이 없고, 내부 가구 구조나 각진 모서까래와 평행한 배치의 사례를 찾을 수가 없다는 점 등은 호류지 금당과 탑의 모든 것이 창건 당시의 것이라거나 백제 양식 그대로라고 단정할 수 없게 만든다. 아무튼 백제의 건축 양식 그대로라고 확신할 수는 없지만, 많은 영향을 받은 것으로 보이기에 삼국 시대의 건축물을 재현하는 데 있어서 우선적으로 연구되는 것이 바로 이 호류지다.

5층 목탑은 길게 빠진 처마의 우아함이 돋보이며, 이후 일본 목탑의 전형이 된다. 이 역시 인(人)자형 대공과 하앙이 사용되었다. 이 목탑의 구조 중심에는 거

자료: m.blog.daum.net

그림 2-19 호류지 5층 목탑

대한 심주가 있는데, 히메지 성의 심주와는 다르게 탑을 지탱하고 있지는 않다. 심주는 탑 꼭대기에 있는 금속 장식인 철반을 지지하기 위함이고, 탑은 다른 작은 기둥들과 공포에 의해 지지되고 있다. 또, 이 목탑은 사람이 올라갈 수는 없다. 높이는 31.5m이며, 위로 갈수록 조금씩 작아진다. 체감률이 크기 때문에 5층은 1층 면적의 절반이다. 1층 처마 밑에 한층 낮게 덧댄 차양 부분은 그 양식을 봤을 때 금당에 있는 것보다 더 뒤의 시기에 만들어진 것으로 보인다.

호류지의 금당과 목탑 뒤에는 강당이 있지만, 670년 이후에 재건되었던 강당은 또 벼락으로 인해 소실되었으며 지금의 것은 990년에 재건된 것이다. 앞에 있는 중문은 7세기 건물이다. 중문 안에는 양쪽에 금강역사상(金剛力士像)이 서 있는데, 이는 8세기의 것이다. 중문도 금당과 유사한 양식을 가지고 있으며, 구조가 유사한 편이지만 같지는 않다. 대문 중앙에 기둥이 있는 것은 상당히 드문 모습이다.

호류지 금당과 목탑 등이 1300년 이상을 버틸 수 있었던 이유 중 하나는, 그 재료와 가공방법이 매우 좋았기 때문이기도 하다. 일본의 우수한 목재인 히노끼

자료: blog.naver.com

🔷 그림 2-20 일본의 우수한 목재 히노끼

(편백나무)를 썼으며, 가공 방법 역시 재료를 낭비하더라도 목재가 최대한 변질되지 않는 방법을 사용하였다.

지금은 호류지의 단청이 거의 남아 있지 않지만, 과거에는 불교 건축물답게 단청이 있었던 것으로 보인다. 기둥 등 나무표면은 주홍색을 사용하였으며, 난간에는 녹청색, 부재의 단면은 황토색, 벽은 백색, 개판은 호분색을 사용하였다. 또한 실내는 벽화 등으로 화려하게 장식했다.

유메도노(몽전)

호류지 탑과 금당이 있는 서원 가람과는 다른 곳인 동원에 있다. 몽전(夢殿)은 당나라 건축의 영향을 받은 건물로 파악되지만, 불상은 백제의 영향을 받는 것으로 파악된다. 참고로 몽전 문서는 호류지 문서가 작성되기 한참 전부터 존재하고 있었다.

자료: wikiand.com

🏵 그림 2-21 호류지 몽전

(4) 양식 문제

당시 백제와 일본의 교류 정황상 호류지는 백제의 영향을 강하게 받았다고 판단할 수 있는데, 실제로 백제 유물로 발견된 청동소탑편에서 보이는 모습과 호류지 건축물의 부분이 일치하는 점이 있다.

자료: blog.daum.net

🔷 그림 2-22 청동소탑편(靑銅小塔片)

아래로 부재를 내려 지붕을 받치는 하앙 방식을 썼으며, 하앙을 받치는 공포(拱包)의 배치에 있어서도 건물의 모서리에서 대각선 한 방향만 포를 내미는 점에서 청동소탑편과 비슷하다. 앞서 말했던 배흘림 양식의 기둥도 그렇다. 이쪽은 부석사 무량수전 등으로 익숙한 요소다. 참고로, 오랜 기간 동안 한국에 현존하는 건축물 중에서 하앙을 사용한 건축물이 남아있지 않은 줄 알았기에 하앙 구조가 한반도를 거치지 않고 바로 중국에서 일본으로 바로 수입되었다고 주장하던 일본 학자들이 존재했었다.

그러나 1976년에 완주 화암사(花巖寺) 극락전이 이 하앙 구조를 가지고 있는 건물임이 확인되었고, 이 때문에 일본학자들은 꿀먹은 벙어리가 되고 화암사 극락전은 국보로 승격되었다.

또한 호류지보다 앞서 지어진 아스카데라의 기와 유물들은 부여 등에서 출토된 기와와 무늬가 거의 비슷하다. 호류지의 기와는 아스카데라와는 좀 다르지

자료: blog.daum.net

🏵 그림 2-23 화암사 극락전의 하앙 구조

만, 전반적인 형상이 유사해서 아스카데라의 것을 기반으로 발전된 것임을 알 수 있다.

그러나 아직 한국에서 찾아볼 수 없는 모습도 많다. 호류지 금당과 탑에서 사용된 구름모양의 공포는 한국에서 발견된 적이 없는 모습이다. 고구려 고분 벽화나 청동소탑편 등에서 어느 정도 유사한 부재를 찾아볼 수 있어 영향을 짐작할 수는 있지만, 같지는 않아 확실하게 말할 수는 없다.

그리고 서까래의 배치도 한국에서는 찾아볼 수 없는 모습이다. 한국 건축물은 서까래가 모서리로 갈수록 각도가 변하면서 대각선 형상이 되는 선자연 기법을 사용하고 있지만, 일본의 서까래 배치는 평연과 선자연이 섞여 있다가 고대~중세를 지나던 중 점차 선자연이 사라지고 같은 각도로 평행해서 배치된 평연 방식이 주류를 이루고 있다. 그리고 역시 한국에서는 부연 빼고는 찾아볼 수 없는 각진 모서까래를 사용하고 있다.

결과적으로 봤을 때, 호류지 금당과 탑의 서까래는 일본에서만 많이 사용된 모서까래를 평행하게 배치한 수법이다. 이것이 후대에 고쳐진 것이라고 할 수도 없는 것이 다마무시노즈시(玉蟲廚子, 옥충주자)라는 호류지의 소장품 때문이다. 이것은 7세기경에 만들어진 것으로 추측되는 불상궤로, 상당히 정교한 건물 지붕의 모습을 보여주고 있다. 그런데 이 옥충주자의 전체적인 모습은 호류지 금당과 유사하며, 서까래는 완전한 평연으로 묘사되고 있는 것이다. 따라서 호류지가 중건된 시점부터 평연이었을 가능성이 있다. 게다가 백제의 건축 양식이 평연인지, 아니면 호류지에서 평연이 특별하게 사용된 것인지 확실한 답을 알기 어렵다는 것이다.

자료: ohmynews.com

🏵 그림 2-24 가야 금관과 옥충주자 경남 창녕 출토 가야금관(왼쪽), 한국 호랑이가 그려진 일본 국보 옥충주자(오른쪽)

이 외에도 독특한 내부의 가구 구조 등은 중국과 한국의 삼국 시대 즈음의 건물이 현존하지 않아 비교할 대상조차 없다. 건축 재료가 한국에서 자생하지 않는 히노끼라는 점도 일본 현지에 맞춰 건축되었을지도 모른다는 점을 시사한다. 일본의 경우 자연 환경상 우수한 목재를 얻기 쉬워 서까래까지 좋은 목재를 쓰기 용이했고, 그에 따라서 지붕 하중을 추녀에 집중되게 받는 서까래 배치인 선자연보다는 좀 더 서까래가 하중을 나눠 받게 되는 배치인 평연을 사용하기가 용이했을 가능성이 높다.

　따라서 호류지 금당과 탑은 백제의 건축 양식이 강하게 영향을 준 사례로 여겨지지만, 일본식으로 변형된 부분이 있을 수 있으며, 백제 양식 그대로라고 판단할 근거는 없다.

(5) 가구법

　앞서 말했듯이 목탑의 체감률은 큰데, 그렇게 만들기 위해 2층과 3층의 공포 구성에 있어서 첨차와 구름형태인 소로를 1층보다 작은 것을 사용하고, 4층에서

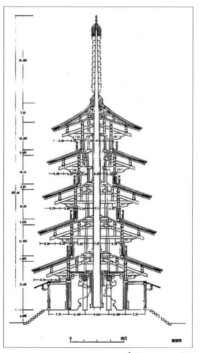

자료: namu.wiki

🏛 그림 2-25 호류지 5층 목탑 단면

는 인접한 첨차를 연결하고 1개 소로를 공용했다. 이러한 자유로운 방식은 후대의 목탑에서는 볼 수 없는 것이며, 나쁘게 말하면 고대 건축의 미숙함이지만, 좋게 말하면 건축이 규격화되기 전의 자유분방함이라고도 추측해 볼 수 있다.

금당의 경우에도 이러한 점이 있는데, 금당의 기둥 높이가 전부 똑같다. 그리고 대들보가 없는 구조다. 이는 대량식 구조를 주로 채용했던 후대의 중국이나, 한국 건축물들과는 전혀 다른 구조다. 심지어 이후의 일본 건축과도 좀 다르다. 얇은 목재로 지붕 등을 구축하는 수법 등은 훗날의 구조에 영향을 준 것으로 보이지만 말이다. 이 외에도 포나 기둥과 보의 결합 등이 견고하지 않다. 아마도 세계에서 가장 오래된 목조 건축물답게 기술적으로는 좀 미숙한 면이 좀 남아 있는 것으로 보이나, 670년에 복원된 건물이란 점에서 누군가가 처음과 다르게 내부 구조를 복원했을 가능성도 배제할 수는 없다. 그러나 이러한 방식은 2층에 있어서 기둥의 배치가 자유로워지기에 나름대로 장점도 있는 구조이다.

[그림 2-26]은 호류지 금당의 단면을 나타낸다. 2층은 일종의 장식으로, 사람이 올라갈 수는 없다. 1층의 외각에 있는 낮은 차양 부분이나 2층 지붕 아래 내부에 있는 십자로 교차되는 종횡 목재는 후대에 추가된 것이다.

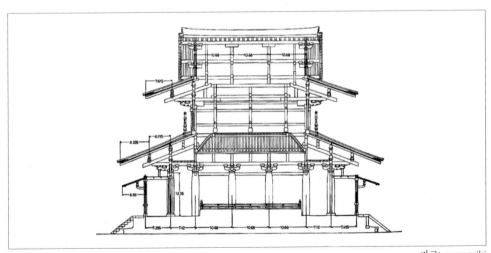

자료: namu.wiki

🏵 그림 2-26 호류지 금당의 단면

제4차 산업혁명의 핵심동력
| 장수기업의 소프트 파워 |

세계에서 가장 오래된 호텔
호시료칸

Chapter 03

세계에서 가장 오래된 호텔
호시료칸

1. 개요

호시료칸(法師旅館)은 일본 이시카와현 고마쓰시에 위치한 호텔이다. 이와즈 온천에 가깝고 현대식 철근 콘크리트 건물에 오직 전통 목조 양식을 간직하고 있다. 천장 들보도 재건축이 이뤄진 불교색이 강한 로비에 들어서자 작은 연못과 언덕, 고목이 풍경을 한눈에 볼 수 있지만 객실은 모두 82개로, 450명을 수용할 수 있다.

718년 나라(奈良) 시대 때 불교 승려 타이초오 대사가 옛 도읍 나라 인근의 백산(하쿠산)에서 수행을 하던 중 인근 마을에 병을 치유할 수 있는 온천이 있다는 하늘의 계시를 받고 제자인 사사키리 젠고로를 시켜서 만든 온천장이었다.

17세기 최고 건축가인 코보리 엔슈우의 정원 설계와 역대 일본 천황을 비롯한 1981년 노벨 화학상 수상자인 후쿠이 겐이치(福井謙一) 등의 방문 등으로 유명세를 탔다.

1980년대 후반 들어서 건축기준법이 강화되어 행정 당국이 지진과 화재를 대비해 목조 건물을 철근 콘크리트 건물로 교체했다.

자료: blog.daum.net

◈ 그림 3-1 호시료칸

1999년, 세계에서 가장 오래된 호텔로 기네스북에 등재되었으며, 46대째 가업을 이어 1300여 년 동안 운영해 오고 있는 일본 전통 료칸이다.

2. 호시료칸의 장수 비결

호시료칸의 대표인 호시 젠고로(法師善五郎)씨는 창업자의 46대손이다. 젠고로 씨가 밝힌 기본 조건은 우선 뛰어난 환경이다. 호텔 주변이 산으로 둘러싸여 있어 온화한 기후를 갖고 있고, 3m만 땅을 파면 미네랄 성분이 풍부한 양질의 온천수가 나온다. 그리고 전통적으로 지역 권력자들이 '호시료칸 보호 정책'을 펴 왔고 주변 주민들의 끊임없는 애정도 또 하나의 바탕이 됐다. 그러나 전국에 온천장이 많은 일본에서 이러한 조건은 까다롭지 않고 쉬운 전제에 불과하다.

자료: blog.daum.net

🏵 그림 3-2 호시료칸 온천

　일본 전통의 가족주의 경영을 바탕으로 한 철저한 '장자 계승 원칙'과 집안 대
대로 내려온 '겸손의 미덕'이 호시료칸의 역사를 가능케 했다.

　젠고로 씨는 "우리 집안은 '물로부터 배워라', '스스로 깨달아라'는 두 가지 가
훈이 있습니다.

　첫째는 주변 온도에 따라 뜨거워지고 차가워지는 물의 특성처럼 주변에 순응
하고 살아라는 뜻이고, 두 번째는 말 그대로 스스로 능력을 키우라는 말입니다."
라고 경영방침을 말한다.

　그는 "창업자 할아버지의 이름도 호시 젠고로로 경영권을 물려받게 되면 동시
에 이름을 물려받게 된다."며, "나머지 아들은 부인의 성을 따르게 된다."고 했
다. 1980년 부친으로부터 가업을 물려받은 젠고로 씨도 법원에서 개명 신청을

해 부친의 이름을 따랐다. 물론 일본 전통에 따라 사위나 양자가 기업을 물려받아도 자연스럽게 '호시 젠고로'란 이름을 사용하게 된다.

장인의 후계자가 된 사위는 일본말로 '무코요오시'(婿養子, 데릴사위)라 부르며 가족 경영을 원칙으로 하는 일본 기업들의 생명력이 되고 있다. 경영 능력이 없는 아들을 대신해 무코요오시를 영입, 가문의 혈연보다는 기업 가문의 건강을 우선시하는 전통 제도로 호시료칸의 45대 호시 젠고로도 사위였다.

"저도 그런 경험을 했지만 창업자의 이름을 물려받게 되면 딴 일에 신경 쓰지 않고 호시료칸의 역사를 이어야 한다는 생각에만 몰두하게 된다."는 것이 그의 설명이다.

현재 호시료칸은 둘째 아들과 사위가 경영 수업을 받고 있다. 두 명 중 한 명이 대표가 되는 순간 47대 호시 젠고로'란 이름을 갖게 된다.

요즘도 호시료칸은 고위 정치인과 연예인들의 발길이 끊이지 않는 최고의 명문 '료칸' 중 하나로 손꼽힌다.

자료: blog.daum.net

🏵 그림 3-3 호시료칸 46대손 젠고로 씨

자료: ryokanclub.com

🌐 그림 3-4 호시료칸 전경

그러나 '1300년 여관'이란 이름값만이 호시료칸의 전부는 아니다.

이곳의 객실 수는 웬만한 호텔과 비슷한 70개, 종업원 수가 130여 명에 이른다. 한 해 이곳을 찾는 손님 수가 4만 명에 이르며, 경기가 좋았던 20년 전에는 7만여 명의 방문객이 끊이지 않던 일본 내 대표적 온천장이다.

자료: blog.daum.net

🌐 그림 3-5 호시료칸 전통적인 서비스 방식

자료: m.blog.naver.com

🌐 그림 3-6 수령 500년이 넘은 나무로
채워진 정원

자료: blogs.chosun.com

🌐 그림 3-7 철저한 서비스 정신

젠고로 씨는 "전통 건물과 서비스 방식으로 온천장을 운영하는 곳이 이제 일본
에서도 손에 꼽을 정도"라며, "종업원이 함께 숙식을 하지 않는 것을 빼면 호시
료칸은 천년 전이나 지금이나 다른 점이 없다."고 말했다.

몇 차례 화재를 겪은 탓에 건물 원형은 변했지만 200년 이상 된 다도실과 건물

자료: blogs.chosun.com

🌐 그림 3-8 호텔을 찾은 손님들에게 징을 쳐주고 있는 호시 젠고로 사장

현관, 수령 500년이 넘은 나무로 채워진 정원은 호시료칸의 또 다른 경쟁력이다.

특히 철저한 서비스 정신은 일본 내 유명 기업들의 벤치마킹 사례가 되기도 한다. 종업원이 새로 들어오면 최우선적으로 교육받는 것이 손님의 입장에서 응대하고 지위고하를 떠나 호시료칸에 들어온 손님은 모두 같다는 내용을 배운다.

일흔이 넘은 나이에 한국 관광객 유치를 위해 한국어를 배우고 있다는 젠고로 씨는 "중국 손님이 늘면서 지난해 5명의 대만 유학생을 새로 채용했다."며, "조상 대대로 손님에게 최선의 봉사를 하는 것이 호시료칸의 빼놓을 수 없는 경영 철학"이라고 말했다.

오랜 전통과 가문에 대한 자부심, 성실한 근로 윤리 등의 바탕이 있는 이상 호시료칸의 '또 다른 천년'은 불가능해 보이지 않는다.

호시료칸 사장인 젠고로 씨는 "여관의 상징물이 불국사에서 발견되는 기와 문양과 비슷하며 초창기 건물은 백제에서 건너온 목수들이 지은 것으로 전해지고 있다."고 했다.

3. 호시료칸의 자랑, 아름다운 정원

일본 료칸에서 정원은 굉장히 중요한 역할을 한다. 정원을 통해 마음의 여유를 즐기고, 자연이 주는 아름다움을 직접 체험하면서 쉬어가기 때문이다.

호시료칸의 자랑인 정원은 수령이 무려 500년 이상이 된 고목들이 자리하고 있다. 아름드리 나무들은 이끼를 두르고 있고, 구부러지고 휘어서 그 아름다움이 출중하다.

건물들의 중간에 자리하고 있어서 어디서든지 정원을 볼 수 있다는 것도 매력이다. 에도 시대 초기의 유명한 다도가인 고보리 엔슈(小堀遠州)의 지도로 만들어진 정원이라고 한다.

연못에는 잉어가 유유히 헤엄을 치고, 비가 와서 촉촉이 젖은 풍경들이 한층 짙은 색으로 아름답다. 이끼를 뒤집어쓴 오래된 석등, 세월이 고스란히 드러나

자료: ko.wikipedia.org

🏵 그림 3-9 고보리 엔슈

자료: kaltour.com

🏵 그림 3-10 호시료칸 연못

는 나무뿌리 등 오래된 것들이 주는 아름다움은 정말 말로 표현하기가 힘이 들 정도이다.

4. 무수히 많은 이야기들이 담긴 일반 객실

1300년이라는 세월 동안 정말 다양한 사람들이 묵어갔을 호시료칸의 객실, 일반 객실과 메조 넷이라고 불리는 복층 특별실, 특별실 등으로 구성되어 있다. 식사는 별도의 식당에서 하게 되지만, 객실의 선택은 인원에 따라, 여행 스타일에 따라 결정을 하면 된다. 일반 객실은 말 그대로 다다미가 깔려 있고 욕실이 있는 객실이다. 다다미가 주는 따뜻함에, 테이블에 준비되어 있는 차가 정갈하다.

옷장과 좌식 소파까지 꼼꼼하게 준비되어 있다. 겨울에는 따뜻하게 코타츠(炬燵, 일본에서 쓰는 난방기구. 탁상난로, 또는 각로(脚爐)라고도 번역한다.)도 이용을 할 수 있다. 온천을 즐기고, 맛있는 식사를 즐기며 도란도란 마주 앉아 이야기하기 좋은 객실, 식사를 하고 나오면 나카이 상이 테이블을 치우고 이불을 깔아 놓는다. 일본 료칸에서는 방에서 식사를 하는 경우가 많으며, 나카이 상이라

자료: booking.com

🔷 그림 3-11 정갈한 일반 객실

자료: blog.naver.com

🔷 그림 3-12 작은 세면대

자료: blog.naver.com

🔷 그림 3-13 별도의 화장실과 비데, 작은 세면대가 준비되어 있는 객실

고 불리는 스태프가 방까지 식사를 가지고 와준다. 또 식사가 끝나면 나카이 상이 이불을 깔아 준다. 조식이나 석식 시간은 손님의 상황이나 희망에 맞추어 대응해 주며, 나카이 상에게 부탁하면 궁금한 것이나 필요한 것을 해결해 준다.

객실에는 별도의 화장실이 있고 화장실에는 비데와 작은 세면대가 준비되어 있다. 작지만 욕조가 있으며 세면대와 다양한 어메니티(욕실 제품과 같은 무료로 제공 되는 것)가 준비되어 있다.

5. 히노끼 내탕이 있는 특별실

객실의 규모와 컨디션을 보면 오래된 료칸이라는 것을 바로 알 수 있다. 화려한 노천탕은 없지만 객실 내의 편안함과 전통의 아름다움을 만날 수 있는 특별실이다.

자료: m.blog.naver.com

🔹 그림 3-14 히노끼(檜木) 내탕 딸린 특별실

자료: blog.naver.com

🔹 그림 3-15 히노끼 내탕

차 한 잔을 하더라도 그림과 꽃을 감상하며 즐긴다면 여행이 더욱 품격이 있을 것이다. 오래된 듯 보이지만 깔끔하게 관리가 되어 있는 작은 소파, 이런 것은 정말 일본다운 면모다. 일본의 료칸을 여행해 보면 요즘 한창 유행인 '미니멀 라이프'(심플라이프, 단순한 삶)의 원조가 바로 료칸이 아닐까 하는 생각이 든다. 별다른 인테리어나 소품이 없이 깔끔하고 간결한 모습이 그것이다. 조명과 천정의 문양, 테이블과 의자의 문양 등 일본다운 맛이 잘 우러난다.

자료: m.blog.naver.com

🔶 그림 3-16 일본다운 맛이 잘 우러나는 객실

6. 남자 대욕장, 호메이

호시료칸에는 남자 대욕장인 호메이와 여자 대욕장인 엔메이가 있고 가족탕이 별도로 있다. 호시료칸에서 오랜 역사를 자랑하는 것이 온천수인데, 무려 1300년 동안 마르지 않았다는 것이 특별하다. 1300년 전의 물을 즐기는 것이 아니겠는가!

자료: blog.naver.com

🔷 그림 3-17 남자 대욕장 호메이

실내 온천은 안이 매우 넓고, 창밖의 풍경이 정말 그림 같이 아름답다. 매끈매끈한 온천수는 일본 지역에서도 최고수준이라고 할 수 있다.

넓은 창을 통해 창밖의 온천을 즐길 수도 있다. 그 온천을 적어도 세 번을 즐겨야 한다는 풍문이다.

7. 여자 대욕장, 엔메이

남자 대욕장이 있으니 당연히 여자 대욕장도 있으렷다. 여자 대욕장 엔메이는 남자 대욕장에 비해서 아담하고 소박한 분위기로 크기도 훨씬 작다.

여자들은 대욕장을 이용하기보다는 가족끼리 오붓하게 즐길 수 있는 전세탕을 선호하는 편이라고 한다.

자료: blog.naver.com

🌐 그림 3-18 호메이 창밖의 온천

자료: blog.naver.com

🌐 그림 3-19 여자 대욕장 엔메이

8. 가족끼리 오붓하게, 전세탕

전세탕은 가족끼리, 일행끼리 즐길 수 있는 곳이다. 다른 사람들의 시선이 부담스럽다면, 전세탕에서 편안하게 온천을 즐기는 것도 방법이다.

일본에는 이와 같이 가족끼리의 여행을 즐길 수 있는 편의시설이 잘 갖추어져 있는 편이다. 유스호스텔의 경우에도 가족끼리 함께 투숙할 수 있도록 방을 배려해 준다.

이 온천물이 1300년 동안 마르지 않았다는 것이 더 신기할 뿐이다. 시설이 요즘 현대식 료칸들에 비해 훌륭하진 않지만 그 이상의 가치가 있는 곳이 확실하다.

1300년의 역사, 그 긴 세월 동안 마르지 않는 온천물과 끊어지지 않는 유명세는 가히 명불허전이라 할만하다.

자료: blog.naver.com

그림 3-20 가족 전세탕

9. 온천 후의 가이세키 요리

가이세키 요리란 무엇인가? 먼저 가이세키(会席)는 모임의 좌석이라는 뜻으로 일본의 정식요리를 말한다.

보통 1즙3채(一汁三菜), 1즙5채(一汁五菜), 2즙5채(二汁五菜)를 이용한다. 즙(汁)은 국을 뜻하며, 채(菜)는 반찬을 이르는 말로 요리는 손님의 취향에 맞추어 계절에 어울리는 것으로 준비한다.

음식마다 서로 같은 재료, 같은 요리법, 같은 맛이 중복되지 않도록 구성하며, 음식의 맛은 물론이고 색깔과 모양을 감안하여 요리하고, 그릇에 담을 때도 그릇의 모양과 재질까지 고려한다.

요리의 종류에는 다음과 같은 것들이 있다.

前菜(ぜんさい) 젠사이, 오르되브르

식사 전에 식욕을 돋우려고 먹는 요리, 주로 야채 요리가 많이 있다.

小鉢(こばち) 코바치

작은 그릇에 담겨져 나오는 일본 요리, 오토오시로도 애용, 토기로 만들어진 그릇이나 나무나 꽃을 심는 화분이다.

造り(つくり) 츠쿠리

생선회를 보기 좋고 먹기 좋게 꾸며 둔 요리, 생선에 따라 회를 뜨는 방법이 다르며, 보통 생선별로 세 조각씩 접시에 담는다.

吸物(すいもの) 스이모노

일본의 국요리로 맑은 국과 된장국이 있으며, 주로 해산물을 이용하여 맛을 낸 요리가 많다.

자료: jholiday.kr

그림 3-21 호시료칸의 가이세키 요리

煮物(にもの) 니모노

일본의 조림요리, 蒸物(むしもの) 무시모노라고 하여 삶은 요리가 나오기도
한다.

焼物(やきもの) 야키모노

생선이나, 닭, 육류를 불에 가볍게 구워낸 요리를 가리킨다.

一品(いっぴん) 잇핑

일품요리, 료칸을 대표하는 요리가 나온다.

油物(あぶらもの) 아부라모노

튀김요리를 말한다.

酢の物(すのもの) 스노모노

생선, 조개, 채소, 바닷말 등을 식초로 조미한 요리를 가리킨다.

菓子(おかし) 오카시

과자, 혹은 과일 등이다.

デザート 디저트

디저트, 녹차나 커피 혹은 아이스크림 등 후식을 가리킨다.

호시료칸의 석식 가이세키 요리는 식재의 신선함을 살린 것은 물론, 지부니(治部煮, 걸쭉한 국물에 밀가루를 입힌 닭고기와 밀기울과 야채를 넣어 만든 가가 요리의 대표적인 메뉴) 등의 가나자와 지역의 향토요리 스타일의 가이세키요리

◈ 그림 3-22 지부니

가 특징이다. 지부니도 세월에 따라 다양하게 변해 오고 있다. 재료가 '지부지부' 끓여지는 소리에서 유래됐다는 설이 있다.

아래 '지부니'는 보통 국그릇보다 더 얕은 지부니 전용 그릇이 있는데, 이것은 가가요리[1])로 발전돼 온 증거이다. 제철 뿌리채소와 버섯, 그리고 밀가루를 바른 고기를 조린 국물로 먹는다.

일본식 요리로서는 좀 색다른 조리법이다. 양념에는 고추냉이를 곁들인다. 전통방식대로 오리 고기를 사용한 것이 천하일품이다.

자료: hot-ishikawa.jp

🏵 그림 3-23 전용 그릇에 담은 지부니

자료: hot-ishikawa.jp

🏵 그림 3-24 가부라즈시

가부라즈시는 겨울의 일본해에서 채취되는 살이 오른 간부리(겨울 방어)를 소금에 절여 칼집을 낸 제철의 가부라(순무)에 끼어 넣고 누룩(감주)에 담근 나레즈시의 일종이다.

호쿠리쿠(北陸)의 격한 한기로 인해 발효가 억제되어, 서서히 숙성되는 가부라

---

1) 가가(加賀) 백만 석의 전통이 키워온 가나자와의 음식문화. 사계절마다 풍부한 자연환경으로 인해 이 지역만의 독특한 '가가요리'로서 진화해 왔다. '가가요리'란 현지에서 나는 재료를 일상적으로 맛있게 먹기 위해 고안한 향토요리를 말한다. 지부니(じぶ煮)와 가부라즈시(かぶら寿し) 등 소박하고 서민적인 가가요리도 구타니야키(九谷焼)나 가나자와 칠기 등의 화려한 그릇에 담으면 화려한 가가요리로 연출되어 왔다. 담는 그릇에 따라 눈으로 맛보고 혀로 맛보는 이런 절묘한 관계가 가가요리의 매력이다.

즈시는 에도 시대부터 겨울의 가나자와(金澤)의 맛으로서 즐겨 먹고 있다. 각 가정에서 담그는 곳도 많으며 방어 이외에 간고등어 등도 사용되고 있다.

 정월의 맛을 대표하는 가부라즈시는 가부라즈시용의 '누룩'이나 '감주'가 슈퍼에서 판매되고 있어 각 가정에서 손쉽게 만들고 있다. 또한 각 가정에서 담근 가부라즈시는 자랑스러운 맛으로 서로 교환해서 먹는다. 도야마현에서도 이와 같은 가부라즈시를 매우 즐겨 먹고 있다.

자료: doopedia.co.kr

🔅 그림 3-25 나레즈시

자료: doopedia.co.kr

🔅 그림 3-26 연어 나레즈시

 나레즈시는 일본 요리의 하나로, 소금에 절인 생선을 밥과 함께 돌로 눌러 두어 발효시킨 초밥이다.

 나레즈시(熱鮨, なれずし)는 어패류를 발효시켜 자연적인 산미를 이용하는 것으로 현재 우리가 먹는 스시의 원조이다.

 나레즈시는 소금에 절인 생선을 대나무 잎에 돌돌 말아서 밥과 함께 자연적으로 발효시켜 먹는 일본 최초의 초밥으로서 독특한 냄새로 인해 보통 사람들은 먹기 힘들다. 나레즈시는 구사레즈시(腐れ熱鮨) 또는 우레즈시(熟れ熱鮨)라고도 하며, 기주(紀州)의 나레즈시(馴鮨)와 오우미(近江)의 후나즈시(ふなずし)가 가장 유명하다.

 호시료칸의 조식은 일본식 정식이다. 해산물을 철판에 구워 생선구이를 맛볼 수 있는 일본식 정식이 제공된다.

자료: m.blog.naver.com

🔷 그림 3-27 호시료칸의 조식

제4차 산업혁명의 핵심동력
| 장수기업의 소프트 파워 |

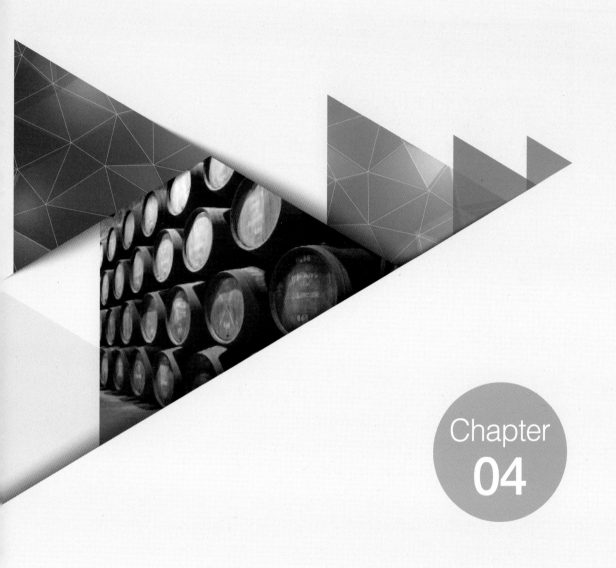

Chapter
04

독일의 최장수기업
슐로스 요하니스베르그

Chapter 04

독일의 최장수기업
슐로스 요하니스베르그

1. 개요

독일 라인가우(Rheingau) 지역에 위치한 슐로스 요하니스베르그는 문화의 중심지이자 고급 와인 생산지로 유명하다.

35만m²의 매우 넓은 싱글빈야드[1]를 보유하고 독일 와인의 역사를 잘 간직하고 있는 지역이다. 라인가우 지역은 모젤(Mosel)과 더불어 독일의 대표적인 와인 산지다.

라인가우의 와인들은 전통적으로 가늘고 긴 갈색 병에 병입된다. 라인강을 내려다 보는 언덕 비탈에 자리 잡은 생산지역으로 작지만 매우 뛰어난 품질의 와

---

1) 단일 포도밭이라는 의미로 법규에 의해 정해지기보다는 와인 생산자의 주관적인 선택으로 정해진다. 싱글빈야드는 작게는 몇 헥타르(10,000제곱미터), 많게는 수십 헥타르에 이르지만 보통 오랜 시간에 걸쳐 과학적으로 증명된 작은 크기의 포도밭에서 소량 생산되는 프리미엄 와인을 지칭하는 단어다. 하지만 포도의 양조과정 중에는 이곳저곳의 빈야드에서 재배된 포도를 섞어서 와인을 빚기도 하고, 포도의 재배지와 와인의 양조지가 다를 수도 있다.

자료: ditqyd.tistory.com

🌐 그림 4-1 리슬링의 고향 라인가우

인을 생산한다. 포도밭은 주로 남쪽을 향해 자리 잡고 있으며 강물에 반사된 햇빛을 충분히 받을 수 있다. 또한 언덕은 북쪽에서 부는 차가운 바람을 막아준다.

슐로스 요하니스베르그(Schloss Johannisberg)는 전 세계에서 가장 오래된 리슬링(Riesling, 화이트 와인용으로 애용되는 품종 가운데 하나로, 세계 각지에서

자료: beergle.tistory.com

🌐 그림 4-2 슐로스 요하니스베르그 와이너리(포도주 양조장)

재배하고 있지만 주로 독일과 프랑스 알자스 지방에서 많이 재배한다.) 포도밭을 가지고 있다. 1720년부터 100% 리슬링 포도밭으로 구성되어 있다. 각각 2주와 4주 늦게 수확하여 만드는 Spatlese(Late Harvest)와 Auslese(Selected Harvest)는 약 230여년의 역사를 지녔다.

포도를 얼려서 만든 아이스 와인은 150년이 넘는 전통을 자랑한다. 아이스 와인(Ice wine 혹은 Icewine, Eiswein)은 포도밭에서 수확철이 되어도 따지 않고 내버려 둬서 자연적으로 동결하여 당분이 농축된 포도를 언 상태로 압착한 즙을 이용해 만드는 와인이다. 디저트 와인으로 유명하다.

슐로스 요하니스베르그의 와인은 라인가우 지역의 특징답게 매우 우아하고 훌륭한 밸런스를 지녔으며 부드러운 느낌을 받을 수 있다. 이러한 무구한 역사와 훌륭한 품질로 슐로스 요하니스베르그는 리슬링 와인으로 1748년부터 약 250여년 넘는 세월 동안 큰 사랑을 받아오고 있다.[2]

슐로스 요하니스베르그의 포도 재배 역사는 샤를마뉴 대제(768~814) 시대까지 거슬러 올라간다. 전설에 따르면, 잉글하임에 위치한 궁전에서 풍경을 바라보던 샤를마뉴 대제는 한 언덕의 눈이 다른 곳보다 빠르게 녹는 것을 발견하고, 와인 포도용 재배를 위한 이상적인 지역이라는 것을 직감하고 포도 재배를 명한다.[3]

자료: blog.naver.com

🏵 그림 4-3 샤를마뉴 대제

---

2) 월간리치 인터뷰.
3) WINE21.COM, 2016. 8. 23.

🏵 그림 4-4 슐로스 요하니스베르그

따라서 슐로스 요하니스베르그의 창업연도는 768년이다.

엘스터바흐(Elsterbach) 시내가 흐르는 산자락에 위치한 이 재배지에서 샤를마뉴의 아들, 루드비히 데어 프롬므가 817년 8월 4일 6,000리터의 와인을 생산했다는 기록이 전해지고 있다.

2. 역사

'게르만의 스승(Praeceptor Germaniae)'으로 존경 받는 마인쯔의 대주교였던 라바누스 마우루스(Rhabanus Maurus)는 850년 윙켈 지역에 위치한 이 언덕을 '주교의 언덕'이라 명명하였다.

1100년대에 들어서면서, 마인쯔 지역의 베네딕트 수도승들은 라인가우 지역 최초로 수도원을 건립하였다. 1130년 로만 바실리카 스타일로 축성된 수도원은 세례 요한에게 봉헌되었으며, 수도원, 언덕 그리고 마을은 요하니스베르그로 명명되었다.

오랜 시간 동안, 토지의 거래와 구매 그리고 신도들의 기부에 의해 수도원들은

자료: blog.naver.com

🔷 그림 4-5 요하니스베르그 성과 주변 포도원

자료: m.blog.daum.net

🔷 그림 4-6 독일의 와인산지 라인가우

에스테이트 주변의 재배지를 확장시켜 나갔고 현재의 모습을 이룩했으며, 이는 주변 와인 재배자들에게 경제적인 효율성의 모델을 보여주었다.

　이 기간 동안 1525년 소작농의 봉기에 의해 약탈, 1552년에는 알브레히트 2세 알키비아데스(Albrecht II. Alcibiades(Brandenburg-Kulmbach))4)에 의해 수도원이 점령되는 등 부침을 겪는다.

　수도원은 1563년 와해되어, 30년 전쟁 동안 황제의 세금 징수원이었던 Hubert Bleymann과 사위였던 G. von Giese of Cologne가 소유하였다.

　1716년, 독일 폴다 지역의 대수도원장이었던 Konstatin von Buttlar가 구매하였다. 교회부분과 약 900여년의 역사를 가진 셀러 부분을 제외하고 대부분을 철거한 후, 그는 새로운 궁전을 건설했고, 교회는 바로크 스타일로 리노베이션했다. 1721년 완성된 주셀러는 Cladosporium Cellare라는 곰팡이에 의해 이상적인 환경을 가지고 있다.

　또한 그는 방치되었던 재배지를 다시 재정비한다. 약 294,000그루의 포도나무를 1719년과 1720년에 식재(조경면적에 수목이나 잔디 · 초화류 등의 식물을 기준에서 정하는 바에 따라 배치하여 심는 것)하였는데, 이 중 38,500그루가 리슬

---

4) 호엔촐레른 가문 출신 독일 신성 로마 제국의 군인이자 브란덴부르크-콜룸바흐의 후작이었다. 별칭은 벨라토르(Bellator)이다.

자료: ko.wikipedia.org

⬡ 그림 4-7 알브레히트 2세 알키비아데스

자료: view42.tistory.net

⬡ 그림 4-8 Konstatin von Buttlar가 수도원을 매입했던 자리에 지은 와이너리

링이었으며, 이는 라인가우의 포도재배의 새 시대를 알린 역사적 사건이었다. 그 후 주변 지역에까지 영향력을 발휘하였다. 오늘날 요하니스베르그 리슬링은 미국과 브라질 등 세계 여러 지역에서 이 품종의 동의어로 사용되고 있다.

1716년 이후 연간 수확량은 정기적으로 기록되었고, 최고의 와인은 1775년 이후부터 와이너리(포도주 양조장)에서 병입하기 시작하였다. 같은 해에 우연한 사고로 와인의 품질 향상에 기여할 수 있는 결정적인 요소를 발견하게 된다.

자료: instarix.com

🏵 그림 4-9 요하니스베르그 리슬링 Feinherb

수확개시를 명하는 대수원장의 명령서가 늦게 도착하게 되면서 포도알이 과숙되어 쪼그라들거나 부패되는 상황에서 수확할 수밖에 없는 절망적 상황이 펼쳐졌으나, 이는 새로운 결과를 이끌어낸다. 우연히 발생된 '사고'는 슈페트레제

세계 3대 디저트 와인 - 트로켄베렌아우스레제 -
Trockenbeerenauslese(TBA)

● 생산국: 독일
● 품종: 주로 '리슬링'
● 스타일: 소테른과 마찬가지로 귀부병에 걸린 포도로 와인을 만든다. 다만, 수분 증발이 더 진행된 포도를 선별해 발효가 어려워 알콜 함량이 낮다. 트로켄베렌아우스레제는 "dried berries selection"이라는 뜻이다.
● 당도: grams sugar per litre
  – 최소 규정: 150 이상   – 상급 뀌베: 300 이상

자료: blog.naver.com

🔷 그림 4-10 트로켄베렌아우스레제

(Spätlese, 최소 당도 85웩슬레[5]. 일반적인 수확시기보다 늦게 수확하여 당이 응축된 포도로 양조한다. 2단계)를 처음 만들게 되었고, 이는 보트리티스 시네리아(Botrytis Cinerea) 또는 노블랏(Nobble Rot)으로 불리는 새로운 와인의 탄생과 함께 이후에, 아우스레제(Auslese), 베렌아우스레제(Beerenauslese), 트로켄베렌아우스레제(Trockenbeerenauslese) 등 라인가우 리슬링의 세계적인 명성을 이끌게 된다. 이 시기 동안 관리자로 근무했던, John. Michael Engertsms는 "이와 같은 와인을 전에 한번 맛본 적이 없다."라고 1776년 4월 10일 기록하고 있다.

1802년 폴다와 요하니스베르그 수도원은 모두 세속화되었고, 요하니스베르그는 오랑쥬 공국의 소유가 되었다. 1806년 나폴레옹이 다시 빼앗아, Valmy의 공작인 Marshal Kellermann에게 수여하였고, 1813년까지 그가 소유하였다. 1813년부터 1815년까지 3국동맹(프러시아, 러시아, 오스트리아)에 의해 관리되다가, 비엔나 의회에서 오스트리아 합스부르그의 프란시스 1세에게 소유권이 이전되었다.

---

5) 와인의 당도 등급은 포도즙의 밀도를 측정하는 웩슬레(Oechsle = °Oe)라는 수치를 사용한다.

1816년 7월 1일 황제는 유럽의 평화를 가져온 공로로 수상이었던 작센의 클레멘스 벤젤슬라우스(Clemens Wenzeslaus von Sachsen)에게 요하니스베르그를 수여하였고, 이에 대한 대가로 수확량의 10분의 1을 세금으로 합스부르크 왕가에 지불하였다.

자료: ko.wikipedia.org

🌐 그림 4-11 작센의 클레멘스 벤젤슬라우스

수세기를 지나며, 수도원의 와인과 슐로스 요하니스베르그는 독일에서 생산된 최상급 와인으로 명성을 유지해 왔다. 와인의 우아함과 풍성한 과실 향은 애호가와 소비자들의 사랑을 받으며, 오랜 빈티지의 와인들은 의학적 효능이 있다고 평가되었다.

자료: blog.naver.com

🔶 그림 4-12 와인셀러

슐로스 요하니스베르그는 약 35만m² 재배지에서 리슬링 품종만을 재배하고
있다. 250미터에 이르는 길이의 광대한 와인셀러는 총 750,000리터를 보관할 수
있으며, 병입하기 전 최적으로 숙성될 때까지 나무통에 보관한다.

자료: unikind.co.kr

🔶 그림 4-13 나무통 발효

자료: wine21.com

🔹 그림 4-14 슐로스 요하니스베르그 레이블

양조학적으로 슐로스 요하니스베르그는 1971년 독일 법에 의해 정의된 요하니스베르그 지역의 독립적인 구역이자 '특별한 지구'이다. 그렇기에 슐로스 요하니스베르그의 와인은 수세기 전부터 그렇게 전해왔던 것처럼, 특별히 부가설명적인 포도밭의 이름 없이 슐로스 요하니스베르그로 불리고 있다. 모든 레이블은 1830년 이후부터 동일한 디자인을 유지하고 있으며, 캡슐 또는 공식적인 왁스 인장은 과거 170여년 동안 각기 다른 품질을 보여주는 상징지표로 사용되어 왔다.

3. 와인, 신이 인간에게 내려준 선물

기원전 1100년경 페니키아인들이 와인을 제조하기 시작했는데, 그들은 약 350년 후 포도와 와인을 그리스에 전파했다. 와인은 헬레니즘 시대에 주신(酒神) 디오니소스 신화와 함께 번성하게 되었다. 그리스인들은 풍요로운 생활을 바탕으로 한 예술의 발달, 축제, 공연 문화의 발달과 함께 와인을 즐기게 되었다. 그리스의 철학자 플라톤은 "신이 인간에게 내려준 선물 중 와인만큼 위대한 가치를 지닌 것이 없다."고 했을 만큼 그리스인들은 와인을 즐겼다. 히포크라테스는 "적당량의 와인은 질병을 치료할 수 있다."고 하였다. 로마 시대 학자였던 플로니우스는 당시의 그리스에는 91가지의 포도 품종이 있다고 기술했다.

"신이 인간에게 내려준 선물 중
와인만큼 위대한 가치를 지닌 것은 없다."

플라톤

🔷 그림 4-15 플라톤

야생종 포도나무는 주로 접지(cutting)로 번식되어 일반적으로 재배되어 왔으며, 수세기 동안의 개량작업으로 많은 우수한 품종이 등장하게 되었다. 오늘날 피노 누와(Pinot Noir), 샤르도네(Chardonnay), 리슬링(Riesling), 까베르네(Cabernet), 카르다카(Kardaka), 바롤로(Barolo), 가티나라(Gattinara), 네비올로(Nebbiolo), 그르나슈(Grenache), 그로슬로(Groslot)가 그 대표적이다.

독일은 화이트 와인 품종인 '리슬링'으로 만든 와인이 유명하고, 또 독일을 대표한다. 독일의 와인 등급은 세 가지가 있다.

● Tefelwein and Landwein − 가장 낮은 등급의 와인으로 전체 독일 와인의 3.6%밖에 차지하지 않으니까 논외다.
● QbA − 중간 등급의 와인으로 일상적으로 먹는 저렴한 와인이다.
● Prädikatswein − 고급와인으로 품질을 인정받은 와인이다.

독일 와인을 구입할 때, 라벨을 잘 보면, QbA 혹은 Prädikatswein이라는 표시를 볼 수 있다. Prädikatswein이라는 글귀가 보이면 일단 탑레벨 와인이라고 보면

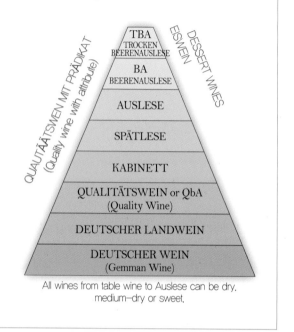

◈ 그림 4-16 Prädikatswein 범주

된다. 이 Prädikatswein은 다음과 같은 '스타일' 또는 '종류'로 나누어진다.

- Kabinett – '리슬링'으로 만든 보편적인 와인으로 적당한 수확시기에 딴 포도로 만든다. 단맛이 있을 수도 있고, Trocken Kabinett처럼 '드라이'한 와인이 있을 수도 있다. 'Trocken'은 'Dry'하다는 의미다.
- Spätlese – 일반적인 수확시기보다 일주일 정도 늦춰 딴 포도로 만든다. 적당한 단맛과 신맛의 밸런스가 대단히 우수하고, 풍성한 과일 맛이 정말 끝내주는 와인이다. 많은 사람들이 좋아하는 와인이다.
- Auslese – 수확시기를 더 늦춰 딴 포도로 만든다. 수확시기를 늦출수록 수분이 증가해서 당도가 증가한다. '아우스레제' 와인은 첫 아로마(aroma)는 단맛

이 풍성하게 들어오지만 과일향과 리슬링 특유의 휘발류와 같은 아로마가 후반부를 장식하는 멋진 와인이다.

● Beerenauslese – '베렌아우스레제'는 수확시기를 더 늦게 한 포도로 만든다. 묵직한 꿀과 같은 단맛과 상쾌한 아로마가 입안을 황홀하게 한다. 혀를 휘감는 꿀이 입안 전체를 홀린 후, 사라지는 느낌이다.

● Eiswein – '아이스바인'은 자연적으로 언 포도를 압착해서 만든다. 포도가 얼어야 되니 당연히 늦게 수확을 한다. 수분이 빠져나간 포도에는 엄청난 당분이 숨어 있다. 캐나다 비달로 만든 아이스와인이 가장 대중적이다.

● Trockenbeerenauslese – '트로켄베렌아우스레제'는 프랑스의 소테른 지역의 '귀부와인'과 쌍벽을 이루는 독일의 '귀부와인'이다. 엄청난 당도와 리슬링 특유의 아로마가 합쳐져서 무아지경에 이르게 한다. 엄청 진한 꿀을 시원하게 해서 마시는 느낌이다. 달지만 우리가 생각하는 그런 단맛이 아니다.

자료: ahrweinshop.de

🏛 그림 4-17 Deutscher Wein

요하네스베르그 와이너리를 소개하면서 왜 갑자기 독일 와인에 대해 장황하게 설명하느냐 하면, 그건 이 '슐로스 요하네스베르그'가 'Spätlese'(스펫레제)를 처음 만들거나 또는 발견한 곳이기 때문이다. 서기 817년에 처음 세워진 이 와이너리는 리슬링으로 와인을 만들던 곳이었다. 그런데 1775년 매우 중요한 일이 벌

자료: auto.pege.org

🏵 그림 4-18 Spätlese, 늦게 수확한 포도

어진다. 로마의 교황으로부터 '포도 수확'을 허락하는 문서를 전달해주는 전령이 그만 몇 주 늦게 도착한 것이다. 수확시기를 놓친 포도는 그만 병이 들어버렸다. 얼마나 안타깝고 화가 났을까? 이때 당시 와인메이커는 과감한 결정을 내린다. 병든 포도를 가지고 와인을 만들기로 결심한 것이다.

그 결과 세상에서 들도 보도 못한 멋진 와인이 탄생한 것이다. 와인을 맛보던 영주가 "와우, 이 와인 어떻게 만들었어?"하고 물으니, "Spätlese(스펫레제), 늦게 수확한 포도로 만들었지요."라고 대답했다. 'late harvest'라는 뜻이다.

그 이후, 요하네스베르그에서는 이를 이용해 멋진 귀부와인을 만들어낸다. '아우스레제', '베렌아우스레제', '트로켄베렌아우스레제'를 통해 크게 이름을 알리게 된다. 그저 그런 리슬링 와인을 만들던 독일이 '자신들만의' 독특한 와인을 갖게 되는 순간이었다. 요하네스베르그 와이너리에 들어가면, 이를 기념하는 '전령의 동상'을 볼 수가 있다. 이런 역사를 모른다면, 이 동상이 무엇을 의미하는지 잘 모를 것이다.

자료: beergle.tistory.com

🕸 그림 4-19 슐로스 요하니스베르그 전령 동상

2006 CUVÉE TORCKENBEERENAUSLESE
2006년 퀴베 트로켄베렌아우스레제

오스트리아 부르겐란트지역의 감미로운 골드, 말린 과일, 오렌지 그리고 벌꿀의 자취와 더불어 코끝에 느껴지는 섬세한 달콤함. 이 와인은 유연하고 균형 잡힌 산미와 과일향으로 입 안 가득 강렬한 달콤함을 뿜어냅니다.

The sweet gold from Burgenland. Delicate sweetness on the nose, with traces of dried fruit, oranges and honey. On the palate, this exudes concentrated sweetness with fruit suppleness and balancing acidity.

- 양조방법: 으깬 열매들을 2주간 두었다가 눌러 짜 걸러낸 후 자연효모를 넣어 오크통에서 발효시킵니다.
- vinification: mashed berries rest for 2 weeks, are then pressed, preclarified, fermented in oak barrels with natural yeasts.
- 어울리는 음식: 숙성된 부드러운 치즈, 달콤한 디저트들
- food pairing: Ripe red cultured soft cheeses, sweet desserts.
- 포도품종 / variety: 벨쉬리슬링(Welschriesling), 삐노블랑(Pinot Blanc)
- 포도밭 / cru: Rust
- 토양 / soil: 모래, 경송토(Light sandy soil)
- 포도나무 평균수명 / vines: 19년
- 수확량 / yield: 300hi/ha, 선별 수작업(Seiective, manual harvest 300 hi/ha)
- 알코올 / alcohol: 12% Vol.
- 숙성 / maturity: 2009~2020
- 적정 시음온도 / temperature: 10~12℃

자료: wine1855.kr

🕸 그림 4-20 최고급 와인 트로켄베렌아우스레제

제4차 산업혁명의 핵심동력
| 장수기업의 소프트 파워 |

중국의 최장수기업
우량예

Chapter 05

중국의 최장수기업
우량예

1. 유래

800여년 전부터 쓰촨성 이빈(宜賓) 지역은 보리, 쌀, 조, 찹쌀, 수수 등 다섯 가지 곡물을 섞어서 발효시킨 짜량주(雜糧酒)를 만드는 곳으로 유명했으며, 1909년에 이 술은 우량예(五粮液)로 불리게 되었다.

자료: thezine.tistory.com

⬢ 그림 5-1 우량예

영국 〈이코노미스트〉지에 의하면 우량예의 창업연도가 1140년으로 되어 있다.

최초의 우량예는 명나라 초기 이빈 지역 북쪽에 원더펑(溫德豐)이라 불리는 주막이 있었는데, 천(陳)씨 성을 가진 주인이 더성푸(德勝福)라는 술 공장을 만들었다. 공장을 지은 지 얼마 안 지나 흉년이 들어 전통적으로 술을 빚는 데 사용되는 보리 수확이 대폭 줄어들게 되자 그는 집에 있는 모든 곡물을 함께 한 곳에 모아 고루 섞은 다음 발효시켜 새로운 술을 만들어내기 시작하였는데, 기존에 시장에서 판매되던 술보다 맛이 구수하고 달콤해 많은 사람들의 사랑을 받았다.

그러던 1909년, 청나라 말기 이빈 지역에 관리로 부임하게 된 레이둥헝(雷東恒)은 당시 영향력 있는 사람들을 모아서 연회를 열게 되었다. 원더펑 공장주는

자료 : blog.daum.net

그림 5-2 우량예 그룹

갓 부임한 관리에게 보내는 선물로 5년 전에 만든 짜량주(雜粮酒)를 가져다주게 되었다. 과거시험에서 급제를 한 선비 양혜천(楊惠泉)이 "이렇게 맛있는 술을 짜량주라고 부르는 이름이 참 아쉽다면서 5곡을 모아서 지은 술이니 우량예(五粮液)라 함이 합당하다."라고 말하게 되었다고 한다.

이를 들은 공장주는 술의 이름을 우량예(五粮液)로 바꾸게 되었으며, 1932년에는 브랜드 특허를 받아 우량예는 중국 음식업계에서도 가장 먼저 브랜드 상품이 되었다.

2. 역사

오늘날 쓰촨성 이빈시는 송나라 시기 쉬저우(徐州)라 불렸으며, 이때부터 사람들은 두세 가지 곡물을 사용해 술을 빚어 마셨다는 기록이 있는데, 이런 곡물주(穀物酒)는 당시 서민들 사이에서 인기가 많았다. 쓰촨은 예로부터 토양과 곡물

자료: contey.tistory.com

🔷 그림 5-3 중국 10대 명주

질이 좋은 것으로 유명하다. 중국에서 백주가 생산된 것은 송나라 시기로 추정된다. 이 무렵 몽고족의 영향으로 유럽의 증류식 주조법이 전해진 뒤 비로소 나왔다는 설이 유력하다. 삼국 시대 영웅호걸들이 술을 통째 들이킨 것은 백주가 아니라 황주(黃酒)일 가능성이 높다. 황주란 곡식을 발효시켜 만든 술로, 우리의 막걸리에 해당한다.

그 후 명나라 말기 이빈 지역 북쪽에 원더펑(溫德豊)이라 불리는 주막을 경영하던 천(陳)씨의 더성푸(德勝福)라는 술공장에서 보리, 쌀, 조, 찹쌀, 수수 등 5가지 곡물을 일정한 비율로 섞어서 발효시켜 만든 술이 판매되기 시작했는데, 술향기가 구수하고 맛이 달콤해 서민들뿐만 아니라 많은 문인(文人)들의 사랑을 받게 되었으며, 청나라 시기에 들어서면서 우량예(五粮液)로 불리게 되었다.

1952년에 설립된 우량예 공장은 곡물주를 만드는 전통방법에 새로운 기술을 개발하고, 발효과정에서 생기는 유해물질 제거와 우량예의 구수한 향을 유지하는 데 최선을 다하고 있다. 우량예는 중국 국가 10대 명주(名酒)로 불리게 되었으며 현대 중국인들의 사랑을 받고 있다.

3. 특징

마오타이(茅台), 루저우라오자오(瀘州老窖)와 함께 중국 10대 명주(名酒)로 잘 알려진 우량예(五粮液)는 중국 정부 관리들이 외빈을 맞는 연회에 사용되는 국빈주(國賓酒)로 불리며, 최근 들어서는 중국 상류뿐만 아니라 중산층의 사랑을 받고 있는 술로 유명하다.

우량예는 보리, 쌀, 조, 찹쌀, 수수 등 5가지 곡물을 원료로 만들어진 증류주(蒸溜酒)로 향이 짙고 구수할 뿐만 아니라 술색이 투명하며, 맛이 시원하면서도 부드러우며 뒤끝이 깨끗한 특징이 있다.

오늘날 이빈(宜賓)에서 우량예가 가지는 위상은 절대적으로 높다. 2013년 시 전체 공업생산액(743억 위안)의 1/3을 차지했고, 세수 공헌도가 가장 컸다. 농업, 유통업 등 연관 업종에 미치는 영향이 지대하고, 전체 주민(550.4만 명) 중 10% 가까이가 관련 산업에 종사한다. 거리, 주거단지, 공단 등 지명 곳곳에 우량예가 들어가고, 도로에서 운행하는 모든 버스와 택시에 우량예 광고판이 달려 있다. 심지어 2012년 2월에 착공해 짓고 있는 신공항의 이름도 우량예 공항으로 명명됐다.

이런 지명도와 달리 우량예의 역사는 그리 길지 못하다. 이빈에서 술을 양조하기 시작한 것은 5세기 남북조 시대부터다. 당시 이빈에 살던 이족(彝族)은 곡물을 혼합해 잡주(雜酒)를 제조했다.

당대에는 관영 양조장에서 네 가지 곡식으로 춘주(春酒)를 빚었다. 명・청대에는 오곡으로 술을 제조했으나, 원료가 다른 지방 바이주와 크게 다를 바 없었다. 지금처럼 보리, 쌀, 조, 찹쌀, 수수 등 오곡을 쓴 것은 1909년이고, 1929년에야 우량예라는 이름을 얻었다.

4. 기업소개

우량예 그룹은 중국 서부 지역에 위치하고 있으며, 1959년에 설립되었다. 우량예와 같은 곡물주를 생산하는 기업으로, 중국 최초로 멀티 브랜드 전략을 실시한 바이주(白酒) 생산업체로 70여 종의 바이주를 생산하여 중국 애주가들의 입맛을 장악하고 있다.

기업 로고의 'W'는 '우(五)'로 보리, 쌀, 조, 찹쌀, 수수 등 오곡을 가리킨다.

2012년부터는 연 수익이 272억 위안을 넘는 대기업으로 성장하였다. 현재는 30,000명의 임직원을 보유하고 있는 중국 10대 술 가공업체 중 하나가 되었으며, 중국 명주로 지정되었다.

뿐만 아니라 우량예는 바이주(白酒) 가공업계 주최로 열리는 바이주(白酒)박람회에서 3년 연속 중국 최고 브랜드상을 받았다. 우량예 그룹은 중국 정부로부터 품질관리 우수상을 받기도 하였다.

자료: blog.naver.com

🔅 그림 5-4 기업 로고를 형상화하여 만든 우량예 술공장의 정문

자료: newspim.com

🔅 그림 5-5 우량예 연도별 영업실적

1956년 전국곡주질량품평회에서 1등을 차지하였으며, 중국의 증류주 가운데 판매량이 가장 많다. 미국의 정치가 지미 카터가 중국을 방문하였을 때, 덩샤오핑(鄧小平)이 만찬 자리에서 우량예을 내놓아 세계적으로 알려졌다. 우량예 진품은 병의 뚜껑을 봉인한 종이에 새겨진 국화 문양으로 알아볼 수 있다.

우량예 공장에서 기념하기 위한 주문화박물관도 설립 운영 중이다.

자료: kr.people.com.cn

🏵 그림 5-6 중국을 방문한 지미 카터 대통령 내외와 덩샤오핑

5. '명주의 고향' 쓰촨성

예로부터 쓰촨성(四川省) 지역은 중국에서도 술 좋은 곳으로 소문이 났는데, 현대라고 사정이 달라진 것은 아니다. 비옥한 땅이 드넓게 펼쳐져 있어서 곡물이 풍부한 데다 여름에 무덥지 않고, 겨울에 혹한이 없는 기후가 좋은 술을 빚어

내는 근본 요인이 되고 있다. 오늘날 중국의 국가 명주로 손꼽히는 17종의 바이주 가운데 6종의 바이주가 이곳에서 생산되고 있는 사정도 이러한 자연환경과 수천 년을 이어온 양조 역사를 바탕에 두고 있음은 물론이다.

쓰촨성의 성도(省都)인 청두(成都)를 대표하는 술은 '전흥대곡주(全興大曲酒, 현재는 '수정방'이 대표 브랜드임)'이며, 이곳에서 북쪽으로 차로 한 시간쯤 걸리는 미옌주현(綿竹縣)에서는 국가명주 '검남춘(劍南春)'이 생산된다. 청두에서 남서쪽으로 4시간쯤 달리면 장강(長江, 양쯔강) 가의 술 도시 이빈(宜賓)에 닿게 되는데, 이곳에는 중국 농향형(濃香型) 바이주를 대표하는 '우량예(五粮液)'의 생산기지가 있다. 또한 여기서 강을 따라 2시간여를 더 가면 중국 최고(最古) 발효지(醱酵池)의 술임을 자랑하는 '루저우라오자오'가 생산되는 루저우(瀘州)를 만난다.

자료: m.blog.daum.net

🕸 그림 5-7 쓰촨성 청두 지역

이곳의 강 건너편이 꾸린현(古藺縣)인데 여기서는 또 다른 국가 명주 '낭주(郎酒)'가 빚어진다. 루저우에서 북쪽으로 훌쩍 거슬러 올라가면 사홍현(射洪縣)에 이르게 되는데, 이곳의 국가 명주는 '타패주(沱牌酒)'이다. 미옌주에서 사홍현까지의 여러 명주 생산지를 하나의 선으로 연결해 보면 거대한 U자가 그려짐을 볼 수 있는데, 중국의 애주가들은 이를 옛 파촉(巴蜀)의 대지 위에 그려지는 'U자형 명주(名酒) 띠'라고 일컫는다.

술이 시인을 부른 것일까, 시인이 술을 찾은 것일까? 이곳 쓰촨은 중국 문학사를 대표하는 시인 이백(李白)과 두보(杜甫)의 생애와도 떼려야 뗄 수 없는 곳이다. 미옌주에서 차로 한 시간쯤 더 북쪽으로 올라가면 장요우시(江油市)에 다다르게 되는데, 이곳이 바로 이백의 고향이다. 태어난 곳은 아니지만 이백이 10년 넘게 이곳에 살았기 때문에 이론 없이 이백의 고향으로 부르고 있다.

이백이 태어난 곳은 현재의 키르기스스탄 공화국의 타커마커(托克馬克)시 부근으로 알려져 있다. 이곳에서 청두까지의 거리는 우리나라 서울에서 만주를 돌아 베이징, 시안을 거쳐 청두까지 가는 길보다 더 멀다. 무슨 곡절이 있어서 이백의 윗대 어른들은 그 먼 변방에 살았고 어떻게 다시 어린 이백을 데리고 이곳까지 왔는가?

전하기를, 이백의 증조부 이정(李貞)이 측천무후(則天武后)에 반대하여 군사를 일으켰으나 실패, 자결했으며, 그 아들을 비롯한 족인(族人) 600~700명은 현재의 내몽고 지역으로 추방되었다. 이후 이백의 조부는 지금의 키르기스스탄 지역으로 이주했으며, 무후가 죽은 뒤 사면이 되었다는 소식을 듣고 중원으로 돌아오게 되었다. 그러나 귀환 도중 '반역자'의 후손들에게는 이 사면령이 해당되지 않는다는 사실을 알고 사천성 면주(綿州)로 달아났으며, 그래서 귀착한 데가 창융현(昌隆縣, 지금의 장요우시) 청련향(靑蓮鄕)이었다. 그 사이 드나듦이 있었지만 이백은 스물네 살 때 장강을 타고 만유(漫遊)를 떠나기 전까지 이곳에서 살았다. 이백이 살던 때 이 지역의 이름난 술이 바로 '검남소춘(劍南燒春)'이란 것이었는데 '검남'은 이 지역의 별칭이며, '소춘'은 소주란 뜻이다. 일찍이 이백이 모피 옷을 저당 잡히고 통음(痛飮)했다는 '해초속주(解貂贖酒)'의 일화도 이 술에서 비롯되었다.

두보가 청두로 온 것은 서기 759년 12월로 그의 나이 46세 때였다. 33세 때 처음 낙양에서 11세 연상인 이백을 만나 깊은 교감을 가졌던 그는 안녹산(安綠山)의 난을 거치면서 몹쓸 고초는 모두 겪었다. 궁핍을 의복처럼 걸치고 다녔던 그

아름다운 라이벌, 이백과 두보

각체마다 넘볼 수 없는 특장의 1인자들이 각축하던
실로 백화난만한 상당 시단이었으나,
굳이 이·두李杜로 쌍벽이라 칭함은
이백의 남방 문화적 유미낭만성을 시선詩仙으로,
두보의 북방 문화적 사실성을
시성詩聖으로 가능하렴이리라.

글 김갑기

자료: blog.daum.net

🔷 그림 5-8 이백과 두보

가 비로소 안일과 평안을 느낄 수 있었던 것은 청두에서 지낸 몇 년간이었다. 때마침 벗이자 든든한 후원자였던 엄무(嚴武)가 성도의 최고 벼슬아치로 부임하였기에 개울가에 초당을 짓고 마음 편히 시를 지을 수 있는 여유도 가졌다.

51세 되던 해 여름, 엄무가 조정 중책을 맡아 장안으로 불려 갈 때는 면주(綿州. 지금의 면양)까지 따라가 그를 전송했는데, 엄무와 작별하고서도 두보는 곧 청두로 돌아갈 수 없었다. 성안에서 반란이 일어나 살육이 벌어지고 있다는 소식을 접했기 때문이다. 1년 뒤, 엄무가 검남절도사(劍南節度使)가 되어 다시 청두에 부임한다는 반가운 소식을 듣고 서둘러 청두로 돌아오던 두보는 "술로는 돈 안 내고도 마실 수 있던 비통주를 기억한다(酒憶筒不用)."며 다시 찾는 청두를 그리워했다. '비통주'는 당시 청두 교외의 비현(縣)에서 생산되던 대나무통 술이었다.

청두의 샐러리맨들이 가장 즐겨 마신다는 중저가 바이주는 '풍곡주(豊谷酒)'다. 이 술은 17세기 후반부터 미옌양(綿陽)의 풍곡(豊谷)에서 생산되었다. 앞서 말한 것처럼 미옌양의 옛 이름이 면주다. 두보와 엄무가 작별의 정을 나눴던 이곳은 또 취한 이백이 단번에 시 백 편을 지었다는 전설을 남긴 곳이기도 하다. 풍곡주는 그 첫맛이 자극적이지만 농향주답게 강렬하고 깊지는 않다. 입안에 도는 향도 썩 괜찮은데 깔끔하게 걷히는 뒷맛이 훨씬 좋다.

6. 중국 바이주 시장의 최강자 우량예

　2014년 쯤부터 마침내 서울 한복판에도 중국 바이주의 광고판이 나붙었다. 명동 거리에서도 쉽게 눈에 들어오는 '우량예(五粮液)' 광고가 그것이다. 일찍이 우리한테 소문난 바이주 '마오타이주(茅台酒)'였지만 마오타이는 그 독특한 향 탓에 우리네 입맛을 제대로 끌지 못했다. 때문에 90년대 중반부터 우리네 애주가들이 우량예를 만난 것은 중국 바이주의 새 지평을 보는 것과 다를 바 없었다. 강렬하면서도 부드럽고, 진하면서도 은은한 농향형(濃香型) 바이주의 진면목을 우량예를 통해 대면할 수 있었기 때문이다.

　오늘날 중국 바이주 시장의 대세 또한 농향형이다. 우량예를 필두로 한 농향형 바이주들이 시장의 70% 이상을 장악했기 때문이다. 손쉽게 마오타이의 매출액을 꺾어버린 우량예는 중국 바이주의 새 전설이며, 그 기세는 여전히 위력적이다. 우량예 술 회사는 장강의 최상류, 즉 금사강(金沙江)과 민강(岷江)이 만나는 쓰촨성 이빈시(宜賓市)에 있다. 지도상의 '장강'이라는 표기도 이곳 이빈에서 시작한다.

　이빈 지역의 양조 역사는 선진 시대(先秦時代)까지 올라가지만 순수하게 곡식으로 술을 빚기 시작한 것은 당대(唐代)부터다. 서기 765년 봄, 쪽배를 타고 고향으로 가던 두보는 당시 융주자사(戎州刺史) 양모(楊某)의 초대를 받고 이곳에 들

자료: m.blog.daum.net

🏵 그림 5-9 쓰촨성 이빈에 있는 주류회사 우량예의 사옥

렀다. 연회에서 젊은 술꾼들과 기생들이 어울려 노는 양을 보곤 즉흥으로 '(기생들이 일어나 주인에게) 짙푸른 중벽 춘주를 올리고 가는 손으로 분홍빛 여지 열매를 까는구나(重碧拈春酒 輕紅擘枝)'라는 시구를 남겼다. 이때부터 이곳 술은 '중벽주(重碧酒)'로 불렸다.

우량예 양조기술의 발전 과정 중 가장 중요한 사건은 '요자설곡(姚子雪曲)'이라는 술의 등장이다. 이는 송대(宋代)의 이빈(宜賓) 양반 요씨(姚氏) 집안에서 만든 술이었는데 옥수수, 쌀, 수수, 찹쌀, 메밀 등 다섯 가지 곡식을 원료로 하였다.

명대(明代)에 의빈 사람 진씨(陳氏)가 요씨의 주업을 계승하였지만 당시의 교양인들은 이 술을 여전히 요자설곡이라고 했다. 그러나 서민들은 이를 '짜량주(雜粮酒)'라고 불렀다.

1909년 선비 양혜천(楊惠泉)이 이 술을 마셔보곤 말하길, "이처럼 좋은 술을 잡양주라고 하는 것은 너무 속되다. 비록 요자설곡이 점잖기는 하지만 술의 본체를 드러내기에는 부족하다. 이 술은 다섯 곡식의 정화(精華)로 빚어진 것이니 우량예(五粮液)라고 해야 마땅할 것이다."라고 하였는데 우량예란 이름은 여기서 시작되었다.

자료: blog.naver.com

⬡ 그림 5-10 우량예의 최고급 명품에 해당하는 우량예 10년 숙성

우량예를 빚는 데 쓰는 물은 민강의 깊은 데서 길러지는데 이를 '민강강심수 (岷江江心水)'라고 한다. 보리, 쌀, 조, 찹쌀, 수수 등 다섯 가지 원료는 현지 특산의 정선된 것이며, 누룩은 밀로 만든 대곡(大曲)을 쓴다. 누룩 균을 배양하는 시간도 40일 정도로 평균 30일 정도인 다른 술보다 길다. 구덩이 속 발효기간은 70~90일에 이른다.

7. 우량예 공장은 거대한 산업단지 방불

청두(成都)에서 네 시간여 고속도로를 달려 도착한 곳은 이빈시(宜賓市)다. 시골답지 않게 버스터미널 건물이 국제공항인 양 크고 깔끔하다. 터미널에서 우량예 공장까지는 택시로 10여 분 걸린다. 공장 정문 앞에는 술 회사가 운용하는 전

자료: blog.naver.com

그림 5-11 우량예의 도시 이빈

용 택시들이 대기하고 있다. 공장을 구경하고자 하는 이들은 이 택시를 타야만 한다. 30~40분 구경에 요금은 50위안이다. 우량예 회사의 정식 직원이기도 한 택시 기사는 장쩌민, 후진타오 등 국가 지도자들이 모두 이곳을 다녀갔다고 자랑이 대단하다. 영빈관인 일월궁(日月宮) 뜰에서 내려다보는 술 공장은 거대한 산업단지와 흡사하다. 사방 10여㎞의 공장 전경은 한눈에 들어오지도 않는다. 3만여 명의 종업원을 거느린 우량예 회사가 지역 사회는 물론 중국 경제에 미치는 영향이 지대한 까닭도 알 만하다. '십리주성(十里酒城)'이라는 말이며, '사람 중에 으뜸은 황제, 장강의 시작은 이빈, 시문학의 우두머리는 이백과 두보, 술의 꼭대기는 우량예(人之頭皇帝 江之頭宜賓 詩之頭李杜 酒之頭五粮液)'란 자랑도 함부로 나온 것이 아님을 느끼게 된다.

2008년 영업수익 300억 위안을 달성한 우량예는 현재 12개의 자회사를 거느리는 명실상부한 중국 바이주업계의 최강자이다. 2008년 기준 우량예의 브랜드 가치는 480억5600만 위안으로 평가된다. 우량춘(五粮春), 우량신(五粮神), 우량순(五粮醇) 등의 술들은 이름만 봐도 우량예 계열임을 알 수 있지만 장삼각(長三角), 양호춘(兩湖春), 현대인(現代人), 금육복(金六福), 유양하(瀏陽河) 같은 바이주들이 우량예에서 직간접으로 만든 술임을 아는 이는 많지 않다. 우리 한국인들이 베이징에서 즐겨 마시는 '경주(京酒)'도 마찬가지다.

자료: m.blog.daum.net

🏵 그림 5-12 우량순, 우량예, 우량춘

서기 765년 5월, 청두에 머물던 두보는 작은 배에 가족들을 태우고 이 강을 떠내려간다. 전란(안녹산의 난)은 끝났지만 아직 그의 고단한 생은 끝나지 않았다. 생계의 후원자이며 자기 시의 진정한 이해자였던 엄무가 이 해 4월 갑자기 세상을 떠났다. 그리고 같은 해 정월에는 절친한 친구 고적(高適)마저 병으로 세상을 떴다.

자료: blog.joins.com

그림 5-13 두보 동상

세 해 전에 이미 이백이 죽었고, 그 뒤를 이어 왕창령(王昌齡), 저광희(儲光羲) 같은 저명 시인들이 차례로 이승을 버렸다. '(문단의) 호걸준사로 어떤 이가 남았나? 문장이 쓸리고 땅이 온통 비었는데… (豪俊何人在 文章掃地無)'라고 애통해 했던 두보는 이제 제 몸 하나 의탁할 곳이 없었다. 더 이상 청두에 머물 수 없게 된 그는 고향으로 돌아갈 작정을 했다. 민강에 배를 띄운 그는 가주(嘉州)를 거쳐 이곳 융주(戎州, 지금의 이빈)를 지나 장강을 따라 내려갔다.

54세 나이에 기침으로 고생하며 중풍 기운도 조금 있었다. 귀는 어둡고 눈은 흐렸다. 동(東)으로 흘러갔던 두보는 끝내 고향 언저리에도 이르지 못한 채 동정호(洞庭湖) 기슭에서 생애의 마지막 숨을 거뒀다.

시인이 지나간 지 천 년도 훨씬 지났지만 그의 숨결은 지금도 이곳에 서려 있다. '무릇 천지는 만물의 객사요, 세월은 끝없는 나그네(夫天地者 萬物之逆旅 光陰者 百代之過客)'라고 한 이백의 말이 떠오른 것도 이 순간이었다. 그 이백은 이곳을 두보보다 40년 앞서 떠내려갔다. 노년의 두보와 달리 이백은 그때 세상 천지를 품에 담겠다는 웅지를 지닌 24세의 청년이었다.

자료: blog.daum.net

🔹 그림 5-14 대안탑 광장의 이백 동상

제4차 산업혁명의 핵심동력
| 장수기업의 소프트 파워 |

세계에서 가장 오래된
총기 제조회사 – 베레타

Chapter 06
세계에서 가장 오래된 총기 제조회사
베레타

1. 개요

베레타(Beretta)는 15대째 가업을 이어 각종 총기를 생산하고 있는 이탈리아의 가장 오래된 총기 회사이다. 1526년 창업한 이래 거의 500년간 가족기업 형태를 유지하면서 총기 제작이라는 한 가지에만 매달려왔다. 베레타는 이탈리아 알프스 산기슭에 자리 잡은 브레시아 지방의 트롬피아 계곡(Val Trompia)의 가르도네라는 소도시의 작은 공장으로 출발했다.

자료: asiae.co.kr

🏛 그림 6-1 트롬피아 계곡 가르도네시의 베레타 사옥 전경

자료: asiae.co.kr

자료: asiae.co.kr

🔹 그림 6-2 1956년 촬영된 피에트로 베레타(가운데), 아들 카를로(왼쪽)와 피에르 주세페 베레타

🔹 그림 6-3 세 개의 화살로 표현된 베레타 로고

    총기장(gunsmith)인 바르톨로메오 베레타가 이곳에서 나오는 풍부한 철광석을 녹여 화승총 총열을 만드는 제조장을 만든 것이 출발선이다.

    바르톨로메오의 증손자 지오반니 안토니오는 후미장전식 대포를 만들어 해군 전투에 근본적인 혁명을 가져왔다. 그의 아들 주세페는 베레타를 국제기업으로 변신시켰다.

    주세페의 뒤를 이은 피에트로 2세는 1800년대 말부터 1900년대 초까지 최신 생산법을 도입해 베레타를 장인기업 수준에서 산업혁명의 선두주자로 변모시켰다.

    그의 재임기간 동안 베레타는 전 세계 수요를 충당하느라 공장을 세 배나 키워야 했다. 피에트로와 그의 아들들은 2차 대전 중 자유주의자였던 이유로 독일 나치와 이탈리아 파시스트들의 핍박을 받아 죽을 고비를 넘겼다.

    전쟁 끝 무렵 피에트로는 나치에 체포됐다가 이탈리아 빨치산에 의해 석방돼 간신히 목숨을 건졌다.

    베레타는 현재 권총과 라이플, 사냥총 등을 하루 평균 1500정을 생산하고 있으며, 이 가운데 75%를 100여 개 국가에 수출하고 있다. 생산하는 총기의 85%는 스포츠용 총기다. 2011년 기준 매출은 베레타 1억6370만 유로를 비롯하여 그룹 전체 4억8180만 유로를 기록했다.[1]

2. 소개

  베레타 92, 즉 미군 제식권총인 M9 자동권총은 베레타의 대표적인 제품이다. M9의 채용 이후 온갖 영화, 소설, 만화에서 92만 나오는 바람에 '베레타'하면 이 권총만 만드나 하는 생각이 들 법도 하지만, 사실은 엄청난 역사를 자랑하는 장수기업이다. 아니 기업이라는 개념으로서도 세계에서 가장 오래된 회사 중 하나이다. 무려 1526년에 설립되었는데, 당시 건스미스(gunsmith, 총기 제작자)인 마에스트로 바톨로메오 베레타가 베네치아 조병창으로부터 185정의 아퀘부스 총신의 납품을 296두카트에 의뢰받고, 회사를 창립해서 지금까지 이어졌다. 이 군납 영수증이 지금도 회사에 보관되어 있을 정도로 끈질긴 역사를 자랑한다.

자료: blog.naver.com

❖ 그림 6-4 베레타 M9

---

1) 아시아경제, 2013년 3월 29일.

사실 미디어를 통해 먼저 유명해진 베레타는 007 시리즈의 주인공 제임스 본드가 사용하기도 한 M1934/35의 메이커다(정확히 말하자면 원작 6번째 장편 'Doctor No'에서 정보부장 M의 지시에 의해 발터 PPK로 교체된다.).

자료: prologue.blog.naver.com

⬢ 그림 6-5 베레타 M1934

또한 기동전사 건담에 등장하는 지온 공국의 여자 스파이 미하루 라토키에가 바구니 속에 이 권총을 감추고 있는 장면이 등장해서 건담 시리즈 팬에게도 친숙한 물건이기도 하다. 이 권총은 무솔리니 시절 이탈리아군의 제식권총이기도 했다. .45 ACP[2] 이하는 장난감으로 본 미국과는 달리, 유럽에서는 최근까지도 9mm를 테러 병기 취급했기 때문에, 9mm가 아니라 .32 ACP를 채용했다. 380 ACP 모델은 M1934로 분류된다.

---

2) 미국의 콜트사가 개발한 11.43×23mm 크기의 자동 권총 탄환이다. 현재 권총과 기관단총에 사용되고 있다.

자료: smithandwessonforums.com

🌐 그림 6-6 베레타 380 ACP

베레타 92가 나오기 전까지는 베레타의 권총이라고 하면 작고 숨기기 쉬운 권총들이라는 이미지가 강했고, 지금도 카탈로그에 있는 권총들의 대부분은 9mm보다 작은 구경이다. 예를 들면 M21이 그것이다.

자료: armslist.com

🌐 그림 6-7 베레타 M21

베레타의 권총이 콜트 M1911의 뒤를 이은 미군 제식권총의 선발경쟁에서 P226을 따돌렸으나, 얼마 후 1987년 네이비 씰(Navy SEALs, 1962년 1월 1일, 케네디 대통령이 창설한 미국 해군의 특수부대)의 높으신 분들 앞에서 테스트 시연에서 슬라이드가 파괴되어 사수의 얼굴을 치는 사건을 일으킨 적도 있다. 베레타는 이것이 +P 등으로 호칭되는 장약의 양을 늘린 탄환[3]을 사용했기 때문이라고 주장했지만, SEAL 측에서는 원래부터 구조적인 결함이 있었다고 주장했다. 결국 사건이 커져서 이것이 이탈리아산 총기나 9mm 탄환에 대한 반감 때문에 SEAL 대원이 고의적으로 일으킨 것은 아니냐는 말이 나오면서 미군이 정식으로 조사에 들어갔다. 결론은 슬라이드 파손을 일으킨 총기가 불량품으로 밝혀졌다.

그림 6-8 9mm +P 탄환

베레타는 품질관리를 강화하고 슬라이드가 깨지더라도 사수에게 날아들지는 않게끔 수정한 92FS를 납품하는 것으로 이 문제를 해결했지만, 92FS가 나오기 전인 1988년 1, 2월 동안 총 2건의 비슷한 사고가 SEAL에서 생겼고(92FS 출시 이

---

3) 9mm +P 탄환은 9mm가 약하다고 생각하는 미군들에게 만들어진 오로지 적을 뭉개버리기 위해 탄생한 탄종이다. 사냥용이 아니라 전쟁으로 탄생한 탄종이라고 할 수 있다.

자료: beretta.com

🔫 그림 6-9 베레타 92FS

후로는 슬라이드 파손이 일어난 바 없었다고 한다.), 이래저래 92가 못마땅했던 SEAL은 결국 SIG의 P226을 따로 채용해서 쓰고 있고, 포스 리컨은 도로 1911로 회귀하여 M45와 M45A1을 사용했다.

브라질 군에도 대량으로 팔려서 브라질에 공장을 세워서 공급했는데, 나중에 이 공장을 브라질 총기 회사 타우루스가 인수한다. 타우루스는 베레타 92를 베낀 총 PT92를 제조해서 파는데, 베레타 92 오리지널 모델은 특허기간이 끝났기 때문에 베껴서 팔더라도 문제가 없다. PT92와 최신 베레타 92 계열의 차이점은 안전장치가 슬라이드가 아닌 프레임에 달려있다는 점이다.

베레타는 권총뿐만 아니라 자동소총과 기관단총, 산탄총도 전국구급이다. 특히 자동식 산탄총은 신뢰성이 높아서 엽사와 클레이 슈터 모두에게 인기가 있다. 상업적으로 큰 성공을 거두어서 이탈리아 국내의 경쟁사인 베넬리 사와 프랑키 사를 비롯한 몇 개 회사를 합병하여 현재는 베레타 홀딩이 되었다.

🏵 그림 6-10 베레타 자동식 산탄총

　특징으로는 이탈리아라서 그런지, 기능이 가장 중시되는 쇳덩이 총인데도 불구하고 곡선을 잘 살린 미려한 디자인을 많이 내놓는다. 가장 유명한 베레타 92 모델부터 시작해서 여러 항목에서 총기 디자인들을 한 번 살펴보면 알 수 있다. 특히 베레타의 몇몇 제품(포켓사이즈의 9000 시리즈와 흔히 '쿠거'로 불리는 8000 시리즈, 8000 시리즈의 후속작인 Px4 Storm 등)은 자동차 디자이너인 조르제토 주지아로가 디자인했다. 보통 사람들에게는 백 투 더 퓨처 시리즈의 DMC-12 드로리안이나 현대 포니로 유명한 사람이다.

🏵 그림 6-11 베레타 92

미국 지부 홈페이지를 들어가 보면 총포류 외에 옷, 모자, 신발, 허리띠 같은 의류 등도 팔고 있다. 본사 홈페이지에서는 롬바르디아, 토스카나, 아브루초, 피에몬테 네 곳에 포도밭을 가지고 있다고도 하니 의외로 다방면으로 사업을 하는 듯하다.

3. 라인업

다음에 열거하는 종류보다 훨씬 더 많이 만들었다.

(1) 권총

- 베레타 M1915
- 베레타 M1923
- 베레타 M1934

자료: m.blog.naver.com

그림 6-12 베레타 8000

- 베레타 M1951
- 베레타 92(M9)
- 베레타 80 '치타'시리즈
- 베레타 8000 '쿠거'시리즈
- 베레타 9000 시리즈
- 베레타 Px4 Storm
- 베레타 APX

　베레타 APX는 피에트로 베레타에서 만든 자사 최초의 스트라이커 격발 방식의 권총이자 모듈러 권총이다. 2015년 IDEX에서 처음으로 공개됐고, P320이 M17로 선정되면서 2017년 4월 15일에 민간에 풀렸다.
　본래 베레타는 베레타 M9의 대체사업인 XM17 MHS 사업이 틀어질 것을 대비해 베레타 M9의 개량형인 M9A3을 제안했지만 미군은 이걸 거부했다. 그리고 베레타에서는 이제 시대가 변했다는 것을 느끼고는 XM17 MHS 사업에 뛰어들기 위해서 2015년 IDEX 박람회에서 처음 공개했다.

자료: bemil.chosun.com

◎ 그림 6-13 베레타 APX

여태까지의 베레타에서 만든 권총들과는 다르게 P220, 글록에서 쓰는 브라우닝 쇼트리코일/반동이용식의 작동방식을 쓰고 있고, XM17 MHS 사업의 조건인 레고처럼 어떤 크기든 간에 늘어났다 줄어들었다 할뿐만 아니라 총알 크기도 9mm로 됐다 .40구경으로 됐는가 하면, 최근 요구사양인 피카티니 레일(picatinny rail, NATO 표준 총기 액세서리 장착 플랫폼)을 장착해야 한다는 요구도 붙어서 만들어진 권총이니 만큼 P320처럼 모듈러 권총이기도 하다. 아직까지는 P320처럼 격발 모듈러 하나 가지고 풀사이즈, 컴팩트, 서브 컴팩트 등 여러 크기로 변신을 할 수는 없지만 차후에 이런 형식의 옵션이 나올 예정이다. 격발감의 경우에는 VP9과 비슷한 느낌을 가지고 있고, 백스트랩을 교체해서 자기 자신의 손에 맞게 조절을 할 수가 있으며, 글록에서 영향을 받은 오발 방지 장치인 드롭 세프티가 들어가 있다. 사용 중인 국가는 아직 없고 XM17 MHS 사업에서 P320이 선정되면서 최종 탈락했다. 2017년 4월 15일에 민간에 정식으로 출시됐다.

(2) 기관단총과 기관권총

- 베레타 51R/51A : R은 3점사, A는 자동연사
- 베레타 93R
- 베레타 M1918

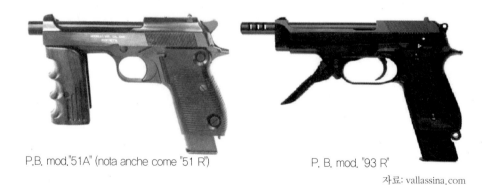

P.B. mod."51A" (nota anche come "51 R")　　　　P. B. mod. "93 R"

자료 : vallassina.com

🛡 그림 6-14　베레타 51A/93R

🌐 그림 6-15 베레타 M1938

- 베레타 M1938
- PM12

🌐 그림 6-16 PM-12 기관단총을 들고 있는 몰타 특수 부대원

● 베레타 Mx4 Storm

자료: stateofguns.com

◈ 그림 6-17 베레타 Mx4 Storm

(3) 산탄총

● 익스트리마 2

자료: browningkorea.co.kr

◈ 그림 6-18 베레타 익스트리마 2 광고 전단

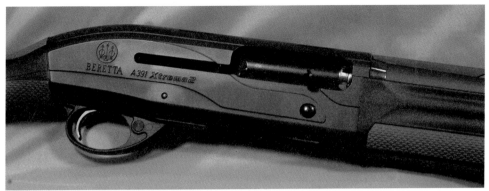

자료: browningkorea.co.kr

🔷 그림 6-19 베레타 익스트리마 2

베레타 익스트리마 2는 수렵용 엽총으로 국내 총포사에서도 구입할 수 있다.

● LTLX7000

자료: berettadefensetechnologies.com

🔷 그림 6-20 베레타 LTLX7000

● RS-202 M2

Model 1200FP

Model 1201FP

Model 1201FP Pistol Grip

RS-202

RS-202 M1

RS-202 M2

자료: m.blog.naver.com

🕸 그림 6-21 베레타 RS-202 M2 외

(4) 소총과 카빈

● 카르카노

카르카노(Carcano)는 2차 세계대전 중 추축군[4]의 국가로서 파시즘을 외치던 이탈리아의 제식 소총으로 개발되었다. 소총의 이름은 토리노 조병창 기술자

---

4) 제2차 세계대전에서 독일, 이탈리아, 일본의 3대 추축국과 이들에 동조한 국가들과 단체들의 군대와 무장집단을 지칭한다.

자료: blog.naver.com

🛡 그림 6-22 베레타 카르카노

Salvatore Carcano의 성을 따라 지어졌고, 1890년 처음 개발됐다. 이 제식 소총은 1892년에서부터 1945년까지 생산되었다. 유효범위는 600m, 장탄 수는 6발이었다. 이 소총은 제1차 세계대전에서 제2차 세계대전까지도 사용된 소총이고, 일본이 중국과 중일전쟁을 벌일 때 사용하였다. 겨울 전쟁(제2차 세계대전 중인 1939년 11월 30일 소련이 핀란드를 침공하여 발발한 전쟁으로 소련-핀란드 전쟁이라고도 한다.) 당시 핀란드에서도 사용되었다.

이 소총의 장점은 추축군 볼트 액션[5]식 소총 중 가장 많은 탄알을 넣어 사용할

---

5) 볼트 액션(bolt action)은 19세기 중반 이후부터 레버액션과 함께 쓰였던 소총의 종류이다. 총을 쏜 이후 총신 뒤의 손으로 볼트를 후퇴시키며 탄피를 빼내고 다시 손으로 밀어 넣어서 장전하는 방식이다. 이 방식을 채용한 총들은 대부분 총신이 길고 사용과 생산이 간편해서 제2차 세계대전 당시 가장 많이 쓰였다.

수 있다는 점이다. 무게도 3.4kg으로 약간 가볍다는 장점도 있다. 그러나 이 총이 주목받지 못했던 아주 큰 단점이 있다. 탄두의 모양을 둥글고 무디게 만들었다는 점이다. 과거에는 끝이 둥글수록 적에 대한 타격이 높다고 여겼기 때문이다. 하지만 독일에서 테스트해 보니 탄두를 뾰족하게 하는 편이 명중률과 사거리를 모두 높인다는 결과가 나왔다. 이탈리아도 뾰족한 탄두를 채택했으나 독일과는 다른 안일한 대처로 끝이 무딘 탄을 2차 대전 끝까지 사용하였다. 탄두가 둥근 카르카노는 1936년 이탈리아군이 에티오피아를 침공할 당시 사용되었다. 그러나 타격력이 약했기 때문에 사격을 해도 에티오피아군이 쓰러지지 않았다는 일화도 전해지고 있다.

- 베레타 AR70
- ARX-160
- BM59

자료: apexgunparts.com

그림 6-23 BM59

- Cx4 Storm
- Rx4 Storm
- M21

자료: springfield-armory.com

🏵 그림 6-24 M21

(5) 유탄발사기

● GLX-160

자료: wikiwand.com

🏵 그림 6-25 베레타 GLX-160

베레타 GLX-160은 베레타사가 이탈리아군 제식 소총인 베레타 AR70/90을 교체하기 위해서, 이탈리아군 차기 보병 화기 Soldato Futuro(영어로 퓨처 솔져) 프로그램을 위해 개발한 총이다.

이 프로그램에는 주야간 조준경(광학 조준경, 카메라, 적외선 기능 겸용)에 가시광 혹은 적외선 레이저 포인터를 겸비한 것이 포함되며, 퓨처 솔져 프로그램

답게 FCS(fire control system)가 적용되었으며, GLX-160 역시 한 세트로 개발하였다. 슈타이어사의 Scout 저격 소총이나 Steyr ACR 소총의 디자인을 담당한 Ulrich Zedrosser가 디자인하였다. 2008년 중반부터 개발에 들어갔으며 초기 페이즈 단계에서 디테일에 소소한 변경점이 있지만, 핵심 기능은 발표 단계에서 확정되고 초기 발표와 별 차이 없다.

자료: securityarms.com

🔘 그림 6-26 베레타 AR70/90

오래 전부터 PM12나 PX4 등의 미려한 디자인으로 명성 높은 베레타지만 이 총은 뭔가 좀 뚱뚱한 생선 같다느니 하는 악평이 나오기도 한다. 2009년에 이탈리아 육군에서 제식 총기로 선정, 알바니아 특수부대와 멕시코 경찰도 소량을 채용했다. 퓨처 솔저 프로그램과 별개로 2013년부터 미국 민수 시장에서 ARX 100이라는 이름으로 판매를 실시하고 있다.

자료: beretta.com

🔘 그림 6-27 ARX 100

4. 베레타의 성공 비결

전쟁이 있는 곳에 언제나 베레타가 있었다. 빠른 의사결정으로 끊임없이 미래를 내다본 총을 개발해 왔다. 그리고 혹독한 후계자 훈련, 아버지 피에트로 베레타의 선견지명이 베레타의 성공 비결이라고 할 수 있다. 총기의 명문 베레타 가문은 지금도 가업을 이어갈 후계자를 양성하고 있다.

브라이언트 대학의 학장을 지냈으며, 현재 브라이언트 대학 가족기업연구소 소장인 윌리엄 오하라(William T. O'Hara)는 가족기업을 전문적으로 연구한 학자로서 국가의 부에 장수기업들이 담당한 중요한 역할을 주목해 왔다. 그 연구 결과를 2002년 〈패밀리 비즈니스 매거진〉에 '세계 최고 100대 기업'으로 발표했다. 그리고 이를 바탕으로 4년여에 걸쳐 역사가 200년이 넘은 기업을 탐방 조사하고, 학계와 업계의 전문가와 토론한 결과를 20개 기업의 이야기로 추려 《Centuries of Success: Lessons from the World's Most Enduring Family Business》 (한국에서는 《세계 장수기업, 세기를 뛰어넘은 성공》으로 출간)라는 책에 담았다. 이 책에서 저자는 "베레타는 1526년 이래 대담하게 시장을 확대해 왔으며 품질에서 적당히 타협하지 않고 유행하는 경영이론을 따라 가치관을 바꾸지 않는 신중함을 지켜왔다."라고 하면서, "그렇게 하지 않았으면 망했을 것이다."라고 평가했다. 이어서 그는 "베레타는 절대 스크랩 속에서 찾아볼 수 있는 기업이 되지는 않을 것"이라고 칭찬을 아끼지 않았다.

자료: library.bryant.edu

🔷 그림 6-28 윌리엄 오하라

제4차 산업혁명의 핵심동력
| 장수기업의 소프트 파워 |

세계 최초로 나일론을
개발한 회사 – **듀폰**

Chapter 07
세계 최초로 나일론을 개발한 회사
듀폰

1. 개요

미국의 화학 회사다. 프랑스의 화학자 라부아지에의 제자 듀폰이 미국으로 건너가 세운 회사이다.

그 규모는 세계에서 세 번째, 미국에서 두 번째다. 이들이 만들어낸 물질 중 일반인에게 가장 잘 알려진 것은 CFC(chlorofluorocarbon, 오존층 없앤다는 그 프레온 가스 맞다), 그리고 전설은 아니고 레전드인 화학자 월리스 흄 캐러더스가 만들어 낸 꿈의 섬유 나일론, 프라이팬 코팅재료 등으로 알려진 테플론, 테플론를 이용한 고어텍스, 건축 현장에서 자주 접할 수 있는 타이벡 섬유 정도일 것이다.

하지만 그런 제품은 이 회사가 만들어내는 제품군의 극히 작은 일부분일 뿐이다. 만들어내는 제품의 종류와 규모는 우리의 상상을 초월하며, 군수 관련 사업에 우주사업까지 관여하고 있다.

이 회사가 참여한 대표적인 초 하이테크 프로젝트 사업 중 하나가 맨해튼 계획이며, 그 다음으로 참여한 대표적인 프로젝트가 아폴로 계획이다.

🔶 그림 7-1 E. I. 듀폰

2. 역사

　프랑스 혁명을 피해 일가가 미국으로 이주한 엘 테일은, 앙투안 라부아지에로 부터 영향을 받은 후, 화약 공장으로서 듀폰 사를 설립했다. 철저한 품질관리와 안전 대책, 그리고 고품질을 무기로 미국 정부의 신뢰를 얻어, 이윽고 20세기에 들어서 다이너마이트나 무연 화약 등을 제조하게 되었다.

　듀폰 가(家) 자체는 프랑스 위그노 출신으로 미국 이주 역사랑 같이할 정도로 명망 있는 가문으로 유명하다. 다만 창립자 E.I. 듀폰의 고손자인 존 듀폰은 기행 끝에 1996년 자신이 후원하던 올림픽 레슬링 선수를 살해하는 충격적인 살인사 건을 저질러 경악을 사기도 했다. 이 사건은 〈머니볼(Moneyball)〉 감독으로 유 명한 베넷 밀러의 손으로 폭스캐처로 영화화되었다.

　1802년 화학 회사로 시작한 듀폰은 설립 후 백년이 지난 1920년부터 화학물질 과 에너지 사업 분야에 진출하였고, 오늘날에는 과학 솔루션에 기반을 두고 식 품과 영양, 안전과 보호, 건축, 전자, 운송 등 각 산업분야에 진출해 있다. 예전

자료: blog.naver.com

⬢ 그림 7-2 다이너마이트 생산을 위해 설립한 듀폰의 리퍼노(Repauno) 화학 회사

에는 남북 전쟁 당시 화약을 생산하는 업체들 중 메이저였기 때문에 '죽음의 상인'[1]이라는 비판도 받았었다.

듀폰은 미국 남북전쟁 동안 전체 미군에 공급되는 화약의 약 40%를 생산했고, 이것을 공장에서 기관차로 운송했다. 국가의 육군과 해군의 수요에 대한 압박에도 불구하고, 회사는 일반 시장의 고객들을 잊지 않고 그들이 필요한 수량의 반 가량을 맞추어 나갔다. 이는 당시 상황에서는 무척 어려운 일이었다.

이 시기는 급속한 산업의 발전과 더불어 기차선로의 확장, 광산업 등 다른 산업의 고객사들이 듀폰의 제품에 의존하던 시기였다. 듀폰은 마침내 국가 최고의 화약 생산자로 부상하게 되었던 것이다.

---

1) '죽음의 상인', '다이너마이트 왕'이라고 불리던 것은 알프레드 노벨.

자료: blog.naver.com

🔷 그림 7-3 화약을 기관차로 운송하는 듀폰

본사는 미국 델라웨어 주 윌밍턴에 있으며, 진출 국가 수는 70개국에 이른다. 사원만 6만 명이 넘는 대기업이다. 연구시설로는 11개국 75개의 연구소를 운영 중이며, 기업이념은 안전 및 보건, 환경보호, 윤리준수, 인간존중이다.

자료: dupont.com

🔷 그림 7-4 1998년 가을 미국 델라웨어 주 윌밍턴 시의 듀폰 본사

◈ 그림 7-5 맨해튼 계획

제1, 2차 세계대전에서는 화약이나 폭탄을 공급한 것 외에도, 맨해튼 계획2)에 참가해 테네시 주의 오크리지 국립 연구소에서 우라늄이나 플루토늄을 제조하는 등 미국의 전쟁을 지원했다.

듀폰 가에서는 해군 군인 새뮤얼 프랜시스 듀폰 등을 배출했고, 또 듀폰 가는 초창기 자동차 산업에 주목해, 1914년에는 피에르 S. 듀폰이 1908년에 창업한 GM 사에 출자했으며, 후에 그는 사장으로 취임했다. 그의 지휘와 듀폰 사의 지원 아래에서, GM 사는 전미 1위의 자동차 회사로 성장했다. 또, GM에 대한 지원과는 별도로 1919년부터 1931년에는, 자사에서도 자동차를 생산했다. 엔진은 주로 콘티넨탈 사의 것을 사용했다.

---

2) 제2차 세계대전 당시 미국 정부에서 주도하고, 영국, 캐나다가 함께한 비밀 프로젝트명. 이 프로젝트를 통해 미국은 인류 최초의 핵무기를 만들어냈다. 수학, 물리학을 전공한 사람들에게는 20세기 물리학 올스타팀이었다. 이 계획은 거대한 생산 설비의 운영과 보안 문제 때문에 미육군이 주도했는데, 자문으로는 OSRD 국장인 부시, 하버드 총장이며 NDRC 위원장인 제임스 코넌트(James Bryant Conant, 1893~1978), MIT 총장인 칼 컴프턴 등이 임명되었고, 이외에도 버클리, 시카고, 컬럼비아 대학의 원자물리학자들이 깊이 관여했다. 1942년 9월 이 계획의 책임자로 임명된 레슬리 그로브즈(Leslie Groves) 장군은 미국의 여러 대학, 연구소, 산업체, 군대 등을 총동원해서 이 거대한 계획을 진행시켰다.

그러나 셔맨 반트러스트법에 따라 1912년에는 화약 시장의 독점이, 1950년대에는 GM 사 주식의 보유가 문제되어 화약 사업의 분할이나 GM 주 방출 등을 강요당하였다. 1920년대 이후는 화학 분야에 힘을 쏟아, 1928년에는 폴리머의 연구를 위해서 월리스 캐러더스 박사를 고용했고, 그에 의해서 합성고무나 나일론 등이 발명되었다. 또한 1930년대 GM의 알프레드 슬로안을 스카우트해 한 발자국 더 나아가, 테플론 등의 합성섬유, 합성수지, 농약, 도료 등도 연구, 개발하여 취급하게 되었다. 2세기에 걸친 역사에서, 전형적인 미국의 복합 기업체라고 할 수 있다.

자료: carsteller.tistoty.com

🏵 그림 7-6 알프레드 슬로안

3. 나일론

(1) 개요

나일론은 폴리아미드 계열의 합성 고분자 화합물을 통칭한다. 흔히 볼 수 있는 고분자 화합물의 대표적인 예다. 하버드 대학교의 교수 출신으로 듀폰에 스카우

자료: blog.daum.net

🔹 그림 7-7 윌리스 흄 캐러더스

자료: m.blog.daum.net

🔹 그림 7-8 1938년 10월 27일, 듀폰 나일론 첫 상품화

트된 화학자 윌리스 흄 캐러더스(Wallace Hume Carothers, 1896~1937)가 1935년에 최초로 만들었다.

나일론은 열가소성의 비단 비슷한 질감을 가진 소재다. 구조적으로는 중합체가 아미드 결합으로 여러 개 연결된 것이다. 나일론은 최초로 상업적 성공을 거둔 합성 고분자로서, 합성섬유의 대명사가 되었다.

나일론은 질긴데다가 내유성 및 내마모성이 우수하다는 장점이 있다. 게다가 구김이 잘 안가서 의류용으로 만들었을 때는 손이 덜 가게 되는 장점 또한 가진다. 요즘에야 천연섬유를 선호하는 추세로 인해 싸구려 취급을 받지만, 나일론이 의류에 도입된 초창기만 해도 나일론은 의류계에서 큰 호평을 받았다. 요즘에는 의류보다는 주로 백팩처럼 튼튼하고 질긴 제품에서 주로 사용한다. 그리고 예비군용 방탄모의 대부분이 나일론으로 만든 물건이다.

최초 생산은 1935년이었으나, 본격적으로 보급된 것은 제2차 세계대전 중이다. 이 시기에 군용 소재로 도입이 시작되었다. 우선은 낙하산이나 방탄복에 쓰이던 비단을 대체하는 용도로 사용되었는데, 이것이 성공적이어서 원래 목적이었던 천뿐만 아니라 타이어나 로프, 기타 군용 장비에도 사용되었다. 하지만 정작 개발자인 캐러더스는 우울증에 시달리다가 나일론의 양산을 보지 못한 채 1937년에 청산가리를 먹고 자살했다.

자료: m.blog.naver.com

🏵 그림 7-9 나일론을 이용한 낙하산

초창기 나일론의 용도로서 가장 유명했던 것은 여자들의 스타킹이다. 1940년에 나일론으로 스타킹이 만들어지자 이것이 선풍적인 인기를 끌었다. 이 때문에 역으로 현재 그쪽 계열에서 '나일론'이란 단어는 스타킹 페티시 장르를 뜻하는 은어로도 통용되고 있다.

자료: timetree.zum.com

🏵 그림 7-10 듀폰, 나일론 스타킹 판매

현대에는 큰 강도가 필요하지 않은 나사나 톱니바퀴 또는 다른 기계 부품에도 사용된다. 단, 여기에 사용되는 나일론은 MC(Mono Cast) 나일론으로, 의류에 사용되는 나일론과는 약간 다르다. 기계적 강도가 다른 엔지니어링 플라스틱보다 뛰어나고 내마모성, 자기윤활성, 내약품성이 있다. 케블라나 자일론(Zylon) 같은 섬유제품들과 함께 이런 부품과 걸쇠, 칼집 등에 많이 쓰인다. 택티컬 나이프의 칼집은 대부분 이런 재질인데 내마모성과 자기윤활성이 중요하기 때문이다. 다만, 이런 좋아 보이는 물성들도 결국 플라스틱이라 고분자 합성물들 공통의 약점인 자외선에 계속 노출되면 강도가 저하되고 깨지기 쉬워지는 문제는 피할 수 없다.

자료: youtube.com

⬡ 그림 7-11 E48 MC 나일론 합성수지 가공

나일론 섬유는 중합된 원자의 결합상태에 따라서 '나일론 6,6', '나일론 6', '나일론 12', '나일론 6,10' 등으로 구분된다. 나일론 6,6 타입이 먼저 개발되었고 가장 흔한 종류이기 때문에 나일론이라고 하면 나일론 6,6 타입을 말한다. 나일론 6 타입은 기계 부품류에 사용되는 종류다.

많은 종류의 나일론이 불에 타면서 유독 물질을 내뿜는데, 여기에는 대개 시안화수소가 들어 있다. 물론 다른 유해 물질들도 섞여 있으니, 함부로 태우지 말아야 한다.

그리고 개발자인 캐러더스는 참 안됐는데 나일론 개발 당시 별로 쓸모를 인정받지 못했다가 겨우 2년만인 1937년 가정적인 일로 우울증에 빠져 그만 자살하고 말았다. 캐러더스 유족들이 나일론 특허권을 일부 인정받아 돈을 받긴 했지만. 2차 대전 이후 듀폰 사에서 나일론으로 크게 자축할 때 캐러더스의 친한 동료들은 '정작 축하받을 이가 없는 자축연'이라며 한탄했었다.

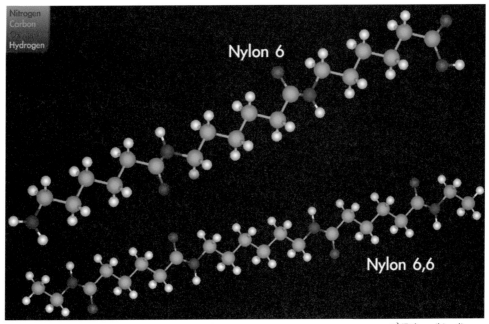

자료: ko.wikipedia.org

🔅 그림 7-12 나일론

(2) 특성

① 나일론은 흡습성의 고분자이다. 수분율이 물성 및 치수안정성 등에 커다란 영향을 미치게 된다.
② 분자구조 내의 아미드 결합에 의하여 특징이 나타나는데, 화학구조상 A=CH_2/NHCO의 비율에 따라 물성경향을 예측할 수 있다.
③ 나일론은 온도에 민감하게 반응하여 물성변화가 생긴다.
④ 분자구조 내에 AROMATIC GROUP을 가지는 경우 기계적, 열적 성질이 매우 향상된다.
⑤ 다양한 모노머를 사용하여 특징적인 물성을 가지는 공중합 나일론을 만들 수 있다.
⑥ 고화 시의 결정 패턴이 물성에 많은 영향을 미치므로 성형 시 온도 관리가 중요하다.
⑦ GF를 강화하면 기계적 강도 및 열적 특성 내후성 등을 현격하게 개선시킬 수 있다.

4. 테플론

(1) 개요

테플론은 플루오린 원자와 탄소 원자로 만드는 플루오린화 탄소수지이다. 테플론은 미국 듀폰의 상표명이며, 테프론이라고도 불린다. 화학명은 폴리테트라플루오로에틸렌(Polytetrafluoroethylene, PTFE)이다. 폴리에틸렌의 수소 원자가 모두 플루오린으로 치환되어 있다. 흔히 불소수지라고도 한다.

원래 1938년 미국의 듀폰에서 만든 물질인데, 맨해튼 프로젝트에서 활용하다가 1946년 시중에 팔리게 되었다. 우주선의 방수재로 만들려고 했으나 강도가

자료: prod.danawa.com

🔷 그림 7-13 테팔 프라이팬

너무 약해서 이것을 프랑스의 한 회사에다 팔았는데, 그 회사가 테팔이다. 이 테플론을 가져다가 프랑스인 엔지니어가 최초로 눌어붙지 않는 프라이팬을 만들었고, 테플론에서 이름을 따서 테팔이란 회사를 차리게 된다. 실은 테팔이라는 이름 자체가 Teflon과 Aluminium의 조합이며, 그만큼 테플론은 테팔에 기여한 바가 크다.

  테플론은 뛰어난 내열성과 내부식성 및 내마찰성이 있고 알려진 물질 가운데 가장 마찰력이 작은 물질 중 하나이다. 강도와 경도는 상당히 낮은 편으로 웬만한 두께는 칼에도 무리 없이 잘린다. 뛰어난 내부식성으로 인해 웬만한 약품에는 꿈쩍도 하지 않으며, 내열성도 높아 용융점(335도) 근처까지 올라가지 않는다면 열에 의한 변형도 거의 없다. 테플론은 프라이팬 등의 조리기구의 코팅으로 이용된다. 마찰력이 작아서 각종 기계표면에 코팅재로도 널리 쓰인다. 수도관이나 난방관 같은 배관의 연결부에 보면 얇은 흰색 테이프가 감겨 있는 것을

자료: m.jajae79.com

🔷 그림 7-14 테플론테이프

볼 수 있는데 이게 테플론테이프다. 이걸 감으면 마찰력이 작아서 뻑뻑하지 않게 잘 돌아가게 하면서도 미세한 틈새를 막아주기 때문에 배관공에게도 테플론이 필수 물품이다.

테플론 가공이 된 프라이팬은 플루오린으로 인해 물질이 잘 달라붙지 않기 때문에 잘 눌어붙지 않고, 물이나 더러움을 씻어내기도 수월하다. 또한 테이프 접착체 성분의 달라붙지 않는 장점을 활용하여 일부 가위에도 테플린 코팅이 활용된다. 또 열과 부식, 화재 등에도 매우 강해서 최고성능의 전선피복재로 우주선의 배선 등 최고급 전선에 쓰인다. 공업적으로는 이런 성질을 이용하여 O링, 개스킷, 베어링 등에 주로 사용된다. 마찰력이 작고 뛰어난 코팅 성능으로 오일에 미세한 입자로 된 테플론을 첨가한 테프론 오일은 윤활유로 많이 사용된다. 테플론을 제조할 때 나오는 폐기물은 인쇄용 잉크의 유동성을 향상시키는 데 쓰인다.

(2) 유해성 논란

2005년 미국 환경청에서 PFOA 물질의 발암 가능성이 크다고 공식 발표하면서 테플론 유해성 논란이 제기되기 시작하였다. 테플론을 만드는 데 쓰이는 과불화

자료: journal-d.kr

그림 7-15 테플론 코팅에서 발생하는 PFOA이라는 발암 물질 때문

화합물 중 하나인 PFOA(perfluorooctanoic acid)라는 화학물질이 암을 유발하거나 임산부에게 유산 또는 기형을 일으킨다는 의심을 받고 있다. PFOA 생산 업체인 듀폰은 1961년 실험결과 대량의 PFOA에 노출된 쥐의 간이 비대해지는 사실을 발견했다. 쥐를 대상으로 한 실험에서 구개파열, 콧구멍의 기형, 누관(tear duct)의 기형 등이 PFOA 노출로 인해 나타났다.

연구결과에 따르면 PFOA는 체내에 흡수된 후에 배설 속도가 너무 느려 체내에 축적되며, 그 양이 절반으로 줄어드는 데 4~9년이 걸리는 것으로 알려진다. 발암 가능성과 태아 기형, 유산과도 관련이 있다는 발표가 잇따르자 FDA와 미국 환경청에서도 PFOA의 규제를 놓고 연구가 계속되고 있는데, 미국 환경청은 내부 보고서에서 임신 가능한 여성의 체내에 축적되면 해로울 수 있다고 밝혔다.

테플론은 코팅된 프라이팬을 포함해 다리미, 히터, 카펫을 바닥에 붙이는 접착제, 쇼파, 오븐, 발열 램프, 섬유 등 생활 속에 광범위하게 사용되는 것에 비해 그 유해성 논란에 대한 많은 연구가 이루어지지 않은 상태이다. 특히 한국에서는 테플론이 암을 유발할 수 있다는 것을 아는 사람이 거의 전무한 상황으로 한국인의 체내 테플론 수치는 세계 최대 수준이다.

국내에서는 양재호 교수가 미국의 대학과 공동으로 세계 9개국의 국민들의 혈중 PFOA 잔류량을 조사했는데, 미국인은 평균 4ppb(ppb=1000분의 1ppm)인 반면 국내 여성은 최대 88.1ppb가 검출돼 외국의 3~30배나 됐다. 외국에서는 논란이 몇 년째 이어지고 있음에도 불구하고 국내 정책기관들은 부처에 따라 달랐지만, 이제 이 물질에 대한 모니터링을 진행 중이거나 주의를 기울여야 하는 관심물질로 등록했을 뿐 유해성 등에 대한 연구는 전무한 것으로 나타났다.

조리기구에 사용된 코팅제는 섭씨 약 200~300도의 온도에서 분해되기 시작하고, 섭씨 360도 이상 가열되면 독성이 매우 강한 기체가 방출된다. 그러나 조리기구 제조업체들은 정상적인 조리조건에서는 이 정도의 온도에 도달하는 경우가 매우 드물다고 주장한다. 하지만 전기레인지 센 불에 프라이팬을 5분간 예열하면 섭씨 370도 넘게 가열된다고 한다.

지금 당장 사용하는 코팅 프라이팬의 상태를 보라. 시간이 지났음에도 코팅이 처음 산 것과 같은가? 1년이라는 시간 동안 긁히고, 높은 열에 코팅이 녹아내리고 그 코팅은 알게 모르게 프라이팬에 포함된 중금속, 환경호르몬과 함께 식탁에 올랐을 것이다. 이러한 유해 논란을 피하기 위해 스테인리스 프라이팬이 다시 각광받고 있다.

스테인리스는 철에 니켈과 크롬을 섞어 만든 합금이다. 이 중 크롬은 중금속이긴 하지만 체내에 필요한 원소이므로 미량은 문제없다. 주로 문제되는 건 6가 크

자료: ywedd.tistory.com

🔷 그림 7-16 스테인리스 제품

롬인데 코팅용이므로 주방기기랑은 별 관계없다. 니켈도 중금속이며 조리과정에서 나오긴 하나 기준치 이하로 나오는 편이다. 다만, 일부 저질 제품은 기준치 이상으로 나오니 주의하는 게 좋다. 중요한 건 흠집이 많으면 중금속 용출이 늘어 안 좋기 때문에, 실리콘이나 나무 소재 조리 기구를 쓰는 걸 추천한다. 테플론 쇼크 등에 대해 우려하는 목소리가 커져서 스테인리스 제품을 사용하는 사람이 많은데, 완벽하게 안전한 건 아직 없다. 과신하지 말고 올바른 사용법을 지키는 게 좋다. 특히 강산성, 강염기성 식재료 장기보관은 금물이다.

테플론 코팅 프라이팬은 알루미늄계열 합금을 이용한 것이다. 따라서 테플론 코팅이 벗겨지는 동안 조리된 음식에는 미량의 테플론과 알루미늄이 함유되며, 음식을 섭취한 사람의 체내에 일정량 녹아들게 되는데, 테플론의 유해성에 대하여서는 논란이 진행 중인 것과 마찬가지로, 알루미늄의 경우도 체내 축적과 치매의 연관성에 대하여 뜨거운 논란과 연구가 진행 중에 있다.

5. 고어텍스

(1) 개요

고어텍스(Gore-Tex)는 미국의 W. L. Gore & Associates, Inc.(이하 고어)의 등록 상표이자 방수·방풍·투습 섬유이다. 고어는 1958년 1월 1일, 델라웨어 주 뉴어크에서 Wilbert(Bill) L. Gore가 부인 Genevieve(Vieve) Gore와 함께 설립한 기업이다. 듀폰의 W. L. Gore가 발명해서 고어텍스란 이름이 붙었다. 고어의 사유권은 '직원 지주제도(associate stock plan)'를 통해 이루어지며, 이는 '장기적인 안목'으로 비즈니스 상황을 유연하게 대처하기 위함이다.

고어텍스로 유명한 고어의 가장 대표작은 고어텍스와 윈드스토퍼를 꼽을 수 있다. 둘 다 아웃도어에 필요한 성능을 갖추고 있지만 만만치 않은 가격으로 인해 쉽게 접근할 수 없던 고가 의류의 대표격이기도 하다.

자료: news.danawa.com

🏵 그림 7-17 고어텍스와 윈드스토퍼 등록상표

　고어텍스와 윈드스토퍼와의 차이점은 무엇인가? 고어텍스는 방수·투습·방풍 기능이 있으며, 윈드스토퍼 역시 투습과 발수(撥水, 물을 튕기는 성질), 방풍성을 지니고 있다. 방수성은 고어텍스가 뛰어나며, 땀을 배출해내는 투습성은 윈드스토퍼가 월등히 앞선다. 윈드스토퍼 역시 발수력이 좋아 기본적인 방수성은 갖고 있다.

　방수투습이란 물은 차단하면서도 수증기는 통과시키는 기능을 말한다. 군대에서 기존의 고무코팅된 판초우의를 입고 근무를 서면 온몸이 젖는 것을 경험할

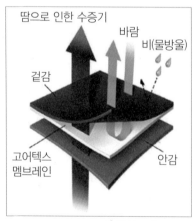

자료: blog.daum.net

🏵 그림 7-18 고어텍스의 원리

수 있는데, 이는 바깥의 물이 새어 들어온 것이 아니라 몸에서 나온 땀(수증기)이 옷 밖으로 빠져나가지 못하고 맺혀서 젖은 것이다. 하지만 방수투습 기능이 있는 자켓을 입으면 수증기가 바깥으로 배출되므로 그처럼 젖지 않는다.

그 원리는 물방울의 크기와 수증기의 크기가 다른 점에 착안, 필름 막에 중간 사이즈의 구멍이 무수히 나 있도록 한 것이다. 열이나 약품에 강한 테플론계 수지를 늘려서 가열하면 아주 얇은 필름에 무수히 작은 미세구멍을 만들 수 있고, 여기에 친수성·혐유성 폴리우레탄 레이어를 추가하면 고어텍스가 완성된다.

(2) 역사

빌 고어와 비브 고어 부부는 1958년 자택 지하실에서 고어를 창립하여 초기 전자제품 시장에 진출했다. 이후 고어는 세계 각지의 고객과 인류 공동체가 꿈꿔왔던 이상을 현실로 재현하며 장기적인 성공을 거두기 시작한다.

1969년 빌과 비브 고어의 아들인 밥 고어가 발견한 새로운 다기능 폴리머가 주목을 받으며, 고어는 의료, 섬유, 제약 및 생명공학, 석유 및 가스, 항공 우주, 자동차, 전자 제품, 음악 및 반도체 산업 등 수많은 적용 분야에 진출하기 시작했

자료: bizion.com

🏵 그림 7-19 창업자 빌 고어와 비브 고어 부부

자료: gqkorea.co.kr

◈ 그림 7-20 밥 고어의 ePTFE 발견

다. 새로운 폴리머를 발명하고, 확장형 폴리테트라플루오로에틸렌(ePTFE)을 상품화한 기업으로, 고어는 앞으로도 불소폴리머 분야의 선도 기업으로서 위상을 강화해 나갈 것이다.

고어의 심도 있는 기술적 노하우는 다양한 범주의 프로세스와 창의적이고 안정적인 기술 개발로 이어져, 전 세계 인류가 직면한 문제를 해결하고 변화를 이끄는 데 기여하고 있다.

(3) 책임을 다하는 기업

고어는 새로운 발견과 제품 혁신에 중점을 둔 창의적인 기술주도형 기업이다. 지난 50여 년 이상 고어는 다양한 글로벌 시장에서 고객의 삶의 질을 향상시키는 고부가가치 제품을 공급하면서 꾸준한 성장을 거듭해 왔다. 고어의 직원들은 세계적인 우수 기업의 일원으로서 사회에 다양한 공헌을 할 수 있음에 큰 자부심을 갖고 있다.

고어의 성공은 기업 문화에 깊이 내재된 고유의 가치관에서 기인한다. 이러한 문화는 직원에 대한 깊은 신념과 함께 각 직원의 잠재력을 최대한 이끌어내는 자발적 환경 속에서 형성되었다. 고어는 안전하고 건강한 근무 환경을 조성하여 모든 직원들이 재능을 개발하고 자신의 일을 즐기며 책임감 있게 업무를 수행할 수 있도록 한다.

고어의 문화는 직원들이 더 성실하게 책임과 의무를 다할 수 있도록 이끌어 준다. 직원들은 신뢰성이 높고 혁신적인 제품으로 고객의 요구를 충족시킴은 물론 우리가 일하며 살아가는 사회를 발전시키는 데 최선의 노력을 다하고 있다. 고어에서 직원들은 '장기적 안목'이라는 원칙하에 헌신하고 있으며, 이에 부합하는 의사결정 방식을 추구해 나가고 있다.

(4) 디자인

고어텍스 제품은 대부분 열기계적인 확장 폴리테트라플루오로에틸렌과 기타 불소 중합제을 기반으로 하고 있다. 이들 제품은 다양한 제품에 적용되는데, 고기능성 섬유, 의료용 임플란트, 필터 미디어, 전선/케이블 및 개스킷과 실란트를 위한 단열제 등이 그것이다. 그러나 무엇보다도 보호·투습·방수 의류에 사용되는 고어텍스 섬유가 가장 많이 알려져 있다.

가장 단순한 종류의 방수 의류는 두 겹의 형태다. 바깥쪽은 나일론이나 폴리에스테르로 되어 있고, 강한 재질로 되어 있다. 안쪽은 폴리우레탄으로 되어 있고 통기성과 투습력을 희생하는 대신 방수 효과를 지닌다.

이 신소재 강도는 강하게 유지되나 길이는 열 배 가량 늘어나고 공기가 통과할 수 있는 미세한 구멍이 뚫린 멤브레인 형식의 분자구조를 지녀, 땀과 같은 공기는 통과하고 비와 같은 물을 막는 독특한 특징이 있었는데, 이것이 내구성 있는 방수·방풍·투습의 기능성을 갖춘 고어텍스 멤브레인의 근간이 된 것이다.

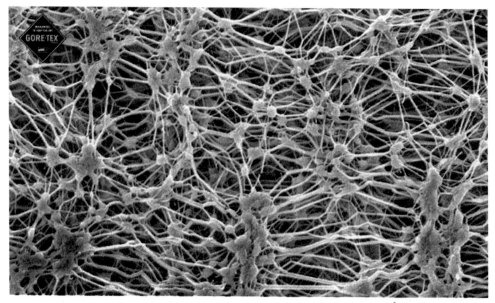

자료: m.blog.naver.com

🔷 그림 7-21 멤브레인 형식의 분자구조

초기 고어텍스 섬유는 우레탄으로 된 안감을 섬유에 접착된 얇은 다공성의 플루오로폴리메르 멤브레인 코팅으로 교체했다. 이 멤브레인은 1제곱 인치당 90억 개 이상의 기공을 가지고 있다. 각 기공은 대략 물방울의 2만 분의 1 크기로서 액체가 침투하기 어렵게 하는 반면, 수증기 형태의 분자는 통과가 가능하다.

(5) 응용제품

인공 혈관이나 성형보형물로도 많이 쓰이지만, 뭐니 뭐니 해도 기능성 야외의류에서의 역할이 가장 유명하다. 야지에서 비를 맞으면 저체온증과 직결되므로 표면의 발수와 보온은 매우 중요한데, 그러나 발수와 보온을 갖추더라도 투습이 되지 않으면 내부에 찬 습기가 빠르게 식음으로 인한 저체온증을 야기하게 된다. 특히 한지에서는 저체온으로 그치지 않고 동상으로까지 발전하게 된다. 하

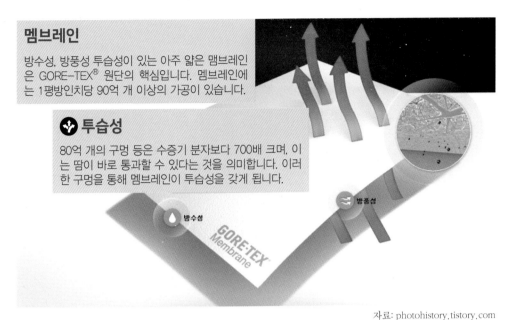

자료: photohistory.tistory.com

🕸 그림 7-22 고어텍스 원단의 핵심 멤브레인

지만 고어텍스를 착용하면 습기가 배출되어 자켓 내부를 건조하게 유지시켜 주므로 동상을 예방하기 수월하다. 동상에 취약한 손과 발을 보호하기 위한 장갑과 신발의 재료로써도 매우 훌륭하다. 게다가 이상의 장점에 더해 무게까지 매우 가볍기 때문에 극한지 탐험가와 등산객에게 매우 각광받고 있다.

이밖에도 험지에서 작전하는 군인들에게도 매우 좋은데, 실제로 포클랜드 전쟁 때 영국군 SAS가 이 소재로 된 야상(야전상의)과 전투화를 착용하고 눈이 내리는 고산지대를 한 명의 동사자도 없이 돌파, 아르헨티나군을 기습하는 데 성공하기도 했다. 이후 영국군은 고어텍스 야전상의를 전군에 지급하기 시작했고, 여기에 영향을 받아 미군도 고어텍스 야전상의와 전투화를 착용하기 시작했다.

고어텍스가 없던 시절에는 발수가 가능한 투습 소재를 활용했는데, 가죽이 그에 해당한다. 하지만 고어텍스에 비하면 투습력이 많이 떨어진다. 오늘날에도 하이테크 소재이다보니 단가가 높고, 물리적 손상에는 매우 취약하므로 신발의

자료: feelway.com

🌐 그림 7-23 미군 고어텍스 야전상의 카모플라쥬 자켓 군복

경우에는 일부분만 고어텍스를 사용하고 주로 가죽을 쓴다. 기타 스트링 중에 엘릭서(Elixir) 사의 코팅 줄은 고어텍스 코팅을 한다. 그래서 습기나 손의 땀에 의한 손상을 줄여서 줄 수명을 늘린다고 한다.

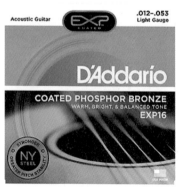

자료: m.blog.naver.com

🌐 그림 7-24 포스포 브론즈 코팅 줄의 대표주자 엘릭서 나노웹과 다다리오의 exp16

특히 엘릭서 줄은 핑거링 연주자들에게 높은 지지를 받고 있다. 특유의 찰랑거림을 싫어하는 연주자도 있지만 품질에 관해서는 높은 평점을 받고 있다. 크리스털 사운드의 진수를 보여준다.

(6) 그 밖의 사용

고어는 누수를 제거하기 위해 고어의 재료로 만드는 모든 의류의 이음새 위를 테이핑한다. 고어의 자매 제품인 윈드스토퍼는 바람을 막아주고 투습과 통기성을 갖추고 있다는 점에서 고어텍스와 유사하지만, 신축성이 있다는 점이 다르며 생활방수기능을 제공한다. 고어텍스는 의료용으로 파열된 앞쪽 십자인대와 뒤쪽 십자인대를 교체하기 위한 인공삽입·보형물로도 사용된다. 그리고 또한 채색 사본의 보존에 있어서도 그 활용도가 증가하고 있다.

니트로아로마틱 화합물의 감각적인 전기전압을 표현하는 번개 모양의 마크가 고어텍스 의류에 프린트되어 있다. 고어의 네이밍 시스템은 특정한 기술이나 물질을 지칭하지 않고, 대신 특정한 기능적 특성을 지칭한다.

1세대: 실리콘은 코성형에 오랜역사를 가진 보형물

실리콘은 다른 보형물에 비해 비교적 단단한 소재로 제거가 용이하며, 원하는 모양을 만들기가 쉽습니다.

2세대: 고어텍스는 촉감이 부드럽고 자연스러워 이를 같이 적용

고어텍스는 촉감이 부드러워 기존 골격의 형태에 맞게 자연스러운 코 모양을 만들 수 있으며, 티가 많이 나지 않습니다.

3세대: 실리콘 + 고어텍스 = 써지폼

고어텍스의 장점을 가지고 있고, 단점을 보완하여 나온 보형물이 써지폼입니다.

자료: doctorbong.tistory.com

◉ 그림 7-25 코성형 보형물

(7) 특허 만료

이제 고어텍스의 주요 특허가 만료되었고, 유사한 기술이 사용된 유사한 특성의 몇몇 다른 제품들이 시장에 선보이고 있다. 물질 특허와 방법 특허가 혼합된 고어텍스 특허는 1973년 6월 14일 출원되었다. 특허의 존속기간이 출원일로부터 20년이기 때문에 고어텍스 특허는 1993년 6월 14일 만료되었다. 따라서 시장에 유사한 기술이 사용된 몇몇 다른 제품들이 선보이고 있다.

6. 듀폰 코리아

(1) 소개

듀폰이 국내 시장에서 제품과 기술 서비스를 제공하기 시작한 것은 1977년부터이며, 2005년 현재 약 380여명의 직원들이 서울, 울산, 이천 등지에서 근무한다. 1980년대 중반부터는 첨단 생산 설비에 대한 본격적인 투자와 더불어 주요 산업용 기초소재를 국내에서 생산하고 있다.

서울사무소의 마케팅 본부는 제품과 솔루션에 따라 5개의 부서로 나뉘는데 농업&영양 사업부, 전자&통신기술 사업부, 포장재·산업용폴리머 사업부, 코팅&컬러기술 사업부, 안전&보호소재 사업부로 구성되어 있다.

울산의 엔지니어링 폴리머 컴파운딩 공장은 자이텔, 델린 등의 엔지니어링 폴리머를 생산한다. 뷰타싸이트 공장에서는 자동차와 건축용 접합안전유리의 소재인 뷰타싸이트 PVB 수지 시트를 생산한다. 그밖에도 울산에는 건축물이나 자동차, 선박 등을 단장해 주는 페인트의 안료인 타이퓨어(이산화티타늄) 기술지원센터가 있다. 이천의 센타리와 스피스 헥커 기술지원센터에서는 각 공업사의 도장 관련 기술자들을 대상으로 각종 도장 실습교육과 품질보증을 위한 교육, 그리고 공업사 경영자를 위한 매니지먼트 과정을 제공한다.

자료: safetynews.co.kr

🏵 그림 7-26 듀폰 울산 공장

자료: slideshare.net

🏵 그림 7-27 듀폰 코리아

(2) 제품 및 서비스

① 농업 제품

동물 영양 및 질병 예방

2050년이 되면 국제 식량 생산은 거의 두 배가 돼야 하며, 특히 저렴한 육류 제품에 대한 수요가 기하급수적으로 증가할 것이다. 듀폰은 동물의 사료에서부터 방역 솔루션에 이르기까지 이 도전 과제를 해결하기 위해 최선을 다하고 있다.

작물보호

듀폰 작물보호 사업부는 세계 인구의 증가로 식량과 관련된 과제가 늘어남에 따라, 경작자들의 요구를 이해하기 위해 전력을 다하고 있다. 듀폰은 통합적인 사고를 통해 재배업자들이 품질을 개선하고 농작물의 수확량을 늘리는 데 도움이 되는 곤충, 잡초 및 질병 관리, 그리고 영농 작업의 생산성 및 지속성에 대한 해답을 구하고 있다.

듀폰의 재배업자들은 과일, 채소, 견과류에서 옥수수, 콩, 밀, 카놀라에 이르는 농작물을 보호하기 위한 이상적인 아이디어를 현실적인 해결책으로 전환시키고자 세계적인 혁신과 지역적인 협업을 병행한다. 또한 소중한 자원을 보호하고자 환경에 미치는 영향을 최소화할 수 있는 아이디어에 중점을 두고 있다.

농업 분야에서 성공이란 건강하고 시장성과 수익성이 있는 작물을 재배하는 것을 의미한다. 아울러, 듀폰에 있어 이것은 전 세계에 지속적으로 식량을 공급한다는 더 큰 의미를 지니고 있다.

종자

DuPont Pioneer는 전통적인 기술과 새로운 기술을 결합함으로써, 농업 종자와 제품에 대해 지속적으로 증가하는 인구에 따른 수요를 충족시키기 위한 솔루션을 제공하고 있다. Pioneer는 가까운 시일 내에 생산성과 지속성을 극대화해야 하는 중요성에 대해 잘 알고 있다. 세계 각지의 농부들에게 입증된 제휴 파트너인 Pioneer는 고품질 제품의 식량 생산을 증가시키고, 적합한 지역에 적절한 제품을 투입하여 농업 생산성을 극대화시킬 농경 지식을 늘리기 위해 최선을 다하고 있다.

듀폰은 새로운 농업 종자를 연구하고 새로운 기술을 사용함으로써 농민들에게 최고의 가치를 전달하고, 궁극적으로 전체 식량과 에너지 가치 사슬에 유용한 이점을 주고 있다.

자료: wired.com

🌐 그림 7-28 DuPont Pioneer

② 식품 및 퍼스널 케어

개인 관리

스킨 케어에서부터 감미료와 와이퍼에 이르기까지, 듀폰의 퍼스널 케어 제품은 고객의 다양한 요구를 충족시키도록 설계되었다. DuPont™ Glypure®는 퍼스널 케어 및 화장품에 사용되는 화장품용 산성 제품이다. 이 제품은 노화방지용 제품 생산에 있어서 소비자에게 매우 잘 알려진 가장 인기 있는 활성 성분이다.

Confused About The Best Glycolic Acid Peels?

자료: yesbeautyfashion.com

🕸 그림 7-29 DuPont™ Glypure® 화장품용 산성 제품

다양한 감미료와 설탕이 DuPont™ Danisco®에서 제조되어 일반 개인 용품에서 부터 제약에 이르기까지 광범위한 분야에 적용되고 있다.

구강 케어 제품은 매력적인 외관과 상쾌한 느낌을 주어야 한다. 듀폰은 소비자가 원하는 수준의 품질의 구강 케어 제품을 제공하고자 독특한 성분을 개발했다. 듀폰은 세계 최대의 자일리톨 생산업체로서 충치를 줄이기 위해 입증된 활성 성분을 제공하기도 한다. 듀폰의 셀룰로오스 검(cellulose gum), 크산탄 검, 카라기닌(carrageenan), 알긴산염 및 자일리톨 성분은 자일리톨 치약, 틀니 접착제, 구강 및 치과용 틀에 사용하기 적합하다.

Sontara®와이퍼는 자동차 보수도장, 전자 및 식품 준비 등을 포함하여 전 세계 여러 산업에서 사용되고 적용됨으로써 오늘날 시장에서 가장 다양한 와이퍼 중 하나가 되고 있다.

SoBind™ Harmony 대두 폴리머는 두피 관리 제품, 화장품, 로션, 크림 및 클렌저에서 사용되며, 여러 장점을 가진 매우 효과적인 유화 안정제, 바인더, 농축기, 안료 개선제로서, 퍼스널 케어를 위해 특별히 고안된 제품이다.

식품 보호

오늘날 구매 결정에 주요 요소로 작용하는 식품 안전과 품질에 대한 소비자의 관심이 높아짐에 따라 제조업체에서는 효과적이고 효율적인 식품 보호 솔루션을 필요로 하고 있다. 긴 공급망을 통해 판매되는 복잡한 식품 체계에서 다양한 종류의 미생물 통제는 주요 과제로 대두되었다. 식품 보호는 미생물 안전 정책을 준수하면서 부패 및 병원성 미생물을 모두 통제하고 유통 기한을 연장시키기 위한 물리적, 화학적 및 생물학적 조합이라는 난제를 다루고 있다.

듀폰은 속도, 효율성 및 성능과 함께 식품 안전 프로그램의 엄격한 기준을 충족하는 데 도움이 되는 폭 넓은 식품 보호 제품을 제공한다. 또한 조제 요구의 경우, 최상의 보호 제품 라인인 Danisco®는 잘 정의된 항균, 항산화 기능과 천연 성분을 결합한 혼합물을 사용하여 원치 않는 세균의 침투를 줄이고 제품의 수명을 연장시키는 데 중대한 역할을 한다.

식품 소재

최고의 특수 식품과 식품 안전의 선두주자인 듀폰은 영양을 개선하고 유통기한을 늘리는 동시에 식품의 질을 높이기 위해 지속가능하고 다양한 식품 소재를 제공하고 있다.

DuPont™ Danisco®의 광범위한 식재료들은 소화, 면역 및 뼈의 건강을 증진시키면서 맛이나 질감을 손상시키지 않고 지방, 당분 및 염분을 낮추는 데 도움을 준다. 듀폰의 대두 원료는 지속적이고 심장 건강에 도움이 되는 단백질 공급원을 제공한다. 소비자들은 신맛을 내기 위해 듀폰의 발효 균주가 사용된 요거트

자료: nutraingredients.com

그림 7-30 DuPont™ Danisco®

와, 요거트에 첨가된 과일이 고르게 분포되게 만드는 펙틴, 대두 원료의 단백질 성분이 함유된 영양바, 듀폰의 효소, 유화제 및 낙농 기술이 사용된 샌드위치 빵과 치즈, 그리고 완벽한 질감과 신선도 유지를 위해 안정제 및 항산화제를 사용하는 샐러드 드레싱에 이르기까지 인근 식료품점 어디서나 듀폰의 식품 소재를 손쉽게 만나볼 수 있다. 듀폰의 식품 소재는 제조업체와 소비자 모두에게 귀중한 가치를 선사한다.

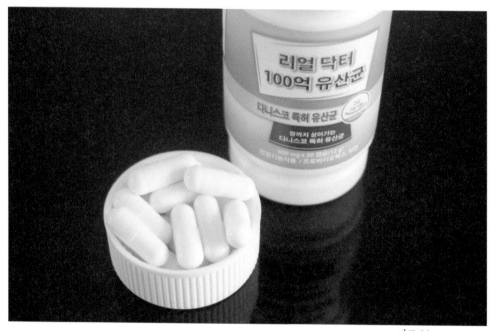

자료: blog.naver.com

🔹 그림 7-31 듀폰 다니스코, 리얼 닥터 100억 유산균

영양 보충제 원료

듀폰은 혁신적인 식품소재들과 배합 지원을 통해 제조업체들이 건강에 민감한 소비자들의 점점 증가하는 요구를 충족시키는 데 도움을 주고 있다.

DuPont™ Danisco®포트폴리오에는 건강을 증진시키는 효과를 내는 것으로 임상적으로 보고된 다양한 생리 활성 성분이 들어 있다. 이 식품소재들은 면역, 소화, 심장 혈관이나 뼈 건강을 지원하여 건강 보조 식품에 차별화된 가치를 더할 수 있다.

듀폰의 프로바이오틱스, 식물 스테롤, 비타민 K, 베타인, 프리바이오틱 화이버, 자일리톨 및 락티놀 성분은 소비자의 건강 증진 제품에 대한 기대에 부응할 수 있다.

듀폰의 두유 제품은 임상 영양 및 스포츠 성능 음료에서 일반적인 건강과 웰빙을 추구한다. 대두 레시틴과 콜린은 세포막, 기억 및 인지 기능에 효과가 있는 것으로 임상적으로 보고되었다. 대두 단백질은 근육의 크기를 키우고, 운동 프로그램의 일부로서 근육 회복을 촉진시키는 데 필요한 단백질의 주 공급원이 될 수 있다.

③ 산업용 바이오사이언스

산업생명공학

산업생명공학은 환경에 미치는 영향을 줄이면서 식품, 사료, 연료, 소재 등에 대한 전 세계의 수요를 충족시키는 새로운 가능성을 제공하고, 세계적인 도전 과제를 해결할 커다란 약속을 담고 있다.

듀폰은 제품 성능에 대한 약속과 환경에 미치는 영향을 최소화하겠다는 의지로 산업생명공학 솔루션을 개발했다. 듀폰은 또한 '대안적인' 소재들을 주류로 탈바꿈시키면서 꾸준한 혁신, 제품 및 공정에 대한 지속적인 개선의 약속도 지키고 있다.

듀폰의 산업생명공학 솔루션은 동물 사료, 식품, 세제, 직물, 카펫과 개인 관리 및 바이오 연료와 같은 시장의 요구를 충족시킨다. 그리고 듀폰은 Bio-PDO®(Bio-Propanediol) 및 Sorona®과 같은 최초의 바이오 소재를 이미 개발하였으며, 셀룰로오스 에탄올 기술을 개발하며 중요한 단계를 진행해 나가고 있다.

듀폰은 인류와 지구가 직면하고 있는 가장 큰 과제를 함께하는 혁신을 통해 해

🕸 그림 7-32 듀폰의 산업생명공학 솔루션

결할 수 있다고 믿고 있다. 즉, 듀폰의 파트너와 함께 협력하고 생명공학, 화학 및 재료 기술의 전문 지식을 결합함으로써 바이오 기반 경제를 현실로 이끌 수 있는 것이다.

④ 폴리머 및 수지

직물, 섬유, 부직포

듀폰은 40년 이상 직물, 섬유 및 부직포 산업 내 기업들에게 성능, 보호 및 다양한 용도로 신뢰를 받아 왔다.

듀폰은 혁신의 역사를 바탕으로 과학 및 엔지니어팀이 힘을 합쳐 방탄과 절단 보호용 DuPont™ Kevlar®아라미드 섬유, 화염 위험 방지용 DuPont™ Nomex®방염 섬유, 다목적이고 다양한 디자인 구현을 위한 DuPont™ Sorona®환경친화적 섬유, 통기성이 있는 보호 소재 DuPont™ Tyvek®, 그리고 화학 약품 보호용 DuPont™ Tychem®등 고성능 재료의 새로운 용도를 개발하고자 업계와 협력하고 있다. 작업자, 비상 대응 직원, 건물, 환경 및 작업을 보호하는 것에서 자동차와 항공기를 더욱 빠르고 효율적으로 구동하는 데 이르기까지 업계와 협력하여 듀폰에서 개발한 직물, 섬유 및 부직포의 혁신은 끝이 없다.

자료: dupont.co.kr

🔷 그림 7-33 산업용 보호복

첨가제 및 변형제

듀폰은 재료 과학과 화학 지식을 어려운 프로세스와 성능 문제를 해결하는 능력과 결합함으로써, 듀폰의 고객들이 광범위한 폴리머 첨가제와 변형제를 사용하여 그들의 문제들을 효과적인 비용으로 극복할 수 있도록 도와준다. 듀폰이 프로세스 및 소재에 대한 솔루션 찾는 것을 도와준다. 듀폰은 세계 각지의 고객들이 날마다 이용할 수 있는 다양한 기술과 기능을 제공한다.

듀폰의 폴리머 첨가제와 변형제 제품들은 그들 성공의 핵심적인 역할을 한다. 듀폰은 고객들이 프로세스와 제품들로 겪게 되는 여러 장애물들을 극복하도록 도와준다.

듀폰의 엔지니어와 과학자들은 전통적인 석유 기반과 불소 화학뿐만 아니라, 독특한 바이오기반 소재들을 활용하면서 새로운 신소재를 끊임없이 개발한다. 그들의 프로세스와 폴리머 시스템에 이러한 첨가제와 변형제를 결합함으로써 고객들은 시장에 저렴하고 성능이 좋은 상품을 내놓을 수 있게 된다.

듀폰의 첨가제와 변형제 범위는 다양하다. DuPont™ Elvaloy® RET 아스팔트 변형제를 사용하면 각 도와 지방자치단체는 도로를 재포장까지의 기간을 크게 늘릴 수 있다. 재생 처리기는 재활용 프로세스에서 DuPont™ Fusabond®기능의 폴리머 변형제를 사용함으로써 다층 플라스틱 병을 높은 가치의 유연한 골판지 파이프로 사용하도록 변환시킨다. 지속적인 대안을 모색하는 필름 제작자의 경우, Soft-N-Safe®바이오 기반 가소제가 PVC, PET 및 기타 바이오 폴리머를 대체할 당연한 선택이 된다. 마지막으로, 마찰 감소와 PTFE의 내마모성을 추구하지만 강도는 높이고 중량은 낮추면서 고성능 엔지니어링 수지의 내식성을 원하는 성형 부품 제조업체들의 경우 소량의 Zonyl®불소첨가제를 추가함으로써 극적인 결과를 얻을 수 있다.

전 세계 수많은 산업에서 많은 세계적인 회사들이 듀폰의 과학과 소재의 전문 지식에 의존하고 있다.

자료: dupont.co.kr

🌐 그림 7-34 듀폰 첨가제 및 변형제

플라스틱, 폴리머 및 수지

듀폰은 획기적인 소재 과학과 글로벌 접근성의 결합을 이룬, 열가소성 수지, 엘라스토머, 완성 부품 및 바이오 폴리머 부문의 선두 업체이다. 듀폰 고기능성 폴리머 사업부는 더 우수한 제품 및 프로세스에서부터 기업과 사회를 더 좋은 방향으로 만들도록 도와주는 혁신에 이르기까지 더 나은 제품을 만들기 위해 고객과 협력하고 있다. 듀폰은 비식용 바이오매스와 화석 연료에 대한 의존도를 줄이기 위해, 다른 방법으로 추출된 재생가능한 폴리머 공급 원료를 찾는 과정 등을 포함하여, 성능이 실제로 중요한 커다란 도전 과제를 해결해 나간다.

자료: ko.aliexpress.com

❈ 그림 7-35 듀폰 폴리머

자료: plasticskores.co.kr

❈ 그림 7-36 듀폰, 그린 패키징을 위한 재활용이 가능한 재료의 개발

듀폰의 일은 자동차 연료 효율을 통한 더 지속적인 이동성, 제조 공정에서의 향상된 생산성, 개인의 커뮤니케이션을 위한 강력한 연결, 헬스케어와 가구의 진보적인 설계 등을 지원한다.

　듀폰은 나일론, 네오프렌 및 Kevlar®를 발명한 회사로서, 오늘날에도 지속적으로 연구 및 개발을 수행하고 있다. 듀폰은 아시아, 유럽, 미국 전역에 전략적으로 배치된 제조 시설과 65개국에 집중된 기술지원시설을 갖추어, 현지에 맞게 활동하며 글로벌 협력을 하는 기업이다.

제4차 산업혁명의 핵심동력
| 장수기업의 소프트 파워 |

세계적인 필기류 회사
파버카스텔

Chapter 08

세계적인 필기류 회사
파버카스텔

1. 개요

파버카스텔 주식회사(Faber-Castell AG)는 1761년 독일에 설립된 세계적인 필기류 회사이다. 주요 생산 제품으로는 연필, 색연필, 지우개, 만년필 등이 있다.
국내에서는 일반적으로 파버카스텔로만 알려져 있으나, 고가의 고품질 필기도구는 따로 Graf von Faber-Castell이라는 정식 명칭으로 분류되어 있다. Graf von Faber-Castell은 외래어 표기법대로라면 그라프 폰 파버카스텔이 맞으나, 보통 그라폰 파버카스텔로 통한다. 그라프는 백작이라는 뜻이다.

2. 역사

1660년대에 독일 뉘른베르크에서는 연필 생산업자들이 최초로 생겨나기 시작했다. 특히 근처 스타인 지역은 상업이 비교적 자유로웠기 때문에 많은 장인들이 그 지역에서 연필사업을 시작하는 경우가 많았다. 파버카스텔의 창립자인 카

자료: premium.chosun.com

🏵 그림 8-1 독일 슈타인에 위치한 파버카스텔 본사

자료: alchetron.com

🏵 그림 8-2 창업자 카스파르 파버

스파르 파버(Kaspar Faber, 1730~1784년)는 원래 캐비닛 제조업자였으나, 연필을 생산하여 성공하게 되자 본격적으로 이 지역에서 사업에 뛰어들었다. 그의 아들인 안톤 빌헬름 파버(1758~1819년)가 회사를 물려받았고 지금의 본사인 뉘른베르크에 정착하게 되었다.

3대 CEO로 게오르그 레온하르트 파버(1788~1839년)가 취임한 뒤, 회사는 프랑스의 새로운 흑연제조법과 우수한 영국산 제품에 밀려 잠시 사업이 쇠퇴하였지만, 게오르그는 그의 아들들인 로타르와 요한을 파리와 런던으로 보내어 공부하게 하였고, 로타르 폰 파버(1817~1896년)는 기업을 이어받아 새로운 아이디어를 창출해내며 기업을 글로벌화시켰다.

자료: ko.ikipedia.org

🔷 그림 8-3 로타르 폰 파버

그는 A.W. Faber라는 상표를 등록시키며 역사상 최초로 필기구의 브랜드화를 이루어낸다. 로타르의 업적은 다양한데, 먼저 그는 공장을 현대화시켜 더 나은 생산 환경을 제공하였으며, 남녀의 역할분담을 확실히 함으로써 일의 효율성을 늘렸다.

또한 직원들을 위한 다양한 제도(예를 들면, 연금제도와 건강보험)도 마련하였다. 독일에서 유치원을 최초로 설립했으며 모조품이 드러나자 직접 법원에 재산권 보호 법률안 통과 청원서를 제출하였고 시행시켰다. 1894년 뉴욕에 지사를 오픈하기도 하였다.

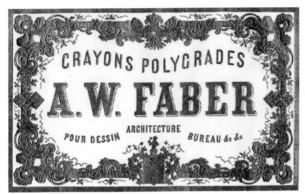

🏵 그림 8-4 A.W. Faber라는 상표 등록

　로타르 파버의 외동아들인 빌헬름 폰 파버(1851~1893년)가 회사를 물려받았지만 그는 42세의 젊은 나이로 사망하였고 그의 미망인인 오틸리에가 잠시 회사를 운영하였다. 그리고 빌헬름의 장녀인 오틸리에 폰 파버가 알렉산더 카스텔 뤼덴하우젠(1866~1928년) 백작과 결혼함으로써 알렉산더 백작이 회사를 이끌어 나가게 되었다.

🏵 그림 8-5 알렉산더 카스텔 뤼덴하루젠 백작과 오틸리에 폰 파버

자료: faber-cateii.co.kr

❋ 그림 8-6 카스텔 9000 연필과 말 타는 중세기사 로고

　이때 그 유명한 카스텔 9000 연필과 말 타는 중세기사 로고가 등장함으로써 회사는 더욱 더 굳건히 자리 잡게 되었다. 5대 CEO였던 로타르 파버는 회사의 고유성을 유지하기 위해선 상속녀가 결혼을 한다 하여도 성을 유지하여야 한다고 생각했기 때문에 왕실의 승인이 필요했고 그것을 최초로 얻어내었다. 그리하여 오틸리에와 알렉산더의 성은 카스텔-뤼덴하우젠이 아닌, 파버카스텔, 즉 지금의 회사이름을 가지게 되었다.

　7대 CEO인 백작 롤란드 폰 파버카스텔(1905~1978년)의 경영 아래 로타르 폰 파버의 형제인 요한 폰 파버가 설립한 요한 파버 연필 공장과 브라질에 있는 라피스 요한 파버를 인수하였고, 1960년 프랑스의 판매회사를 시작으로 1962년 오스트리아, 1965년 아르헨티나와 페루의 공장 등 1960년에서 1977년까지 해외지사들을 설립하였다. 브라질, 상파울루에 있는 지사는 2차 세계대전 때 잠시 주식을 압수당하였으나 지금은 세계에서 가장 큰 파버카스텔의 연필공장이다.

자료: nytimes.com

🔷 그림 8-7 안톤 볼프강 파버카스텔

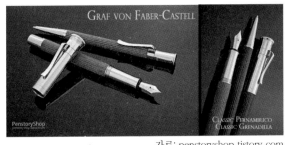

자료: penstoryshop.tistory.com

🔷 그림 8-8 그라프 폰 파버카스텔

자료: pologue.blog.naver.com

🔷 그림 8-9 2010년 창립 250주년
을 맞은 파버카스텔

   현재의 CEO는 1978년 대표로 임명된 백작 안톤 볼프강 파버카스텔이며, 그는 화장품 산업을 위한 연필을 생산하였고, 20년 동안 여러 개의 해외 지사와 말레이시아에 있는 세계에서 가장 큰 지우개공장을 설립하였다.

친환경 모토를 내세워 다양한 친환경 기술을 개발하고 코스타리카에 제조공장을 설립하였으며, 1993년 제품분류로서 회사 이미지를 재정립하고, 2000년에는 독일 금속노조와 사회 협약서를 준비하고 전 세계적으로 적용할 것을 약속하였다. 또한 고급 만년필 등 프리미엄 제품 라인으로 구성된 그라프 폰 파버카스텔을 만들면서 브랜드 이미지 고급화에 기여하였다. 그는 2016년 11월에 파버카스텔 창립 250주년을 맞이하여 처음 한국을 방문하였다.

3. 로고

알렉산더 파버카스텔 백작은 수십 년간 박스와 케이스의 디자인 모티브가 되었던 두 명의 연필 기사 그림을 의뢰하였고, 그리하여 지금의 로고가 탄생하게 되었다. 한 기사가 창처럼 보이는 연필을 들고 다른 기사를 이기고 있는 이 장면은 파버카스텔의 품질철학을 보여준다. 즉, 이 창처럼 생긴 연필의 의미는 창처럼 단단한 연필을 만들겠다는 파버카스텔의 신념이 담겨져 있는 것이다. 이 로고는 그 후 오래되었다는 이유로 사용되지 않았으나 현재의 대표인 안톤 볼프강 파버카스텔이 1990년대 회사 이미지를 재창조하며 다시 쓰이게 되었다.

자료: ko.wikipedia.org

🔶 그림 8-10 알렉산더 파버카스텔 백작

자료: ko.wikipedia.org

⬢ 그림 8-11 파버카스텔 기사

자료: dafont.com

⬢ 그림 8-12 파버카스텔 로고

4. 브랜드 철학

파버카스텔의 대표인 백작 안톤 볼프강 파버카스텔은 이렇게 말했다. "우리는 단순히 쓰는 필기구만 만들지 않고, 창조적 활동과 관련된 도구를 개발하여 미래에 대비하고 있습니다.", "연필은 아무 회사나 만들 수 있습니다. 그렇지만 우리는 평범한(ordinary) 일을 비범하게(extraordinary) 잘하려고 노력해 왔습니다. 바로 그것이 우리 회사의 철학입니다."

파버카스텔의 목표는 전통을 지키면서도 항상 의문을 가지고 시대의 변화에 최적화하는 것을 두려워하지 않으며, 소비자들이 이해할 수 있는 혁신을 가져오는 것이다. 또한 '그라프 폰 파버카스텔 컬렉션'같은 제품마다 식별 숫자가 있고 보증서와 케이스가 있는 한정판매 제품을 만들어 수집가들이 선호하는 브랜드로 키우는 것이 회사가 제시한 또 다른 혁신이다.

그리고 언제나 우수한 품질의 필기구를 만드는 것을 목표로 하고 있다. 예를 들면, 좋은 연필을 잘 부러지지 않고 긁히지도 않으며, 오랫동안 보존케 하는 것이 가장 중요하다.

자료: penstoryshop.tistory.com

🌐 그림 8-13 그라폰 파버카스텔 한정판 만년필

또한 친환경을 모토로 내세워 매년 브라질의 2만여 그루의 나무를 심는 등 인간적인 미덕을 보여줌으로써 다른 기업과의 차별화를 목표로 하고 있고, 지구를 보호하기 위한 친환경적 생산과정과 재료, 기술 확보를 우선시하고 있다. 회사 내부뿐만 아니라 사업 동반자들과의 의사소통을 통해 사회적인 책임감을 실천하고 있다.

5. 특징

● 최초로 현대 연필의 표본이 된 육각형 연필 고안
● 연필의 길이를 18cm로 표준화
● 로타르 폰 파버가 1794년에 만든 18단계의 경도 체제: B(짙기)와 H(강도)로 나뉜 연필심의 세분화

자료: blog.daum.net

◈ 그림 8-14 빈센트 반 고흐 – 파버카스텔 연필로 그린 자화상 스케치

- 히말라야산 삼나무 사용 & 흑연과 점토의 배합 비율 특허 & 재료 90% 이상이 지속가능한 재료
- 값싼 아세톤이나 휘발성 물감 대신 친환경 수성페인트 사용, 1992년 세계 최초로 광택을 내고 세균번식을 막으면서 인체에 해가 없는 수용성 레커 발명
- 매년 브라질에 2만여 그루의 나무를 심음.
- 100여년 전 고흐가 썼던 연필로 유명하고, 지금은 칼 라거펠트 같은 유명 디자이너, 오스카 코코쉬카, 네오 라우흐 같은 현대 화가들, 그리고 노벨상 수상작가인 귄터 그라스도 파버카스텔 연필 애호가로 유명함.

6. 제품

① 카스텔 9000

카스텔 9000은 그립 2001과 같이 연필 매니아들이 꼽는 명품 연필 중 하나로, 육각형 연필의 시초이기도 하고, 작가 요한 볼프강 폰 괴테와 화가 빈센트 반 고흐가 애용했던 연필이기도 하다.

이 제품은 1905년 출시되었지만 지금까지도 연필계의 베스트셀러이다. 특징으로는 단단한 연필심 덕분에 다른 연필보다 2~3배 오래 쓸 수 있다는 것과 특수공법으로 연필심과 나무가 들뜨지 않아 떨어뜨려도 심이 부러지지 않는다는 것이다.

② 그립 2001

2000년 미국의 경제주간지 비즈니스 위크에서 '올해의 10대 상품'으로 소개된 바 있다. 삼각그립 모양이 특징이고, 손에서 미끄러지지 않도록 표면을 점선으로 처리하였다.

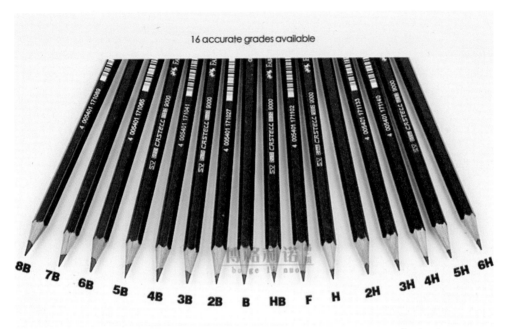

자료: ko.aliexpress.com

◈ 그림 8-15 카스텔 9000 연필 – 스케치 연필 전문 16개

자료: global.rakuten.com

◈ 그림 8-16 삼각그립 모양의 그립 2001

③ 폴리크로모스 색연필

폴리크로모스 유성 색연필은 초현실주의 대가 코코슈카, 패션디자이너 볼프강 윱 등 예술가들이 애용했던 색연필이다. 2008년 5월에 한국에서는 폴리크로모스 색연필 탄생 100주년을 기념하는 행사로 이두식 홍익대 교수의 드로잉 작품을 모은 '이두식 소묘 일기전'이 열렸다.

자료: 10×.co.kr

자료: blog.daum.net

🔷 그림 8-17 파버카스텔 폴리크로모스 유성 색연필 120색(우드케이스)

🔷 그림 8-18 오스카 코코슈카

④ 그라폰 파버카스텔

지금의 대표인 볼프강 백작은 브랜드의 고급화를 위해 그라폰 파버카스텔 시리즈를 선보이고 있다. 2011년 11월에 출시된 이 제품은 뉘른베르크의 나무 장인들이 고급 오리나무를 사용해 만든 필기구이다. 퍼펙트 펜슬은 백금으로 도금되어 있고 교체 가능한 네 자루의 포켓펜슬, 네 개의 예비용 지우개로 구성되어 있는 세트이다.

자료: prod.danawa.com

🕸 그림 8-19 그라폰 파버카스텔 퍼펙트 펜슬 데스크 세트

⑤ 그 외

파버카스텔 지우개

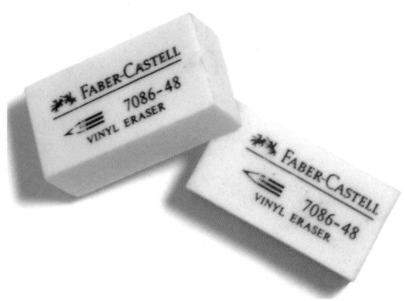

자료: ko.wikipedia.org

🕸 그림 8-20 파버카스텔 지우개

7. 파버카스텔의 미래

HB, 4B, 2B 등 근래에는 우리가 너무도 익숙하게 사용하고 있는 이 필기구의 표준은 바로 독일의 대표 히든챔피언 기업, 파버카스텔로부터 시작된 것이다.

1839년 가업을 이어받은 로타르 폰 파버(Lothar von Faber)는 세계 최초로 필기구에 브랜드 네임을 만들었고, 동그란 연필이 굴러가는 것을 방지하기 위해 육각형 모양의 연필을 탄생시켰다. 전해지는 소문대로 꿀벌의 집 모양을 보고 아이디어를 구한 것일까? 또한 표준 길이인 18cm의 연필을 처음 고안한 장본인이며, 세라믹 연필심 기법을 도입하여 단단한 정도의 'H'와 진한 정도의 'B'에 따른 연필심의 등급을 세계 최초로 만든 인물이기도 하다. 사실상 필기구 역사의 새로운 장을 펼친 인물이라고 해도 과언이 아니다.

2017년 올해로 창사 256주년을 맞이한 파버카스텔은 빈센트 반 고흐, 괴테, 헤르만 헤세, 현대에는 독일 출신의 유명 디자이너 칼 라거펠트까지 이름만 들어도 알만한 인물들이 아낌없는 찬사를 보냈던 필기구 장인의 표본이다.

현재 파버카스텔의 중심은 친환경 경영에 있다고 한다. 필기구를 만드는 회사이니만큼, 그들의 가장 중요한 자원은 목재이다. 연간 약 20억 자루의 연필을 생산해내는 그들에게는 매년 15만 톤에 달하는 목재가 필요하다고 한다. 따라서

자료: pixabay.com

자료: ko.wikipedia.org

그림 8-21 꿀벌집 단면과 연필의 단면

자료: ecomedia.co.kr

🔷 그림 8-22 파버카스텔의 산림 프로젝트

그들은 지속가능한 경영을 위하여, 약 30년 전 브라질에 10,000헥타르에 달하는 황무지 땅을 소나무 숲으로 조성해 산림 프로젝트를 시작했다. 이에 현재 파버카스텔 연필 생산량의 80%는 브라질 숲의 친환경 나무로 생산되어지고 있다고 한다. 이것은 그들이 대표적인 친환경 기업으로 손꼽히는 이유이기도 하다.

자료: blog.daum.net

🔷 그림 8-23 4차 산업 혹은 인더스트리 4.0

매년 생산하는 연필 생산량보다 더 많은 나무를 심는 착한 기업, 그 정신까지도 명품이라고 하기에 조금도 손색이 없는 독일의 대표 연필 명가이다.

이 외에도 독일에는 1,500개가 넘는 히든챔피언 기업이 있다. 독일의 경제를 뒷받침해주는 숨은 보석처럼, 한 우물만 파는 그들처럼, 그래서 독일의 미래는 밝다. 이러한 저력이 그들로 하여금 인더스트리 4.0, 즉 제4차 산업혁명의 선두 주자로 키웠는지 모른다.

제4차 산업혁명의 핵심동력
| 장수기업의 소프트 파워 |

세계에서 가장 유명한
생활용품 업체 – **P&G**

Chapter 09
세계에서 가장 유명한 생활용품 업체 P&G

1. 개요

프록터 앤드 갬블(Procter & Gamble)은 미국의 다국적 기업이다. 비누, 샴푸, 칫솔, 기저귀 등 다양한 종류의 소비재를 제조 판매한다. 줄임말로 P&G라고 부른다.

세계를 활동 무대로 삼는 미국의 생활용품 업체이다. 오하이오 주 신시내티에 본사가 있으며, 영국·네덜란드 자본의 유니레버와 함께 세계에서 가장 유명한 생활용품 업체로 손꼽힌다. 흔히 말하는 FMCG(fast moving consumer goods) 산업, 즉 소비재 업계의 끝판왕이자 최종 보스라고 볼 수 있다. 다만, 위키니트 사이에서는 이 회사의 브랜드 중 생활용품보다는 한번 열면 멈출 수 없는 프링글스(Pringles)로 더 유명할 것이다.

1837년, 오하이오의 신시내티에서 양초를 만들던 윌리엄 프록터(William Procter)와 비누를 만들던 제임스 갬블(James Gamble)이 동업하면서 만들어진 회사이다. 사실 이 둘은 동서지간이었고 장인의 권유로 회사를 합병하였다.

이후 이들은 물에 뜨는 비누 아이보리(Ivory)를 판매하여 대히트를 치며 세계

자료: breaknews.com

🔶 그림 9-1 프링글스

적인 생활용품 업체로 커졌다. 물에 뜨는 비누가 중요한 것은 그 당시 목욕문화
가 지금처럼 욕실에서 하는 게 아니라 주변에 있는 아주 잔잔한 강가에서 했기
때문이다. 지금도 여전히 목욕하다가 비누를 놓치는 일이 많은데 강에서 비누를
놓치면 어떻게 되었을까? 잃어버리기 쉬웠는데 물에 뜨는 비누가 생긴 이후부터

자료: koreadaily.com

🔶 그림 9-2 P&G가 처음에 만들어낸 뜨는 아이보리 비누

이런 일은 줄어들었으니 당연히 히트할 수밖에 없었을 것이다. 세월이 지나도 이 제품은 여전히 물에 잘 뜬다. 많은 종류의 비누, 치약, 세제, 위생용품 등의 혁신적인 생활용품을 내놓아 호평을 받았다.

생활용품 제조회사이지만, 오래 전부터 식음료 분야에도 진출하여 많은 유명한 상품을 내놓고 있다. 인스턴트 커피나 동물사료, 스낵 브랜드도 유명한 것이 있고, 그 중에서도 한국에는 프링글스가 가장 잘 알려져 있다고 할 수 있다. 그러나 최근에 식음료 분야는 타 회사에 매각하는 등 정리하고 생활용품에 주력하는 분위기다. 유명 커피 브랜드인 폴저스를 2008년 매각했고, 2012년에는 프링글스를 켈로그에 27억 달러를 받고 매각했다. 그래서 한국에서는 켈로그와 합작 중인 농심그룹에서 프링글스의 유통을 맡고 있다.

반면, 그동안 취약했던 면도기나 소형가전 분야로 사업을 확대하면서, 면도기로 유명한 더 질레트 컴퍼니(The Gillette Company)를 2005년에 인수하였다. 이로써 질레트의 자회사인 건전지 제조업체 듀라셀(Duracell) 토끼와 전기면도기 및 소형가전으로 유명한 브라운(Braun)까지 산하 브랜드에 두게 되었다.

2007년 기준으로, P&G는 매출액으로 따져서 미국에서 25번째로 큰 기업이며, 이익규모로는 18번째로 큰 기업이다. 미국 경제전문지 포춘이 발간한 가장 존경받는 기업 목록 TOP 500(2007년)에는 10위에 올라 있다. P&G의 브랜드 관리는 경영 분야에서 이름 높다. 솝 오페라(비누 오페라, soap opera), '커넥트 & 디벨롭' 혁신은 유명한 경영 사례로 꼽히고 있다.

자료: deser.tistory.com

🔷 그림 9-3 질레트 면도기

Advertising Age의 자료에 의하면, 2010년 기준으로 P&G는 세계에서 가장 많은 광고비를 쓰고 있는 기업이다. 1년에 약 114억3천만 달러의 광고비를 지출하는데, 이것은 2위인 유니레버의 광고비의 거의 2배에 달한다.

표 9-1 글로벌 광고 지출 상위 기업

순위	기업	금액	순위	기업	금액
1	P&G	114.3	9	크래프트푸드	23.4
2	유니레버	66.2	10	존스앤존스	23.2
3	로레알	49.8			
4	GM	35.9			
5	네슬레	31.9	33	현대차	12.6
6	도요타	28.6	42	삼성전자	10.1
7	코카콜라	24.6	54	기아차	7.7
8	레킷벤키저	24.3	68	LG그룹	5.1

글로벌 광고지출 상위기업 (단위: 억 달러)

자료: AdvertisingAge, 2010년 기준

한국 지사는 1989년에 서통과 합작 진출했다가 1993년에 설립된 한국 P&G이다.

2. 연혁

- 1837년 : 미국 오하이오 주 신시내티에서 설립, 양초와 비누 제품 생산, 판매
- 1897년 : 아이보리 비누 출시
- 1915년 : 캐나다 공장 준공
- 1931년 : 브랜드 매니지먼트 시스템 도입
- 1933년 : 세계 최초의 합성 세제 Dreft 개발, 출시
- 1934년 : 세계 최초의 세제류 샴푸 Dren 출시

자료: etnews.com

🏶 그림 9-4 종이기저귀 팸퍼스

- 1935년 : 필리핀 공장 준공, 극동 지역 마케팅 개시

- 1954년 : 유럽 시장 진출

- 1954년 : 종이제품 사업 진출

- 1961년 : 세계 최초의 종이기저귀 팸퍼스(Pampers) 출시

- 1973년 : 일본 진출

- 1978년 : 의약용품 생산 개시

- 1980년 : 매출액 100억 달러 달성

- 1983년 : 여성 생리용품 위스퍼(Whisper)와 올웨이즈(Always) 출시

- 1989년 : Noxwell 사 인수로 미용 및 화장품 사업 진출

- 1989년 : 한국에 서통그룹과 합작진출 및 설립(서통피앤지)

- 1992년 : 세계 환경 보존 기구로부터 세계 기업 환경 보호 부문 금메달 수상, 세계 여성 생리용품 시장 매출 1위 달성

- 1992년 : 서통그룹과 미국 P&G사 700억 단독투자로 서통피앤지 천안공장 완공
- 1993년 : 매출액 300억 달러 달성, 팬틴 세계 샴푸 시장 매출 1위 달성
- 1993년 : 한국에 서통그룹과 분류 및 P&G 한국 법인의 한국 P&G로 회사명 변경
- 1994년 : 미 정부로부터 고용평등 실천 우수 기업으로 'Opportunity Now Award 2000' 수상
- 1997~1998년 : Fortune지 선정 세계에서 존경 받는 100대 기업(비누 및 화장품 부문)
- 1998년 : Organization 2005 계획 발표
- 1999~2000년 : Fortune지 선정 세계 500대 기업, 파이낸셜 타임즈 선정 세계에서 존경 받는 50대 기업
- 2001년 : 코카콜라와 주스 및 스낵 합작회사 설립 발표
- 2002년 : Fortune지 선정 가장 일하기 좋은 100대 기업에 선정(97위), 세계에서 가장 존경받는 기업 100대 기업(비누, 화장품 부문 1위), 포춘 500대 기업(생활용품 부문 1위), 소수민족이 일하기 좋은 50대 기업(20위), 미국 일하는 여성들의 모임이 선정한 여성이 가장 일하기 좋은 직장(26위)

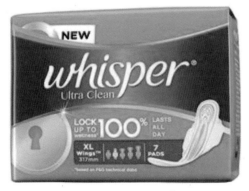

자료: rewardme.in

그림 9-5 여성 생리용품 위스퍼

3. 역사

회사의 창업자는 윌리엄 프록터(William Procter)와 제임스 갬블(James Gamble)이다. 프록터는 양초 제조업자였고, 제임스 갬블은 비누 제조업자였다. 1837년 P&G라는 회사를 창업하였다. 둘은 각각 영국, 아일랜드 이민자이며, 동서지간이었다.

사실, 양초와 비누를 만드는 데에는 비슷한 재료가 쓰인다. 그 까닭에 1837년 미국 대공황 시기에 접어들면서 그 둘의 불화가 심해졌다. 그들의 장인이었던 알렉산더 노리스(Alexander Norris)가 사위 둘을 불러 모아 놓고서는 서로 동업하도록 그들을 설득하였다. 1837년 10월 31일 그들은 이 제의를 받아들였다. 이에 그들은 프록터 & 갬블(Procter & Gamble)이라는 회사를 창립하였다.

19세기 들어서, 회사는 번창하였다. 1859년 매출액은 100만 달러를 넘어섰다. 이 시기, P&G는 대략 80여 명의 종업원을 고용하고 있었다. P&G는 남북전쟁 시기, 남부 연합군에 비누와 양초를 공급하는 계약을 따냈다. 군수 물자를 조달함으로써, 전쟁 중 회사의 순이익이 늘어났을 뿐만 아니라, 전국 각지에서 모여든

자료: biz.chosun.com

◈ 그림 9-6 윌리엄 프록터와 제임스 갬블

자료: ko.wikipedia.org

🏛 그림 9-7 P&G 신시내티 본사

병사들로 하여금 P&G의 제품을 쓰게 할 수 있었다. 전쟁 후, 병사들은 고향으로 돌아가서도 계속 P&G의 제품을 구매하여 사용하였다.

1880년대, P&G는 신상품을 내놓았다. 비누인데, 가벼워서 물 위에 떴다. 회사는 이 제품을 아이보리(Ivory)라고 이름 지었다. 이후 수십 년간 계속, 회사는 성장을 거듭하였다. 19세기 말에는, 회사의 진보적인 업무 환경을 가지고 유명세를 탔다.

윌리엄 프록터의 손자인 윌리엄 아넷 프록터(Willaim Arnett Procter)는 1887년 회사의 노동자들을 위해 이익 배분(profit sharing, PS) 제도를 만들었다. 윌리엄 아넷 프록터는 종업원들에게도 회사의 결실을 나누어 줌으로써, 종업원들의 파업을 좀 더 막을 수 있지 않을까 하는 생각이었다.

🜨 그림 9-8 물에 뜨는 비누 아이보리 광고문구

　그러면서 점차, 회사는 양초보다는 비누에 좀 더 집중해 나갔다. 1890년대에는
약 30여 종의 비누를 제조하였다. 대부분의 가정에 전기가 들어가게 되자, 양초
를 쓸 일이 점차 없어졌다. 창업 때부터 만들어 오던 양초는 생산량이 점점 줄어
갔다. 결국, P&G는 1920년에 양초 제조를 중지하였다.

20세기 초, P&G는 성장을 계속해 나갔으며, 해외에도 공장을 세우기 시작하였다. 신시내티에 있는 공장들만 가지고는 생산량이 늘어나는 수요를 감당할 수 없었기 때문이었다. 회사의 경영진들은 생산하는 제품을 다양화하였다.

1911년에는 동물성 기름이 아닌 식물성 기름으로 만든 쇼트닝인 크리스코를 제조하기 시작하였다.

1900년대 초반, P&G 회사 내 연구소들이 유명했었는데, 여기서 연구원들은 신상품들을 연구 · 개발해나갔다. 또한 회사 경영진들은 시장 조사라는 당시에는 생소했던 분야를 개척해 나갔다. 시장 조사를 통해서 소비자들의 필요(needs)와 제품의 매력(product appeal)을 연구하였다.

1920년대에서 1930년대에 걸쳐, 라디오가 유행하였다. 이에 회사는 꽤 많은 수의 라디오 프로그램을 협찬하였다. 그 결과 이러한 종류의 라디오 쇼에는 '솝 오페라'(soap opera, 비누 오페라)라는 별명이 붙었다.

자료: bookzip.korcham.net

◈ 그림 9-9 식물성 기름으로 만든 쇼트닝인 크리스코

2012년 2월 15일, P&G에서는 스낵 브랜드인 프링글스를 켈로그에 매각했다.

4. 로고와 이에 관한 논란

P&G 역대 로고 변천사를 보면 다음과 같다.

자료: designlog.org

🔷 그림 9-10 P&G 역대 로고 변천사

　예전에 별과 달이 그려진 상표를 썼는데, 맨 처음에는 양초 상자에 십자 표시를 했다가 별 표시로 바뀌었고, 좀 더 기업 로고다운 이미지를 내기 위해 별 여러 개와 달을 같이 그린 형태로 정착된 것이다. 점성술 비슷한 느낌이 많이 나다 보니 이를 문제 삼아 사탄교에 엮였네 어쩌네 하는 논란이 있었는데, 지금은 많이 가라앉았고, P&G도 그 상표는 더 이상 안 쓰고 있다. 지금 와서는 경쟁 업체가 퍼뜨린 악성 소문이라는 게 정설인 듯하다.

5. 윤리 경영

P&G에는 '뉴욕 타임즈 룰(New York Times Rule)'이라는 것이 있다. 자신이 오늘 한 일이 내일 아침 뉴욕 타임즈 1면에 나오더라도 부끄럼이 없어야 한다는 지침이다. 이 예로, P&G는 서부 아프리카의 한 국가에서 통관 시 돈을 요구하는 세관 공무원에게 뇌물을 주지 않고 대신 합법적인 절차를 통하여 문제를 해결하는 동안 공장운영을 4개월 중단 한 바 있다.

자료: vingle.net

🔷 그림 9-11 뉴욕 타임즈 룰

얼마 전에 다이옥신이 검출된 팸퍼스 기저귀 제품판매가 대형마트를 중심으로 판매중단이 되었다는 뉴스를 보면 '뉴욕 타임즈 룰'이 새삼 떠오른다.

온 나라를 뜨겁게 달구었던 '세월호'와 '가습기 살균제 파동'으로 몸서리를 치고 있는 한국에서 "기준치 미달이라 인체에 유해하지 않다."는 설명은 가슴에 와 닿지 않는다.

6. 브랜드

- 타이드(세탁세제)
- 페브리즈(섬유탈취제)
- 다우니(섬유유연제)
- 에리얼(세탁세제, 섬유유연제)
- 팬틴(샴푸, 린스)
- 헤드&숄더(샴푸, 린스)

자료: factoll.com

🔹 그림 9-12 P&G의 섬유탈취제 페브리즈

자료: everynews.co.kr

🌐 그림 9-13 섬유유연제 다우니

- 위스퍼(여성 생리대)
- 브라운(전기면도기, 소형가전)
- 질레트(면도기)
- 듀라셀(건전지)
- 오랄비(칫솔)

자료: tkgnk.firstmall.kr

🌐 그림 9-14 듀라셀 건전지

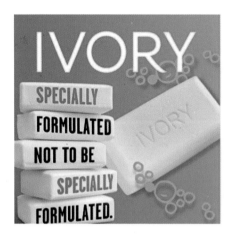

아이보리 비누
Ivory soap

130년 넘게 전세계적으로 판매되고 있는
P&G사의 대표 브랜드 아이보리 비누
우리나라에선 물에 뛰우면 가라앉지 않고
둥둥 떠서 유명해진 비누입니다.
130년 동안 세계 어머니들로부터 사랑받아온
비누로 순도 99.4%로 가장 순한
비누로 알려져 있습니다.

자료: m.blog.naver.com

🌐 그림 9-15 P&G 대표 브랜드 아이보리 비누

- 올레이(화장품)
- SK-II(화장품)
- 팸퍼스(기저귀)
- 조이(주방세제)
- 아이보리(비누)
- 올드 스파이스(남성용 화장품)

자료: namu.mirror.wiki

🌐 그림 9-16 올드 스파이스

자료: ko.aliexpress.com

🌐 그림 9-17 크레스트 칫솔 치약

자료: news.kotra.or.kr

🕸 그림 9-18 리조이스 샴푸 & 컨디셔너 & 헤어팩 세트

- 웰라(염색약, 샴푸 등 헤어용품)
- 크레스트(치약, 구강 케어)
- 리조이스(샴푸)
- 치어(세탁세제)

자료: walmart.com

🕸 그림 9-19 치어 세탁세제

- 던(주방세제)
- 바운티(키친타올)

자료: per.auction.co.kr

✿ 그림 9-20 바운티 키친타올

7. 마케팅 및 직장생활

브랜드를 공부함에 있어서 P&G는 중요한 위치를 차지하는데, 개별 브랜드 전략의 대표적인 예가 바로 P&G이기 때문이다. 때문에 수많은 개별 브랜드를 두

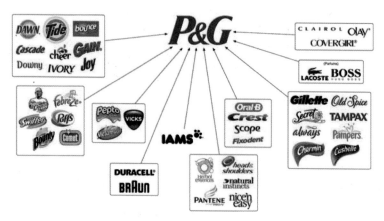

자료: eizvestia.com

✿ 그림 9-21 Multi Brand Strategy

자료: akrsk.com

⬡ 그림 9-22 BM(brand management)

고 있어, 정작 이 브랜드가 해당 회사 산하의 브랜드라는 것을 일반 소비자는 인지하지 못하는 경우도 많지만, 외국에서는 그런 것은 그리 관심을 두지 않는다.

이러한 BM(brand management)이라는 분야를 최초로 개척한 P&G를 따라, 이후 세계의 여러 소비재 업체들은 개별 브랜드 전략과 브랜드 포트폴리오의 효율적인 구성에 중점을 두고 마케팅을 하고 있다. 당장 오늘 아침에 이를 닦을 때 쓰던 치약, 점심 때 먹은 생수, 저녁에 샤워하면서 사용한 샴푸의 브랜드는 생각이 나지만 그 제조사가 어디인지 기억나는가?

그 때문에 회사 규모에 비해 광고 집행 건수도 많으며, 미국에서는 자동차의 GM이나 통신사인 AT&T 등과 함께 광고액이 가장 많은 회사 중 하나이기도 하다. 이미 텔레비전이 등장하기 전 라디오 시대 때에도 광고를 매우 적극적으로 펼쳤던 회사로, 주부 대상의 통속적인 성격의 드라마를 할 때 이 회사의 비누 광고가 자주 등장하여, 소프 오페라라는 영단어를 탄생하게 하는데 기여하기도 했던 회사이다. 국내뿐만 아니라 해외에서도 일반적으로 소비재 업계를 마케팅의 꽃이라고 부르는데, 그중에서도 P&G는 마케팅 사관학교라는 별명으로 유명하

자료: blog.naver.com   자료: m.blog.naver.com

🔹 그림 9-23 P&G TV 광고   🔹 그림 9-24 P&G의 유명한 경영사례 중
하나가 바로 '소프 오페라'

다. 심지어 경영대학원에서 학문으로써 마케팅을 배우는 것보다 P&G에서 2년
쯤 일하면서 배우는 것이 훨씬 많다고 할 정도다. 기획서 역시 일반 회사와 다르
다. 이 P&G의 유명한 경영사례 중 하나가 바로 '소프 오페라'이다. 미국에서는
연속극을 소프 오페라라고 부르고 있는데, 바로 이 말을 만든 브랜드가 P&G라
고 한다.

1950년대 P&G가 비누의 주 소비층인 주부들을 공략하기 위해 적극적으로 많
은 드라마들에 간접 노출을 시도했다. 이때 스폰서한 드라마가 통속 연애극이라
소프 오페라라는 말이 대명사처럼 사용되기 시작했던 것이다.

소프 오페라는 한국의 아침 드라마나 막장 드라마에 해당하는 미국의 드라마
장르를 말한다. 한 마디로 미국의 아줌마 대상 드라마다. 소프 오페라라는 이름
도 주로 주부들이 드라마를 보다보니 주부 대상의 비누 회사가 스폰서로 참여하
는 경우가 많아 붙여진 이름이다.

P&G는 아이보리 비누 광고를 통해 광고역량을 쌓아갔다. 아이, 가족, 가정의
이미지 광고를 통하여 가정의 소중함과 순도(99.44/100%)를 강조한 캠페인으로
아이보리를 소비자에게 적절히 포지셔닝했기 때문이다.

이와 관련하여 철도발달에 따른 인쇄광고를 활성화시켰고, 1890년대 유포되던
거의 모든 잡지에 P&G의 광고가 등장했을 정도로 광고에 큰 투자를 했다. 특히

자료: vogue.co.kr

🌐 그림 9-25 TV 앞에 앉아 P&G 광고를 보고 있는 어린이들

라디오 광고(1920~1940)를 통해 소프 오페라 등의 신조어를 등장시킬 정도로 매우 강력한 광고역량을 지니고 있었다.

P&G는 이후에도 비누를 사용하는 문화를 정착시키기 위하여 '가라앉는 아이보리 찾기 캠페인'뿐만 아니라 '비누조각대회'를 1924년부터 1967년까지 약 40년간 매년 실시했다고 한다. 첫 대회는 조각가, 예술가를 중심으로 시작했으나, 차츰 일반 소비자, 특히 어린이들을 중심으로 발전하여 40여 년간 약 2,100만 명이 비누조각대회에 참여하게 되었고, '비누문화'가 정착되기에 이르렀다.

자료: postshare.co.kr

🌐 그림 9-26 요즘도 취미생활이나 비즈니스로 만드는 비누조각

〈프로파간다(1928)〉의 저자 에드워드 버네이스는 '개인의 관심사를 여론과 일치시키는 조작'의 달인이었다. 이를테면 빠듯한 주머니 사정에도 불구하고 매월 5만 원 내지 10만 원을 스마트폰 사용에 기꺼이 바치는 우리는 기기의 개인적 효용 가치를 떠나 대부분 유행(대세, 여론)을 따르는 것일 뿐이다.

누가 이렇게 만들까? 바로 버네이스 같은 이들이다. 그래서 사람들은 자기가 생각해내거나 선택했다고 믿지만 사실은 그렇게 하도록 의식적, 무의식적으로 조종당한다.

버네이스는 1923년에 아이보리(Ivory) 비누 제조사 P&G로부터 아이보리 비누의 판매를 늘려달라는 요청을 받고 비누의 사용자와 용도를 조사했다. 그랬더니 놀랍게도 비누는 아이들이 만져서는 안 되는 물건이었다.

버네이스는 아이들이 비누를 친근하게 사용하며 소비할 수 있는 방법을 여러모로 고민하다가 미술가에게 찾아가 비누가 조각의 재료(material)로 어떻겠냐고 물었다. 그랬더니 아주 좋은 재료라는 답변을 들어 비누조각대회를 열기로 했다. 그리고 이왕이면 부모들이 '순수하고 하얀' 비누인 아이보리 비누를 선택하게 만들었다. 이 모든 것은 물론 자연스럽게, 물 흐르듯이 만들어지는 유행과 여론을 따라 이루어졌다.

자료: seoul.co.kr　　자료: wiredhusky.tistory.com

⬡ 그림 9-27 에드워드 버네이스와 〈프로파간다〉 표지

자료: blog.naver.com

🏵 그림 9-28 뉴욕 할렘 가에 있는 학교에서 흑인 소년·소녀들이 긴 테이블 앞에 앉아 비누 조각 수업을 받고 있다(1933년).

그래서 센트럴파크에서 비누 요트 경주대회도 열고 나중에는 전국 규모의 비누조각 경연대회도 열어 권위 있는 상까지 수여했다. 한때 사람들이 세척을 위해 소비한 비누 양보다 조각으로 소비한 양이 더 많았을 정도라고 한다. 이것은 전 세계로 퍼져 나갔고 지금까지도 비누는 미술 교과서에 등장하는 조각 재료로 각광받고 있다.

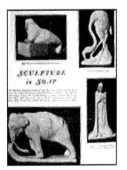

자료: dqpr1team.tistory.com

🏵 그림 9-29 비누조각대회 출품

자료: brunch.co.kr

✤ 그림 9-30 물에 뜨는 비누인 아이보리는 직원의 실수가 히트제품으로 이어진 사례

P&G는 매년 비누조각대회를 개최하여 어린이들의 비누 친숙도를 높이고 비누 판매량도 증가시켰던 것이다.

1878년 어느 날, 미국의 신시내티에 있는 중견기업 P&G 공장에서 이상한 일이 벌어진다. 비누의 원료 배합을 담당하는 직원이 점심식사를 하러 가면서, 원료 배합기계의 전원을 끄지 않고 간 것이다. 그래서 비누에서는 기준치보다 많은 공기가 들어가게 되고, 담당 직원은 자신의 실수를 인정하기 두려워 그대로 생산공정을 거쳐 비누 제품을 생산하게 된다. 이 제품이 바로 물에 뜨는 비누 아이보리가 되어 그대로 시장에 출시되고 소비자들이 사용하게 된다.

자료: blog.naver.com

✤ 그림 9-31 아이보리, 물에 뜨는 비누

아이보리 비누

아이보리 비누가 피부자극이 적다는 주장에는 경쟁기업에서는 인정치 않는 부분이다.

아이보리보다 부드러운 비누는 얼마든지 많고, 물에 뜬다는 개념과 純(mild or pure)하다는 의미는 비교할 수 없는 등식이기 때문이다.

그러나 소비자들은 물에 뜨기 때문에 순한 비누로 인정하고 있다. 눈에 보이는 것을 믿으려는 인간심리로서 브랜드란 인식(認識)의 자리매김이라는 대표적 사례다.

자료: m.jungle.co.kr

🏵 그림 9-32 아이보리 비누의 신화

여기서 바로 광고·마케팅 역사상 가장 유명한 캠페인인 '가라앉는 아이보리 찾기 캠페인'이 실시가 되고, 기존의 다른 비누와 달리 물에 뜨는 신기한 아이보리를 체험하기 위해 제품을 구매하기 시작한다. 심지어 어떤 소비자는 박스 단위로 아이보리 비누를 구매해서 물에 넣어 보기까지 한다.

P&G는 이 캠페인을 위해 일부러 소량이지만 가라앉는 아이보리를 만들기도 하고, 이에 따라 사람들은 심지어 한 박스씩 구매하기까지 한다.

이 캠페인을 진행함으로써 소비자들은 '아이보리는 물에 뜨는 비누'라는 사실을 강하게 인식하기 시작한다. 그리고, '물에 뜨는 아이보리 = 순수한 비누'로 소비자의 머릿속에 굳게 자리 잡게 된다. 이것이 바로 차별화된 포지셔닝(Positioning)인 것이다.

광고에 있어서 간결함, 명료함을 바탕으로 한 포지셔닝(positioning)이 얼마나 중요한지 우리에게 알려주는 위대한 고전광고가 아닐까 생각한다.

포지셔닝 전략이란, 세분화된 시장 중에서 표적시장을 정한 후 경쟁 제품과 다른 차별요소를 표적시장 내 목표 고객의 머릿속에 인식시키기 위한 마케팅 믹스 활동을 말한다. 즉, 제품 포지셔닝은 어떤 제품이 경쟁제품과는 다른 차별적인 특징을 갖도록 하여 표적시장 내의 소비자 욕구를 더 충족시킬 수 있음을 소비자 인식 속에 위치시키는 것으로, 광고·포장·디자인·촉진활동 등의 수단을 총동원하여 소비자 인식에 영향을 준다.

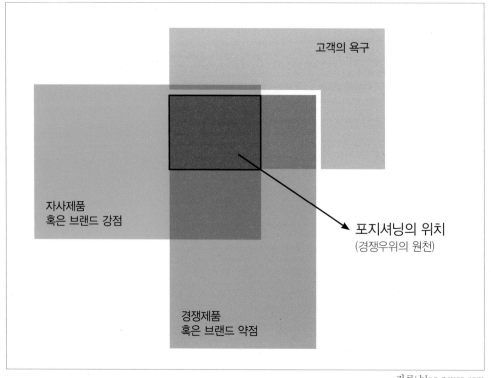

자료: blog.naver.com

🌐 그림 9-33 포지셔닝 전략

제4차 산업혁명의 핵심동력
| 장수기업의 소프트 파워 |

세계 최고급차의 대명사
메르세데스 벤츠

Chapter 10
세계 최고급차의 대명사
메르세데스 벤츠

1. 개요

독일의 고급 자동차 회사로, 다임러 AG(Daimler AG) 그룹 산하에 있다. 고급차, 비싼 차라고 하면 대부분 벤츠를 떠올리며, 예를 들어 소위 독일 프리미엄 3사라 불리는 벤츠, BMW, 아우디 중 사실상 최고로 인정받는 회사다. 굳이 비공식적으로 포지션을 찾자면 3사 중 럭셔리의 상징이자 고급 외제차 하면 어느 누구라도 떠오르는 고급 외제차를 가장 대표하는 브랜드다. 특유의 엠블럼 모양 때문에 자동차 애호가들 사이에서는 '삼각별'(3 pointed star)이라는 별칭으로 많이 불린다. 다른 모델은 몰라도 플래그십(flagship)에 해당하는 S클래스만큼은 경쟁자인 BMW 7 시리즈나 아우디 A8과 넘을 수 없는 벽을 두며, '럭셔리의 상징'이라는 이름값을 톡톡히 하고 있다.

참고로, 2차 세계대전의 독일 측 전범 기업이다. 이는 BMW, 폭스바겐, 포르쉐에도 해당하는 것이다. 히틀러의 애마가 벤츠 770이었으며 다양한 사양으로 7대나 갖고 있었고, 남아 있는 770의 오너들은 자기 차가 히틀러가 탔던 차라고 주장한다. 이로 인해 당시 연합 군정에 의해 벤츠는 약 1년 6개월 간 조업 중단 명

자료: namu.mirror.wiki

🏵 그림 10-1 메르세데스 벤츠 로고

령을 받았다. 다만, 이들 기업은 전후에 전범 피해자들에게 최대한 성의 있는 사과와 배상을 진행했으며, 조업 사망자에 대해서는 후손들에게 배상금을 지급했다. 특히 벤츠의 경우에는 전범 피해자들의 후손이 독일에서 공부하는 경우 모든 소요 경비를 지원했다.

슈투트가르트에 소재한 벤츠 박물관에는 당시 전범 행위에 대한 별도의 관이 있으며, 벤츠사에서 발간하는 공식 사료집에도 당시의 전범 행위에 대해서 매우 상세하게 설명하고 있다.

2. 역사

고틀리프 다임러와 카를 벤츠의 합병에 의해 설립된 다임러 벤츠에 의해 1926년 발표되었다. 즉, 현대 내연기관 자동차의 시작과 역사를 같이 한다.

자료: carenjoy.tistory.com

🕸 그림 10-2 또 한 명의 천재, 고틀리프 다임러

　　메르세데스는 본래 다임러 사의 딜러였던 외교관이자 자산가였던 에밀 옐리
네크의 딸인 메르세데스 옐리네크의 이름에서 유래한다. 이 독일 작센 주 라이
프치히(Leipzig) 출신의 자산가가 다임러 자동차 회사(일명 DMG)와 1887년부터
관계를 맺으면서, 1898년부터 강한 마력을 지닌 자동차를 전문적으로 주문하기
시작했다. 이 자동차들은 전설의 엔진 메이커였던 빌헬름 마이바흐의 손을 거

자료: ilbe.com

🕸 그림 10-3 벤츠사의 설립자 카를 벤츠

쳐 만들어졌으며, 이 자동차들은 1901년 프랑스 니스에서 열린 자동차 경주대회에서 명성을 떨치게 된다. 이 즈음부터 옐리네크는 '에밀 옐리네크 메르세데스(Emil Jellinek-Mercedes)'라는, 자신의 딸의 이름을 붙인 예명을 사용하였다. 이와 동시에 마이바흐가 만든 엔진으로 출전한 자동차의 브랜드를 메르세데스라 칭했다.

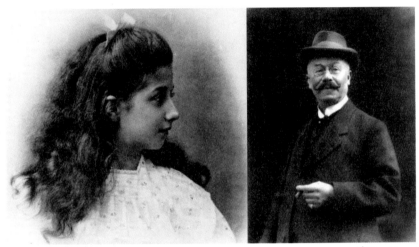

자료: m.blog.daum.net

🌐 그림 10-4 벤츠 자동차 이름의 유래가 된 메르세데스 옐리네크(왼쪽)와 그의 아버지이며
벤츠 초창기 성장의 주역인 에밀 옐리네크(오른쪽)

1998년 미국의 크라이슬러까지 인수하여 다임러-크라이슬러 그룹을 일구는 기염을 토했다. 그러나 답이 안 나오는 크라이슬러를 2007년에 한 사모펀드에 매각해 버리면서 지금은 다임러 AG(주식회사를 나타내는 독일어)로 모그룹을 재편한 후 다임러 그룹 산하의 브랜드로 되어 있다.

동사 내 형제 브랜드로 슈퍼미니 브랜드인 스마트가 있는데, 스마트를 벤츠의 브랜드로 착각하는 사람들도 상당히 많은 듯하다.

자회사로 미쓰비시 자동차에서 인수한 상용차 업체인 미쓰비시 후소(버스·트럭) 등이 있다.

3. 엠블럼

엠블럼의 의미는 하늘, 땅, 바다의 3개 부분에서 최고가 되겠다는 의미이다. 제 2차 세계대전 때만 해도 벤츠에서 자동차나 전차뿐 아니라 비행선, 전투기, 고속 정, 잠수함에 사용되는 엔진도 만들었다. 카를 벤츠의 월계수 문양을 테두리로 삼아 가운데에 고틀리프 다임러의 삼각별을 집어넣은 형태이다.

1966년에 마이바흐에 이쪽 부문이 합병되어 메르세데스 벤츠에는 자동차 생산 분야를 넘겨 하늘과 바다는 좌절됐지만 의미와 비슷하게 상당히 다양한 분야에 손을 뻗치고 있다.

자료: zoomin02.tistory.com

🔷 그림 10-5 다임러와 벤츠가 합병된 뒤의 로고, 1926년(좌측) 현재의 메르세데스 벤츠의 로고, 1989년(우측)

4. 주요 차종

(1) 럭셔리 세단의 대명사

프리미엄 브랜드 중 가장 인지도가 높은 브랜드인 만큼 가장 강한 부분은 플래 그십 세단 부분이다. 준대형급인 벤츠 E클래스는 BMW 5 시리즈 등과 판매량이

자료: dt.co.kr

🔷 그림 10-6 세계의 명차 히틀러의 차 '벤츠 770'

큰 차이가 없고 제대로 된 경쟁을 하고 있다. 그러나 플래그십 세단이라 볼 수 있는 대형 세단급에서 벤츠의 위상은 S클래스가 타사의 경쟁 차량들을 별다른 프로모션 할인도 없이 판매량에서 크게 따돌리고 이미 고급 세단의 기준점이 되어 버린 지 오래다. 하지만 1990년대 후반 들어 경쟁업체인 BMW, 폭스바겐 그룹 등이 전통 있는 해외 명차 브랜드를 인수하자 S클래스로는 부족하다고 생각했는지 1960년 인수했던 마이바흐 브랜드를 1997년에 부활시켜 전장 6m가 넘는 괴물 같은 고급차를 만들기도 했다.

벤츠는 아돌프 히틀러가 광적으로 사랑했던 자동차로도 유명한데, 히틀러는 정치 인생 초반에 자신의 후원자가 훨씬 고급인 마이바흐 리무진을 선물하자 S클래스의 전신격인 770K로 바꿔달라고 요청하기도 했다. 히틀러는 이후 점령지를 시찰할 일이 있으면 항상 벤츠를 타고 다녀왔고, 덕분에 좋건 나쁘건 '벤츠=고급차'라는 이미지가 유럽 전역에 퍼지게 되었다.

특히, 1960~1970년대는 벤츠의 위상이 제일 높았던 때이다. 간신히 차를 내놓으며 프리미엄 브랜드로의 역사를 시작하던 BMW와 겨우 통합된 아우토 유니온으로 시작한 아우디가 별 볼일 없을 때, 벤츠는 지금보다 더 프리미엄을 받았다.

자료: car-t.co.kr

🏵 그림 10-7 벤츠 엔진

　엔진의 내구성은 가히 최고급이다. 무쏘에 사용된 자연흡기 95마력 직렬 5기통 2,874cc 디젤 엔진은 80만km를 무보링으로 주행한 적이 있는 운전자가, 최근 E320 CDI에 달렸던 3.0리터 V6 커먼레일 디젤 엔진은 출력은 224마력에 불과하지만 평균 시속 224.834km의 속도로 16만km 연속 주행을 견뎌냈다.

　이 기록은 국제 자동차 연맹(FIA)에서도 공인한 기록이다. 게다가 1984년에서 1997년 사이에 생산된 E클래스 세단(코드네임 W124)의 경우는 과잉 품질이라고까지 일컬어진다. 엔진룸에 수류탄을 한 발 터트려 폭발이 일어난 뒤에도 아무 일 없이 시동이 걸리고 운행 가능하니 말 다했다.

　안전 면에서도 상당히 유명하다. 특히 심하게 사고가 나고 차는 망가졌는데 사람은 찰과상 하나 안 입었다는 도무지 전설 같은 이야기가 떠돌아다니기도 한다. 실제로 차량 안전에 관해서 개발한 내용이 있으면 특허를 걸지 않아 ABS나 ESP 등의 안전장치가 널리 퍼지게 한 메이커이다.

(2) 방탄차량 라인

벤츠는 요인 경호용 방탄차 생산라인을 별도로 갖추고 있는 것으로도 유명하다. 보통 방탄차 라인업은 C, E, S클래스 세단과 G클래스, GLE클래스(이전의 M클래스) SUV이며, 가드(Guard)라는 이름을 붙여 일반 차량과 구분한다. C-가드와 E-가드는 B4 방호 레벨, 즉 .44 매그넘 권총탄에 대한 방호력을 갖추고 있으며, S-가드는 B6/B7, G-가드는 풀 B7 방호력을 보장한다. GLE-가드는 .44 매그넘 권총탄을 방호하는 GLE 400 Guard VR4와 AK-47 탄환을 방호하는 GLE 500 Guard VR6 중에서 선택할 수 있다.

유명한 방탄차는 S600 Guard이다. 일반 차량과는 외관상으로는 차이가 없으나 가격은 감히 넘볼 수 없고(기본 사양으로만 일반 S600의 최소 2~3배 이상) 차체,

자료: carfast.mx

◈ 그림 10-8 Mercedes-Benz GLE 500 Guard VR6 2017 Nuevo

엔진, 서스펜션, 스티어링, 연료계통 등 거의 대부분의 요소가 방탄, 방폭 처리가 되어 있어서 위기 상황에서의 신속한 탈출을 도모한다. 축간 거리를 늘린 리무진형 모델인 '풀만(Pullman) 가드'도 있다. 한국의 대통령 경호실에서도 벤츠의 방탄 차량을 이용하고 있는데, 노태우 전 대통령이 미국 방문 시에 미국 쪽에서 제공한 벤츠가 타이어가 펑크 나고서도 무사히 목적지까지 이동한 데에 감탄해 도입한 게 최초라고 한다. 심지어 노태우 전 대통령은 이때 타이어가 펑크 난 사실도 사후보고를 받고서야 알았다고 한다. 타이어가 펑크 나도 탑승자의 승차감에 아무런 문제가 없는 차라는 의미이다. 현재는 2002년에 도입한 S600L 가드와 2008년에 도입한 S600 풀만 가드가 수 대 있다고 한다. 한동안 정부 수준에서만 구매할 수 있다고 알려져 있었으나 실제로는 개인이 구매, 소유하는 것도 가능하다. 물론 사서 유지할 만한 돈은 별개의 문제이다.

자료: m.blog.naver.com

그림 10-9 벤츠 S600 풀만 가드 리무진

(3) 택시

BMW와 달리 벤츠는 택시 전용 모델을 별도로 만든다. E클래스 디젤 택시의 인기가 많다고 한다. 심지어는 E클래스 스테이션 왜건형에도 택시가 있다. 굉장히 워런티(warranty, 품질보장)가 좋아 기사들에게 인기가 좋다고 한다.

(4) 상용차

국내에는 잘 알려져 있지 않지만 벤츠는 스카니아, 볼보 트럭과 함께 세계 3대 상용차 메이커이다. 즉, 버스, 트럭, 특수목적 차량도 주력 생산 품목 중 하나라는 것이다. 그 덕분에 벤츠가 고급차인 줄은 알아도, 자동차에 관심이 없는 사람들은 지나가는 벤츠 트럭을 보면, "벤츠에서 트럭도 만드냐?"며 놀라는 모습을 볼 수 있다.

다만, 국내에서 벤츠를 포함한 수입 트럭이 그렇게 평가가 좋지는 않다. 애프터 서비스도 그다지 좋지 않다. 주로 5톤 이상 대형 트럭(아테고, 악트로스)과 구급차(스프린터)가 자주 보이며, 중형 이상 버스는 국내에 수입이 되지 않는 상태이다. 그리고 특수차량계의 명품으로 불리고 있는 유니목도 생산 중이다.

최고급 프리미엄 트랙터 악트로스와 패밀리룩을 적용한 위엄 있고 고급스런 외관과 어떠한 운송 조건에도 최적화된 설계로 중단거리 도심 운행뿐만 아니라 고속도로에서도 편안하고 손쉬운 운송 업무가 가능하다.

자료: cvinfo.com

🌸 그림 10-10 벤츠 중형트럭 '아테고'

◈ 그림 10-11 BMW가 메르세데스 벤츠의 상용차 생산을 비꼬는 광고

◈ 그림 10-12 Mercedes-Benz Silver Arrow

품격과 기능성을 모두 갖춘 아테고는 프리미엄 중형 트럭의 새로운 기준을 제시한다. 5톤 중형 트럭 아테고(Atego)는 동급 최고 사양의 엔진출력과 강력한 토크를 자랑한다. 화물 운송에 필수적인 엔진출력에 있어 판매 중인 모델 중 가장 강력한 286PS의 직렬 6기통 엔진을 탑재하고 있으며, 최대 토크가 114Kgfm(1,200~1,600rpm)에 이르러 저속에서부터 강력한 힘을 끌어낸다.

여담으로 BMW가 메르세데스 벤츠의 상용차 생산을 비꼬는 광고를 낸 적도 있다. 사진 아래에 쓰여진 문구는 "메르세데스도 운전의 즐거움을 주기는 합니다."라고 쓰여 있다.

5. 어두운 역사

르망 레이스에서도 암울한 과거가 있다. 1955년 6월 르망 대회 중 상대차량과 충돌 후 만원인 관람석으로 날아간(그야말로 Silver arrow[1]다. 참고로 Silver arrow는 그 당시 벤츠 머신의 별명이기도 했다.) 벤츠 머신이 폭발해 사망자만 85명이나 나온 이른바 '르망의 비극'이 발생해 한때 모든 모터스포츠를 포기했다. 1988년 이후 르망 경주에 워크스팀으로 다시 레이싱계 복귀를 시작했으나 (하지만 자우버-메르세데스 벤츠라는 합작팀이다.), 르망과의 악연은 여기서 끝나지 않고 1999년 대형사고가 한 번 더 발생했다. 이 사고 머신의 드라이버는 DTM, 르망, 포뮬러 시리즈에서 활동한 피터 덤브렉(Peter Dumbreck)이다. 이 문서의 이전 버전에는 마크 웨버가 이 사고를 당했다고 기록되어 있었다. 마크 웨버가 당한 사고는 사실 다른 사고다. 다행히 인명피해는 없었지만 설계결함으로 인해 사고가 났음을 확인한(공력설계에 문제가 있어서 특정상황에서 차가 비행

---

1) Silver Arrow는 1934년부터 1939년까지 독일의 지배적인 메르세데스 벤츠와 자동차 유니온 그랑프리 자동차 경주용 자동차에 대한 언론의 이름이었다. 이 이름은 나중에 1954년 메르세데스 벤츠 포뮬러 원(Formula One)과 스포츠카에 적용되었다.

기 날개처럼 양력을 받고 위로 뜨는 경향을 보였다고 한다.) 벤츠는 아직까지 르망에 출전하지 않고 있다.

현재는 포뮬러 1의 윌리엄스 F1, 로터스 F1에 엔진을 공급하는 등 모터스포츠에서 많은 활약 중이다.

2010년에 F1의 맥라렌 엔진 공급팀이 아닌 자신들의 팀으로 직접 출전했다. 그리고 4년만인 2014년에 압도적인 성적으로 제조사 부문, 드라이버 부문 시즌 우승을 차지했다. 2015년에도 남이 넘보지 못하는 기량을 보여주며 제조사 부문과 드라이버 부문 시즌 챔피언 타이틀을 획득했다.

'에어스카프'라고, 운전석의 목 부분에 히터를 설치해 겨울에도 창문을 열고 드라이브를 즐길 수 있게 하는 기능을 다수의 차에 적용하고 있었다. 그런데 특허 권자의 허락을 받지 않고 불법으로 도용한 것으로, 결국 패소하여 여러 불이익을 감수하게 되었다. 그러나 2016년 12월 특허권이 만료되어 다시 적용할 수 있게 된다.

6. 기술력

벤츠는 포르쉐와 함께 독일 2대 최고 정상급 기술력을 자랑하는 회사이다. 포르쉐가 신의 경지에 다다른 최적화를 자랑한다면, 메르세데스 벤츠는 말 그대로 독보적이고 혁신적인 기술력을 자랑한다. 기술특허 세계 2위에 빛나는 회사이다. 1위는 미국의 GM이다.

평가는 VW AG나, BMW가 종래의 '벤츠가 만든 이미 존재하는 재래기술' 제품들을 세계 최고수준으로 만든다면, 미국의 GM과 더불어, 벤츠는 아예 그 기술의 근간과 개념을 바닥부터 갈아엎어버리는 독보적인 신기술을 발명하는 회사라는 것이다. 게다가 너무나도 미래의 최첨단 기술들만을 선보이는 GM과는 다르게, 벤츠 신기술은 거의 3~5년 이내로 세계표준이 될 정도로, 현실적이며 영향력이 엄청나다.

🌐 그림 10-13 DiesOtto 엔진

최근에는 DiesOtto라는 가솔린 자연착화엔진(Homogeneous Charge Compression Ignition Engine, HCCI 엔진)[2]의 개발에 성공하여 4기통 1.8리터 과급 가솔린 엔진으로 최대출력 238마력, 최대 토크 40.8Kgfm과 10km/l 후반대의 연비로 S클래스에서 테스트 중에 있다. BMW처럼 직렬 6기통 엔진을 이용하다가 M104(체어맨에 달린 그 유닛) 같은 엔진 이후 V6로 바꿔 나갔지만, 하이브리드에 대응하기 위해 M256이라는 코드명의 직렬 6기통 엔진을 다시 만들고 있다. 모듈러 설계로 만들며, 기존 모듈형 직렬 4기통 엔진의 기술을 활용하여 경량화한 직렬 6기통 엔진이라고 한다. 이것을 모듈삼아 V12 엔진도 개발하겠다고 밝혔다. 해당 L6 엔진은 W222 F/L 모델에서 공개할 예정이다.

---

2) 가솔린 직분사식 압축착화형 엔진. 디조토 엔진(DiesOtto engine)으로도 불린다. 디조토 엔진은 개발사인 메르세데스 벤츠에서 붙인 이름이다. '디젤'과 '오토(사이클)'의 합성어.

자료: carpang.com

🏵 그림 10-14 디젤 엔진 커먼레일

승용 커먼레일 디젤 엔진 모델인 CDI에는 파란색 주입구에 요소수를 주입, 산화시켜 유해가스를 저감하는 블루텍이라는 모델로 나온다. 단, 일정 거리가 되면 요소수를 보충해 줘야 하는데, 요소수를 경유 주입구에 넣거나 경유를 요소수 주입구에 넣으면 연료탱크를 떼어서 세척해야 된다.

이는 선택적 환원촉매 기술을 승용차에 적용한 경우로, 유로 4[3] 이상의 기준을 만족하는 대형 상용차들의 경우에도 블루텍처럼 요소수 주입구가 있다.

메르세데스 벤츠 AMG라는 팩토리 튜너가 있다. 여기서 튜닝한 엔진 중 가장 무서운 엔진은 S65 AMG, SL65 AMG, CL65 AMG, G65 AMG에 장착된 엔진으로, V12 6.0리터(5,980cc) SOHC 트윈터보 엔진이다. 더 무서운 점은, 이 엔진은 출시된 지가 10년이 넘은 고물 엔진이라는 것이다. 이 엔진의 최대 출력은 630마력, 최고 토크 102kgfm라는 슈퍼카를 능가하는 정도의 성능이다. 이 무지막지한 토크를 지구도 돌릴 만한 괴물 토크라고 하기도 한다. 순정 스포츠카 및 하이 퍼포먼스 세단/쿠페의 엔진 중 리터당 출력에서는 AMG의 엔진을 능가하는 것은 많

---

3) 유로규제란 디젤차의 배기가스 배출을 줄이기 위해 유럽 연합에서 시행하고 있는 규제이다. 현재는 유로 6이 적용되고 있다.

다. 그러나 토크에서는 AMG에 대적할 만한 것이라고는 부가티 베이론의 1200 마력 W16 8.0리터 쿼드 터보(4터보) 엔진 또는 아우디의 6.0리터 V12엔진, 벤틀리의 신형 플래그십 모델인 벤틀리 뮬산 스피드(멀센느)에 장착된 537마력 V8 6.8리터 가솔린 터보 엔진 이외에는 존재하지 않는다. 이 V12 6.0 트윈터보 엔진은 한국에서 마이바흐 S 모델에서만 볼 수 있었다가, 2016년 5월부터 65형 AMG 세 가지가 수입되었다.

이상하리 만큼 6단 자동변속기를(특히 AMG 이름 붙은 것들은 더더욱) 쓰지 않았다. 심지어 맥라렌과 합작으로 만든 SLR 맥라렌의 경우도 5단 자동변속기였다 (엔진은 AMG에서 튜닝). 그 이유는 AMG의 경우 당시의 6단 자동변속기가 엔진에서 나오는 토크를 견디지 못했기 때문이다. 또 6단 자동변속기는 프랑스의 르 펠트리에의 특허에 관한 문제도 있었고, 이미 독일의 거대 변속기 전문 기업인 ZF에서 우수한 제품을 양산 중이었다. 그래서 강도가 강한 5단을 고집했지만 지금은 대부분 7단 자동변속기를 사용 중이고, W222로 바뀐 S65 AMG도 5단에서 7 단으로 교체했다. 그리고 AMG 모델에는 벤츠가 삼매경에 빠져 있는 컬럼식 자동변속기가 달리지 않는 경우가 있다.

자료: mbusa.com

◈ 그림 10-15 벤츠 S65 AMG

이외에 MTU라는 엔진 전문 자회사의 설립에도 관여했었다. 이 회사는 자동차용뿐만 아니라 잠수함용 엔진 등 각종 엔진을 훌륭하게 만드는 회사이다. 직접적 모기업은 롤스로이스 plc이지만 다임러 AG가 아직도 간접적으로 지분을 소유하고 있다. 그래서인지 저소음 고품질 면에서 세계적으로 우수하다고 정평이 나 있어서 장보고급, 새마을호 PP동차 등에 이 회사의 엔진이 얹혀 있다.

7. AMG

(1) 개요

Mercedes-AMG[4], 고급차의 상징인 벤츠를 괴물로 변신시키는 BMW M의 라이벌이다. 앞에서도 언급됐지만, 벤츠 하면 떠오르는 별도의 튜닝 전문 라인이자 엄청난 성능의 엔진 제조사로 유명한 현 메르세데스 벤츠의 고성능 차량 전문 서브 브랜드이다. 일반 메르세데스 벤츠보다 더 고급스러운 차량을 원하는 소비자들을 위한 서브 브랜드 메르세데스 마이바흐가 있다.

사자 울음소리를 연상시키는 배기음과 괴물 같은 성능을 지닌 엔진, 차주의 주문에 따라 수작업으로 이루어지는 작업 방식 등이 유명하다. BMW의 고성능 튜닝라인 M과는 자동차 매니아들 사이에서 라이벌 관계로 쳐 주는 경우가 많으며, 자동차 평론가들 중에 AMG를 선호하는 사람들이 많다. 대표적인 인물이 탑기어의 호스트였던 제레미 클락슨. 현재 벤츠의 거의 전 승용차 라인에 AMG 모델이 나오고 있지만 B클래스는 AMG 모델이 없다.

---

4) 독일 아팔터바흐에 본사를 둔 자동차 및 엔진 제조 회사이다. 모회사는 다임러 AG이며, 대표 모델로는 AMG GT가 있다. 사명인 AMG는 한스 베르너 아우프레흐트(Aufrecht), 에어하르트 메르셔(Melscher), 그로사스파흐(Großaspach, 아우프레흐트의 고향)의 머리글자를 따서 지어진 이름이다.

자료: motorian.kr

🏵 그림 10-16 메르세데스 벤츠 코리아, AMG Circuit Days 시승 행사 개최

일반적으로 AMG는 벤츠의 자동차를 극도로 튜닝해주는 라인 정도로 여기는 경우가 많은데, 과거 1960~1990년대까지 AMG는 메르세데스 벤츠를 견제하기도 하면서 도움을 주기도 했던 경쟁자이자 파트너 관계였다. 현재의 AMG는 다임러의 자회사지만 완전한 별개의 회사로 자리를 잡았는데, 더 이상 벤츠의 차량을 튜닝해주는 업체가 아닌 개발단계부터 벤츠 본사와 함께 모든 것을 주도하는 전문 기업으로 자리매김했음을 말해준다.

(2) 역사

AMG는 일개 신입사원인 한스 베르너 아우프레흐트(Hans Werner Aufrecht)라는 인물로부터 시작되었다. 아우프레흐트는 모터스포츠에 푹 빠진 청년이었는데, 특히 차량을 튜닝하여 기존보다 월등한 성능을 발휘하도록 만드는 데 관심

자료: flatout.com

🌐 그림 10-17 한스 베르너 아우프레흐트와 에르하르트 멜허(오른쪽)

이 많았으며 본인의 기술력 또한 뛰어났다. 그는 벤츠사가 모터 레이싱 방면에 적극적으로 참여하여 자신의 실력을 드러낼 기회를 노렸지만 좀처럼 기회가 찾아오지 않았다. 르망 24시의 어두운 역사를 좋지 않게 본 최고 경영진들이 모터 스포츠로의 진출을 꺼렸기 때문이었다.

결국 아우프레흐트는 1967년에 퇴사를 결심하고 형인 프리드리히(Fredrich)와 에르하르트 멜허(Erhard Melcher)라는 인물의 지원을 받아 독일 부르그스톨에 있는 작은 공장에 레이싱 엔진의 개발 테스트를 하는 회사를 설립하는데, 이게 AMG의 시작이다. 참고로, 회사 이름의 창업주 아우프레흐트(Aufrecht)와 멜허(Melcher)의 이름, 그리고 그들의 고향 그로사스파흐(Groβaspach)의 머리글자를 따서 지었다. AMG의 로고에 그려진 사과나무도 창업 당시 공장부지가 사과밭이었다는 점을 나타내서 디자인하였다.

이렇게 설립된 AMG는 1960년 말부터 S 클래스의 전신이자 벤츠의 최고급 세단인 300SEL을 자체적으로 튜닝하여, '스파 프랑코르샹 24시'와 유럽 투어링카 챔피언십 등에 출전하여 우승권에 랭크되는 우수한 성적을 거둔다. 이후 AMG는 점점 인지도와 기술력을 키워나가 유명세를 떨쳤고 벤츠 본사가 주목할 만한 기업으로 자리매김한다. 결국 벤츠 본사도 AMG를 인정하고 1990년까지 AMG

지분의 절반 이상을 사들여 자신들의 자회사로 흡수하여, 벤츠의 양산형 차량에 AMG의 기술력을 접목시켜 좋은 성능의 차량을 다수 출시했다. 이때 AMG는 기존보다 500% 이상 증가된 매출을 올렸고, 벤츠도 많은 이윤을 남긴 것은 너무나도 당연했다. 이후 창업주 아우프레흐트는 2003년에 벤츠 측에 지분의 100%를 팔았고, 현재 AMG는 벤츠의 완벽한 자회사가 되었다.

(3) 특징

워크스 튜너답게 차주의 주문에 따라 세세한 부분까지 튜닝하여 내놓기로 유명하다. 하지만 고객의 모든 주문사항을 무조건 수용하는 것은 아니다. AMG 측의 이야기에 따르면 과거에 중동의 어느 부호가 자동차를 모두 순금으로 도색해주기를 원했지만 균일한 두께로 도색하는 게 사실상 불가능하여 정중하게 거절했다고 한다. 자신들의 기술력으로 재현하기 어려운 주문을 무리하게 수행하려다 AMG만의 장인정신과 완벽함에 흠집이 나는 것을 원하지 않은 듯하다.

AMG 내에서 Black Series라는 좀 더 고성능의 라인이 추가적으로 있다. 괴물 같은 성능을 자랑하는 것은 당연하다. 현재는 단종되었고 대신 추가적으로 같은 기종에서 마력과 추가 옵션이 좀 더 붙는 모델에 S를 붙인다(예를 들면, C63 → C63 S).

자료: mbusa.com

🔷 그림 10-18 2017 AMG C63 S

AMG의 또 다른 특이점이라면, 작업자 1인이 엔진을 하나씩 생산하는 전담생
산제(one-man/one-engine)를 사용 중이라는 점이다. 작업자가 엔진 블록을 손
수레 모양 장비에 장착한 후 이를 밀고 조립기기 사이를 오가며 작업하는 시스
템을 취하는 방식이다. 손수레 모양의 장비에는 컴퓨터와 스캐너가 내장돼 있어
모든 부품의 조립과 장비의 사용이 기록된다. 이 덕분에 결함이 발생한 부분의
파악과 수정이 매우 빨라 우수한 성능의 엔진이 나온다고 한다. 다만, 현재 새로
운 라인업인 AMG 43 모델들은 그냥 AMG의 기술력을 빌려서 튜닝한 공장제 엔
진이라 유일하게 전담 생산이 아니다. 다만, 과거에 진짜로 수공제작이었던 4.3
리터 8기통의 43 AMG가 있긴 있었다.

엔진 조립을 완료한 후에는 작업자 서명이 들어 있는 명판을 붙이는데, 실제로
AMG의 딱지를 달고 나온 차량의 엔진룸을 잘 살펴보면 이 명판을 볼 수 있다.
또한 기술적인 부분은 철저하게 매뉴얼화하여 신입들에게 전달시킴과 동시에

자료: videolog.blog.naver.com

그림 10-19 AMG의 전담생산제

서류에 나타나지 않는 다양한 노하우는 선배사원들이 붙어서 철저하게 도제식으로 가르친다고 한다.

(4) 기타

벤츠뿐만이 아닌 다른 자동차 회사에 엔진을 공급해 주는 경우도 있는데, 극단적인 탄소 섬유(카본파이버)로 이루어진 괴물 같은 슈퍼카를 만들기로 유명한 이탈리아의 수제 하이퍼카 업체 파가니(Pagani)가 거기에 해당된다. 파가니 와이라도 AMG 엔진을 쓴다.

1980년대 후반에는 미쓰비시에 갤랑과 데보네어에 AMG 버전을 운용한 적이 있다. 형제 기업으로는 브라부스가 있다. 이쪽은 차량의 인테리어 튜닝과 외장 파츠 튜닝을 하면서 AMG의 엔진을 한 번 더 손댄다. 그리하여 700~900마력 이상의 괴물로 둔갑시키는데, 방법은 무제한인 듯하다. AMG의 엔진들을 더 자세

자료: namu.mirror.wiki

⬢ 그림 10-20 엔진 조립을 완료한 후 붙이는 작업자 서명이 들어있는 명판

자료: edaily.co.kr

◈ 그림 10-21 AMG의 엔진

히 알아보면 벤츠 특유의 우아한 드라이빙을 위해 100마력 이상을 더 올릴 수 있음에도 불구하고 봉인시켜놓은 걸 알 수 있다. 더불어 엔진의 모양도 브라부스식으로 튜닝을 한다.

한때 이탈리아의 바이크 회사인 두카티와 콜라보를 하여 디아벨 AMG라는 것을 내놓은 적이 있었다. 하지만 곧 두카티가 폭스바겐 그룹에 들어가면서 무너졌다.

(5) AMG Sport

아우디의 S모델, BMW의 M Performance에 대항하기 위해 만들어진 라인업으로, 2014년 디트로이트 모터쇼에서 C450과 GLE450으로 첫 선보인 AMG의 하위라인업이다. 일반 벤츠와 AMG 모델들의 사이에 있는 모델들로, 앞으로 아우디와 BMW의 서브 퍼포먼스 라인업인 S모델 그리고 M Performance 모델들과 경쟁

할 예정이다. 물론 AMG 이름을 남발한다고 매니아 층 사이에서는 쉴 새 없이 불만을 재기하고 있다. 일반 벤츠와의 차이점으로는 네 개로 구성된 배기구, 다이아몬드 그릴, 옆 라인 휀더의 AMG 마크로 차별을 두기는 하였으나 실제 AMG와 비교해보면 상당한 차이가 나긴 한다.

디젤 엔진 기술력에서 독보적인 위치를 자랑하는 벤츠지만, 경쟁사의 M이나 쾌트로(S나 RS) 디비전의 손질을 거쳐 시장에 문을 두드리기 시작한 고성능 디젤차에는 아무런 관심이 없다. AMG 사장이 공식석상에서 고성능 모델은 오로지 가솔린 엔진으로만 개발할 것이라고 직접 이야기한 바 있다. 다운사이징으로 연비는 충분히 해결할 수 있고, 무겁고 둔한데다가 파워까지 낮은 디젤에 스포츠성을 논한다는 것은 말도 안 된다고 한다.

그러나 450 AMG라는 이 명명법이 2,000cc 엔진을 탑재한 45 AMG 라인과 혼동되며, BMW의 M스포트 라인과 아우디의 S라인에 비해 브랜드 가치가 떨어짐을 인지한 벤츠는 1년도 안 되어 450 AMG라인을 폐지, AMG 43이라는 이름으로 메르세데스-AMG 디비전에 편입시켰다. 그러나 AMG의 이름을 가졌지만 엔진은

자료: motorauthority.com

🏵 그림 10-22 AMG Sport Model 2017 Mercedes-AMG SLC43

고성능으로 튠업만 된 것이지 결코 기존 AMG의 엔진들처럼 1인이 전담하는 수공생산 엔진은 아니다.

8. 벤츠 차량의 특성

전 차종이 FR이었던 BMW(2시리즈 액티브/그랜드투어러, 2세대 X1(F48)은 제외)와 달리 메르세데스 벤츠에서는 소형 부문에 한하여 약간이나마 전륜구동을 적용하고 있다. 전륜구동인 A클래스와 B클래스, CLA, 그리고 전륜구동 기반의 미니 SUV인 GLA를 제외하고, 주로 FR을 기반으로 한다. BMW를 비롯한 스포츠 지향형 FR 승용차들과 가장 큰 차이점이라면, 스포티브 운동성능을 지향하면서도 안락성과 편의성을 최대한 제공한다는 것이다. 초기 발진 시에는 묵직한 핸들과 가속 페달의 감각으로 차를 천천히 발진시키며 차를 끌고 나간다는 느낌을

자료: motorgraph.com

🌸 그림 10-23 최고급 벤츠 '마이바흐 S클래스'

전달해주지만 일정 속도에 도달하면 직관적인 핸들링과 가속페달 감각으로 독일 차 특유의 직관적인 반응으로 스포티함을 느끼게 한다. 특히나 고속성능이 일품인데 2,000cc 미만의 소형 엔진을 채택한 벤츠라 하더라도 굼뜬 저중속과는 달리 고속에서는 비슷한 성능의 동종차들보다 우월한 가속성능 및 고속안정성을 탑승자와 운전자에게 전달한다.

또한 벤츠 특유의 멀티링크 서스펜션은 차체가 좌우 롤링과 앞뒤 피칭을 최대한 억제하며, 어떠한 조건에서도 평형성을 잃지 않는 승차감을 제공하여 초고속으로 주행 중에도 낮은 속도전달감을 통해 낮은 피로감으로 장시간 운전해도 편안하며 극도의 불안감 대신 편안한 승차감을 제공한다. 장시간 운전 시 타사 경쟁모델과 가장 두드러지는 장점이라고 할 수 있다. 앞 오버행은 줄이고 차체는 안정성과 소음 차단을 위해 타사 차량보다 두꺼운 철판을 주로 사용한다. 특히나 쇼버 마운트 부위 주변의 철판과 엔진 격벽의 설치는 NVH를 위한 벤츠의 설계이다.

엔진 설계 시에도 가능한 한 신뢰성과 내구성을 위주로 제작하는 방식이다.

두꺼운 철판, 고내구성의 엔진은 사람들에게 감탄을 받기도 하지만, 다른 방향으로 본다면 그만큼 희생되는 부분도 있다. 연비와 성능에서는 그렇다. 위의 항목에 적혀 있는 OM6 형식의 무쏘에 들어간 엔진도, 타 엔진보다 보링에서는 자유로웠지만, 그만큼 배기량당 성능(흔히 말하는 '리터당 마력')이 낮고, 특히나 엔진이 매우 무거운 편이다. 예연소실 형식을 채택함으로써 연료 민감성을 극도로 낮추었고, 분사기구의 수명도 늘렸지만, 그만큼 연비와 성능을 희생한 것이다.

무쏘 엔진으로 100만km를 무보링으로 주행한다 해도, 듀얼링크 타이밍체인은 늘어나면 연료분사시기를 뒤틀고, 타이밍앵글이 4도가 차이나면 교환하게 되어 있다. 타이밍 체인 텐셔너도 교환하여야 하고, 타 차량과는 다르게 엔진에 일체화시킨 진공 펌프는 베어링 볼이 일정 크기 이상으로 마모되면 안쪽으로 빨려 들어가서 엔진을 박살낼 수도 있다.

인젝션 펌프도 보쉬 타입인데 주기적인 점검과 수리가 필요하다. 이런 수리비를 제외하더라도 저성능에 많은 기름을 소모하기에, 100만km를 주행하고 나면

자료: encarmagazine.com

🔷 그림 10-24 벤츠가 만든 첫 번째 올 알루미늄 디젤 엔진

타 차량 대비 유류소비금액이 엔진을 주기적으로 신품으로 교환한 차량이나 별 차이가 없다.

타 모델도 상황은 비슷해서, 벤츠 차량으로 장기간 타고나면 유류비용의 차이가 타사의 차 값에 도달하는 수준에 다다른다. 다른 차량제조사들이 벤츠의 내구성에 도달하지 못한 것이 아니라, 벤츠와 같은 방식의 차량은 벤츠만 있으면 되기에 다른 방향성을 가지고 발전해 나간 것이다.

유가가 폭등하고, 환경 규제가 심해지면서 벤츠도 어느 정도 연비에 신경을 쓰고 있다. 그러나 같은 배기량의 차량에 비하면 연비는 어느 정도 떨어지는 것이 사실이다. 자동변속기의 경우도 구형 전자식 5단 변속기(772.6)에서 연비 중시의 7단 변속기(772.9)로 변경되어 출시되었으나, 내구성은 구형인 772.6형(5단)보다 떨어졌다는 평이 대부분이다. 고단화되면서 변속기 오일의 오염 속도가 과거보다 빨라졌고, 차주들이 "그래도 벤츠인데…"하는 마음에 점검과 관리에 소홀해서 의외의 고장에 실망하는 경우도 많은 편이다. 최근에 벤츠가 개발한 자동 9단 변속기는 전진 9단, 후진 1단으로 변속할 수 있다. 7단 변속기보다 1kg 더 가벼워졌다.

사실 차량의 내구성은 차주의 관리 능력에 달려 있다. 메이커를 맹신하면 안 된다.

2005년에 5세대 S클래스(W221)와 2세대 M클래스가 출시된 이후부터 웬만한 메르세데스 벤츠 차량들에는 자동변속기를 핸들컬럼식으로 장착하여 나오고 있다. 심지어는 전륜구동 소형차인 A클래스, B클래스, CLA, 그리고 전륜구동 기반의 소형 SUV인 GLA에도 핸들컬럼식으로 자동변속기를 달고 나오고 있다. 단, 일부 AMG 모델은 플로어 체인지식으로 나온다.

정차 시 브레이크에서 발을 때도 되는 오토홀드 기능도 다른 브랜드들과 다른 방식이다. 현대자동차, 기아자동차, BMW, 아우디, 렉서스 등의 회사에서 나오는 차량들의 오토홀드 기능은 버튼으로 오토홀드 기능을 켜고 그냥 차가 완전히 멈출 때까지 브레이크를 밟고 있다가 차가 완전히 멈춘 후 발을 때면 오토홀드가 걸린다. 벤츠에서 나오는 차량의 경우 오토홀드를 켜는 버튼이 따로 없고 오토홀드는 항상 켜져 있으며, 차가 완전히 정차 후 브레이크를 살짝 더 밟아주는 방

자료: premium.chosun.com

🔷 그림 10-25 벤츠가 개발한 자동 9단 변속기

식이다. 어떤 방식이 더 편할지는 사람마다 다르긴 하겠지만 벤츠의 방식이 필요할 때만 걸 수 있어서 더 편하다는 사람이 있는 반면, 벤츠의 오토홀드는 한 번더 밟아야 걸리는 방식이다 보니 아무래도 편리성의 면에서는 버튼식 오토홀드가 조금 더 편하다는 사람도 있다. 또 오토홀드 기능이 숨겨져 있다 보니 벤츠의차를 타는 사람 중 차를 사거나 시승을 할 때 딜러가 오토홀드 기능에 대해 설명을 해주지 않은 경우에는 오토홀드 기능이 있는지조차 모르는 사람 또한 많다.

미국에 출시되는 엔트리 레벨급 벤츠들은 희한하게 사이드 미러 폴딩이 없다.CLA와 GLA의 경우인데, 같은 북미인 캐나다에도 편의 옵션으로 자동 사이드미러 폴딩이 달려 나오는 반면 미국에선 이 옵션을 고를 수 없다. C클래스 같은 경우도 세단은 기본으로 폴딩이 달려 나오지만 C클래스 쿠페는 무려 $7000이 넘는프리미엄 2레벨 옵션을 달아야지 폴딩을 할 수 있다.

여담으로 차 클래스마다 새 차 기준의 인테리어 냄새가 확연히 구분될 정도로다른데, 예를 들어 CLA나 GLA 같은 엔트리 모델은 약간 달달하고 씁쓸한 냄새

자료: blog.donga.com

그림 10-26 벤츠의 오토홀드

자료: brunch.co.kr

🔯 그림 10-27 벤츠 GLS

가 나며, 상위급 SUV 모델인 GLE나 GLS 같은 경우는 꽃향기 같은 냄새가 나고, S 클래스는 뭔지 모를 것 같지만 냄새조차 고급스럽다고 생각이 되는 시원한 향이 난다.

9. 모델명 전면 개편

2014년 11월 벤츠에서는 인피니티처럼 모델 체계를 싹 갈아엎는다고 발표했다. 기존 승용 라인인 A/B/C/E/S클래스, 로드스터인 SL클래스, SUV인 G바겐은 그대로 두되, A/B/C/E/S클래스급의 파생 모델에다가 새로운 체계를 적용하는 방식이다.

① 로드스터 SLK클래스 → SLC(SL클래스는 모델명 그대로 존치)
② SUV GLK클래스 → GLC

자료: edaily.co.kr

🔷 그림 10-28 메르세데스-AMG C63 S 서킷 주행 모습

③ SUV M클래스 → GLE
④ SUV GL클래스 → GLS

로 모델 체계가 바뀐다. 4도어 쿠페인 CLA, CLS는 모델명이 유지되며, A클래스/
B클래스/CLA의 전륜구동 플랫폼을 공용하는 GLA 역시 모델명이 유지된다.

덧붙여서 AMG와 마이바흐는 각각 메르세데스-AMG, 메르세데스 마이바흐라
는 서브 브랜드 체계로 정했다. 다만, AMG의 공식사명은 현재 메르세데스-AMG
이기 때문에 브랜드 명을 사명에 맞춘 셈이다. AMG 모델은 다음과 같이 모델명
이 잡힌다. 메르세데스-AMG + 차종 알파벳 + 엔진구분 두 자리 숫자 + S(성능이
좀 더 향상된 버전에 붙는다.)

예를 들어서, 종전의 메르세데스 벤츠 C63 AMG의 경우에는 메르세데스-AMG
C63(S)로 바뀌는 식이다. 그리고 얼마 후 2015년 7월에는 블루텍(Bluetec)과 CDI
로 표기하였던 승용디젤 모델을 BMW를 따라하면서 일괄적으로 'd'로 통일해 버
렸다. 그리고 개편 후 디자인이 모두 S클래스와 똑같이 생겨서 비판받고 있다.

세련된 S클래스의 디자인과 인테리어는 좋지만 이걸 완전히 똑같이 이어서 C클래스, E클래스를 포함한 벤츠의 다른 모든 차종들까지 통일해버리니 분간도 안 간다. 이젠 벤츠 소 · 중 · 대로 나뉠 정도이다. 쿠페 역시 후면 디자인은 가운데 부분에 벤츠 엠블럼을 심고 번호판은 범퍼 쪽으로 내리면서 대부분의 쿠페 모델들이 비슷해지고 있다.

10. 서비스 & 액세서리

(1) 메르세데스 벤츠 서비스

메르세데스 벤츠 차량을 구입하는 순간부터 차량의 품질 유지와 최고의 서비스 제공을 위해 다양한 서비스가 준비되어 있다.

자료: motorian.kr

※ 그림 10-29 메르세데스 벤츠 세곡 서비스센터 내부

메르세데스 벤츠 코리아에서는 국내 최초이자 업계 최고의 서비스인 통합 서비스 패키지(ISP)를 통하여 정기 점검 및 소모품 교환 서비스를 3년(또는 100,000km 중 선도래 기준) 무상으로 제공받을 수 있으며, 고객의 편의와 효과적인 차량관리를 위해 픽업 & 딜리버리 서비스와 24시간 긴급 출동 서비스도 제공하고 있다. 이 외에도 고객의 필요조건을 먼저 알고 생각하여 각종 캠페인을 실시함으로써 차량이 최상의 상태를 유지할 뿐 아니라 최고의 브랜드에 걸맞는 최고의 서비스가 제공되도록 노력하고 있다.

이 모든 혜택은 메르세데스 벤츠 공식 서비스 센터에서 누릴 수 있다.

(2) 순정부품

메르세데스 벤츠 사의 순정부품은 여러 번의 테스트를 거쳐 안전성이 입증된 최고의 품질을 자랑한다. 메르세데스 벤츠만을 위해서 특별히 제작된 순정부품은 사용되기 전까지 첨단 검사와 철저한 기능테스트를 거친다.

자료: polinews.co.kr

🏵 그림 10-30 벤츠코리아 부품물류센터 오픈

서비스 센터의 완벽한 수급시스템과 세계적인 서비스 네트워크로 거의 모든 메르세데스 벤츠의 정품을 항상 공급할 수 있으며, 기본적으로 24시간 안에 조달할 수 있다. 오래된 차종 역시 단시일 안에 부품이 공급될 수 있도록 최선을 다하고 있다.

2013년 1월 1일 이후 구매한 메르세데스 벤츠 순정부품은 24개월 보증이 제공된다. 단, 2013년 1월 1일 이전 순정부품을 구매한 경우에는 12개월 부품 보증이 적용된다.

메르세데스 벤츠 순정부품은 공식 서비스센터에서만 취급하고 있다. 메르세데스 벤츠와 같이 최고의 품질을 가진 브랜드는 외형의 미세한 곳까지 그 품격에 걸맞아야 한다. 메르세데스 벤츠의 새로운 패키징 디자인은 이를 잘 말해 주고 있다.

새로운 패키징 디자인은 세계적인 감각으로 설계되어 독특한 메르세데스 벤츠만의 이미지를 잘 표현하고 있다. 그리고 메르세데스 벤츠 고객을 기대 이상으로 만족시키고 있다. 각각의 패키지에는 명확한 표기와 표준방식의 라벨로 내용물에 대한 모든 관련 정보를 담고 있다.

자료: m.mercedes-benz.co.kr

🔷 그림 10-31 메르세데스 벤츠의 새로운 패키징 디자인

자료: blog.naver.com

🔶 그림 10-32 차종/KC 인증/홀로그램 스티커

　또한 홀로그램이 패키지 안의 내용물을 보증한다. 패키지 안의 부속이 순정부품임을 이 품질보증 스탬프를 통해 확인할 수 있다.

　메르세데스 벤츠를 구입한 고객은 분명히 안전, 신뢰, 내구성 등을 진지하게 고려했을 것이다. 고객의 요구를 만족시키기 위해 회사의 엔지니어와 디자이너들은 자동차를 구성하고 있는 수많은 부속들을 조합하여 최상의 조화로운 자동차를 탄생시킨다. 이러한 최상의 조화를 유지시키기 위해서는 메르세데스 벤츠의 정품을 사용해야 한다. 메르세데스 벤츠의 순정부품은 12개월 동안 보증되고 24시간 내에 공급됨은 물론 ISO 9000을 획득하였다.

　뿐만 아니라 환경보호는 메르세데스 벤츠의 기업목표 중 비중이 큰 사안이다. 자원을 최대한 보전하고 생태계에 영향을 주지 않는 것을 필수적인 사항으로 여기며, 초기 제품 개발 단계부터 환경보호를 고려한다.

　이에 따라 회사는 재활용이 가능한 포장 재료를 사용하여 분해가 용이하도록

자료: m.mbstar.co.kr

🔷 그림 10-33 메르세데
벤츠의 환경 보호 노력

자료: mercedes-benz.co.kr

🔷 그림 10-34 메르세데스카드

조립한다. 이러한 재활용 시스템과 함께 환경친화적인 미래를 향한 메르세데스 벤츠의 환경 보호 노력은 앞으로 계속될 것이다.

(3) 메르세데스카드

메르세데스 벤츠는 메르세데스카드를 통해서만 누릴 수 있는 특별한 브랜드 경험과 다양한 혜택을 선사하고 있다.

자료: mercedescard.co.kr

🔷 그림 10-35 메르세데스카드 회원들만이 경험할 수 있는 아주 특별한 초대

메르세데스 벤츠는 다양한 분야에서 앞서 나가는 시각을 제시하며 새로운 기준을 세우고 있다. 문화를 선도하고, 자동차 이상의 무한한 가치와 서비스를 제공한다.

더욱 특별한 경험을 제공하기 위해 마련된 '메르세데스카드' 프로그램은 오직 메르세데스 벤츠 자동차를 소유한 고객들을 대상으로 차별화된 혜택과 브랜드 경험을 제공하고 있다.

새롭게 출시한 메르세데스카드 디지털 플랫폼인 웹사이트, 모바일웹, 앱(APP)을 통해 메르세데스카드가 제공하는 특별한 혜택을 다양한 디바이스에서 경험할 수 있다.

제4차 산업혁명의 핵심동력
| 장수기업의 소프트 파워 |

Chapter
11

세계에서 가장 큰
호화 시계 브랜드 **– 롤렉스**

Chapter 11

세계에서 가장 큰 호화 시계 브랜드
롤렉스

1. 개요

　롤렉스(Rolex SA)는 스위스의 명품 손목시계 제조사이다. 손목시계 외에 액세서리도 만들며, 제품의 품질과 품격뿐만 아니라 수백만 원을 호가하는 높은 가격으로도 이름 높다. 시계 수집가들은 롤렉스보다 더 명품인 시계 브랜드도 있다고 한다. 하지만 롤렉스 시계 정도만으로도 즉각적으로 알아볼 수 있는 '신분의 상징' 역할을 한다.

　롤렉스는 세계에서 가장 큰 호화 시계 브랜드이다. 2014년 매출액은 45억 프랑(한화로 약 5조원) 매출로 부동의 선두를 달리고 있다.

　롤렉스는 다른 고급 시계 브랜드와는 달리 무브먼트의 심미성이나 복잡한 컴플리케이션 시계가 아니라, 시계의 정확도에 집중해온 브랜드이다. 롤렉스를 이해하는 키워드는 '정확성'과 '신뢰성'이다. 일오차(日誤差) 2초 내외로 정밀 조정된 시계만을 판매하며, 엄격한 자체 정확성 검증 과정을 통과한 제품만 출고한다.

◈ 그림 11-1 롤렉스 시계

◈ 그림 11-2 롤렉스 무브먼트

롤렉스는 시대와 분야를 막론하고 성공한 사람들과 유명인의 총애를 받는 대표적인 시계 브랜드이다. 명품 시계에선 나이키나 아디다스처럼 업계의 가장 아이코닉한 브랜드이며, 워낙 잘 알려졌기 때문에, 일반적으로 성공한 사람들의 상징 같은 브랜드로 인식된다. 한국에서는 흔히 롤렉스라고도 부르나 롤렉스가 회사 측에서 제시하는 올바른 한국어 공식 명칭 표기이다.

2. 역사

롤렉스는 1905년 독일인 한스 윌스도르프(Hans Wilsdorf)와 그의 사위 알프레드 데이비스(Alfred Davis)가 영국 런던에 설립하였다. 한스 윌스도르프는 스위스인도 아니었고 시계 장인도 아니었다. '윌스도르프 & 데이비스'가 회사의 최초 이름이었고, 사명은 나중에 '롤렉스 시계 회사'(Rolex Watch Company)로 바뀌었다. 이들은, 초창기에는 헤르만 애글러의 스위스제 시계 부속품들을 영국으로 수입해, 데니슨(Dennison)을 비롯한 다른 여러 케이스 회사의 케이스를 들여와 그 안에 부품을 조립하여 판매하였다. 이와 같은 초창기 손목시계는 보석상들에게 팔았고, 보석상들은 그들만의 명칭을 다이얼에 새겼다. 한편, 윌스도르

자료: jaztime.com

🏵 그림 11-3 롤렉스 설립자 한스 윌스도르프와 알프레드 데이비스(왼쪽)

자료: chosun.com

🎖 그림 11-4 스위스 제네바에 자리 잡은 롤렉스 본사

프와 데이비스는 보통 시계 케이스백 안쪽에 'W&D'라는 문구를 새겼다.

1908년, 한스 윌스도르프와 미하일 힉만(Michael Hickman)은 상표명 롤렉스(Rolex)를 스위스의 La Chaux-de-Fonds에 등록하였다. 이 낱말의 어원은 분명하지 않다. 들리는 이야기로는, 롤렉스라는 단어는 프랑스어 'horlogerie exquise'(정교한 시계라는 뜻)에서 따왔다고 한다. 다른 얘기로는, 윌스도르프가 버스를 타고 있었는데, '롤렉스'라는 단어의 발음이 시계의 태엽을 감을 때 나는 소리처럼 들려, 그 단어로 정한 것이라고 한다.

1912년 윌스도르프 & 데이비스 사는 영국으로부터 스위스로 회사를 이전했다. 윌스도르프는 그들이 만드는 시계가 적당한 값이었으면 좋겠다는 생각을 갖고 있었으나, 영국에서는 케이스 금속(금, 은)에 붙는 세금과 수출 관세가 너무 높아, 제조비용이 너무 든다고 느꼈다고 한다. 그 뒤로 계속, 롤렉스는 스위스 제네바에 본사를 두고 있다.

3. 브랜드 가치

개별 시계의 가격으로는 롤렉스보다 비싼 시계도 많지만, 매출액으로 따지면 롤렉스를 따라오지 못한다. 2014년 기준으로 시계 브랜드 중에 매출 1위는 롤렉스, 2위는 오메가, 3위가 까르띠에, 4위가 파텍 필립이며, 유독 중국에서 인기가 많은 론진은 5위이다.

2016년 기준 포브스 100대 글로벌 기업에 속하는 유일한 시계 단일 품목 브랜드이며, 약 10조6천억 원 이상의 가치를 지닌 브랜드로 평가 받는다. 어쨌든 회사의 가치 자체가 상당한 공룡 기업임엔 분명하다.

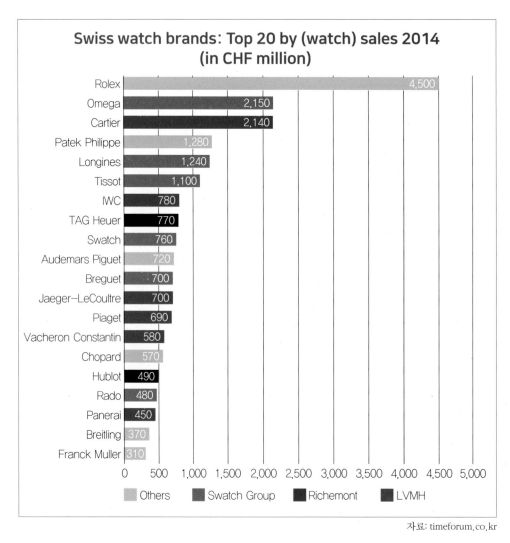

자료: timeforum.co.kr

🌐 그림 11-5 2014년 스위스 시계 브랜드 매출 실적 순위

일반인의 인식도 마찬가지로, 많은 나라에서 고가 시계의 상징으로 여겨진다. 실제로 포브스에서 조사한 2016년 세계 브랜드 평판순위에서 월트 디즈니와 구글을 제치고 1위를 차지할 정도로 소비자가 느끼는 제품의 만족도가 높다고 할 수 있다.

4. 특징

(1) 자체생산 방식

롤렉스는 금, 백금(플래티넘), 스틸 등의 자재에 대한 기준을 엄격히 적용하며, 사용되는 금 또한 브랜드 내에서 자체적으로 설비를 갖추고 주조한다. 다이아몬

자료: econovill.com

🌐 그림 11-6   스위스 비엔 공장에서 무브먼트를 만들고 있는 워치 메이커

드 또한 롤렉스 내부 기술자들에 의해서 세공된다. 물론 완전히 100%는 아니지만, 완전 매뉴팩처(자체생산)를 지향한다.

핵심 부품인 오실레이터(진동자)에 사용되는 헤어스프링도 자체적으로 제작한다. 몇 년 전 발표한 신형 파라크롬 헤어스프링은 니오븀, 지르코늄, 산소합금 소재이며, 특유의 파란빛과 강한 항자성을 띤다. 오버코일 헤어스프링이기 때문에 오차조정에도 용이하다.

롤렉스의 상징인 굴(oyster) 케이스와 퍼페츄얼 로터(perpetual rotor)는 롤렉스가 개발한 발명품이다. 굴 케이스를 전후로 해서 방수, 방진의 측면에서 완성된 시계가 만들어졌고, 태엽을 감지 않고 손목의 움직임으로 시계에 동력을 공급하는 퍼페츄얼 로터를 개발함으로써 태엽을 일일이 감는 수고를 덜어주게 되었다.

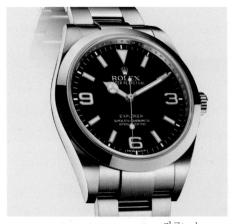

자료: rolex.com

자료: m.blog.naver.com

◈ 그림 11-7 롤렉스 익스플로러 오이스터 방수 케이스
◈ 그림 11-8 롤렉스가 1931년 발명한 영구회전자 퍼페츄얼 로터

롤렉스의 무브먼트는 신뢰성은 매우 우수하나, 심미성은 떨어진다. 애초에 시스루백을 과거 '프린스' 모델을 제외하면 전혀 만들지 않기 때문에 무브먼트의 아름다움에 신경 쓸 필요가 없다. 그러나 파텍 필립이나 예거 르쿨트르 같은 하이엔드 브랜드는 보이지 않는 곳도 피니싱한다는 점을 생각하면 비합리적으로

느낄 수도 있다. 이런 부분이 롤렉스의 몇몇 초고가 소재 모델은 하이엔드급의 가격임에도 브랜드 자체가 하이엔드로 분류되지 않는 이유기도 하다.

어쨌든 높은 신뢰성을 가진 무브먼트에 구조적으로도 매우 튼튼하기 때문에, 롤렉스 모델 대부분은 스포츠 워치로서 아주 훌륭한 특징을 갖고 있다고 할 수 있다.

자료: gqkorea.co.kr

🔷 그림 11-9 롤렉스 스포츠 워치

여담으로, 중고가 방어가 잘되는 편인데, 이는 브랜드 자체의 인지도 때문이기도 하지만, 각 모델의 디자인을 오랫동안 유지하기 때문에 옛날 모델이라 해도 그리 오래되어 보이지 않기 때문이기도 하고, 가격인상률도 높기 때문이다. 또한, 오래도록 사용해도 고장이 잘 안 나고, 롤렉스가 적극적으로 사후보장도 해 준다. 그리고 유지 보수비용이 시계 가격에 비해 저렴한 편이다. 상기했다시피

자료: rolex.com

◈ 그림 11-10 롤렉스 컴플리케이션 시계

무브먼트가 워낙 튼튼해서 오일 주유 정도를 제외하면 무브먼트를 손대야 하는 경우가 드물다. 게다가 무브먼트에 정교한 피니싱을 해놓지 않아서 건드리기 쉬운 점도 있고, 롤렉스 관련 수요가 워낙 많다 보니 그만큼 공급도 많아져서 규모의 경제와 경쟁논리가 먹혀들기 때문이기도 하다.

크로노그래프 이상의 컴플리케이션 시계를 만들지 않았었는데, 이것은 창업주의 유지이기 때문에 지금까지도 지켜져 내려오고 있다.

(2) 문페이즈 시계

그러나 2017년에 나온 첼리니 신제품은 파격적으로 문페이즈를 다시 도입하여 놀라움을 주었다.

문페이즈(Moon Phase)는 달의 위상변화를 뜻한다. 달의 모양이 변하는 것을

자료: timepieceasia.com

🕸 그림 11-11 문페이즈가 올려진 첼리니 문페이즈

보기 편하게 시계에 옮겨놨다고 보면 된다. 태양과 지구와 달의 위치에 따라 달의 모양이 변한다. 즉, 태양에서 가장 멀어질 때가 보름달이 되고 그러면 달의 인력이 최대가 된다. 하늘을 쳐다보지 않아도 달의 모양을 알 수 있다면 여러모로 편리하지 않을까 싶긴 하지만 요즘에는 그다지 쓸모가 많은 기능은 아닌 것 같다. 대부분의 문페이즈 시계는 방수기능 자체가 없거나 약하다. 그럼에도 불구하고 대부분의 메이커에서는 문페이즈 시계를 만든다. 시계라는 물건 자체가 지구와 천체와 인간의 관계를 규정짓고 규명하는 물건인지라 문페이즈는 시계라는 분야에서 매우 큰 위치를 차지한다고 볼 수 있을 것 같다.

　이러다 안 되겠다 싶었나 보다. 기술이 상향평준화된 현 시점에서는, 롤렉스의 규모와 자금력이라면 컴플리케이션급 시계도 자체적으로 만들 수 있을 것이라고 예상되지만, 그럼에도 불구하고 절대 만들지 않는 것은 브랜드 이미지와도 관련이 있다. 롤렉스는 튼튼하고 신뢰성 있는 시계를 만들기로 유명한데, 다기능 시계는 필연적으로 튼튼함이 떨어지고 고장률은 높아지니 문제가 된다. 시스루백이 없는 것도 마찬가지 이유다.

(3) 시스루백 시계 거부

무브먼트를 뽐내고 싶은 브랜드들의 시계는 시계의 뒷면 백케이스(back case)를 통해 무브먼트를 볼 수 있도록 해놓는다. 이를 그대로 비친다고 해서 시스루백(see-through back)이라고 한다. 사실 이 기술의 구현은 투명하면서도 단단한 크리스털 제조기술의 발전 덕분이다.

시계의 이면으로부터 아름다운 무브먼트를 들여다보는 것은, 기계식 손목시계의 큰 묘미의 하나이다. 많은 고급 시계 메이커는 여러 모델에 시스루백을 채용해, 뒤로부터 자랑스러운 무브먼트를 보이는 것으로, 많은 시계 유저로부터 지지

자료: instiz.net

🏅 그림 11-12 시스루백 시계

자료: mythings.egloos.com

⬡ 그림 11-13 롤렉스 데이토나 시스루백

자료: global.rakuten.com

⬡ 그림 11-14 굴과 같이 질기게 닫힌 방수성 높은 굴 케이스

를 모으고 있다. 그러나 완고하게 시스루백을 채용하지 않는 메이커도 존재한다. 그 대표격이 롤렉스와 브라이트 링이다. 그러나 일부 모델에는 채용하고 있다.

롤렉스는 1926년, 사상 최초의 완전 방수 케이스인 '굴 케이스'를 개발했다. 비틀어 넣는 방식의 백케이스로 밀폐하는 것으로, 강고한 방수성을 얻고 있다. 굴(oyster) 케이스는 개량을 더하면서 현재도 채용되고 있어 안정된 방수 성능을 가지는 케이스로서 유저로부터 지지를 받고 있다. 물론 롤렉스는 이전부터 시스루백이 아니고, 솔리드백이라고 하는 점도 변하지 않는다. 또한 도버 해협 횡단이나, 1953년의 에베레스트 등정, 1960년의 심도 실험 등, 그 '실용성과 신뢰성'을 전 세계를 향해 계속 발신해 온 존재이다.

롤렉스는 '예술성'이 아니고, 실용 시계로서의 '신뢰성'을 중시하고 있다. 브랜드 제품으로서 인식되는 손목시계인 만큼, 세상에 대해서 이미지를 굳히는 것이 소중하다. 롤렉스는 감히 '시스루백'이라고 하는 디자인 면에서의 큰 무기를 버리는 것으로, 그것을 웃도는 '질실강건'인 이미지를 유저에게 향해서 어필하고 있는 것이다. 물론 롤렉스도 다이아몬드 장식, 골드 소재, 천연석 문자판 등 보석 포장성의 높은 모델도 라인 업하고 있다.

고급 손목시계라고 하면 '장식품'으로서의 측면이 선행하기 쉽지만, 롤렉스는 실용 면에 크게 비중을 두고 있는 메이커이다. 뛰어난 무브먼트를 탑재하고 있지만, 시스루백은 거부하는 것이다.

(4) 인-하우스 무브먼트

롤렉스의 상징적 모델 중 하나인 데이토나의 경우 과거에는 유명 크로노그래프 무브먼트인 제니스의 엘 프리메로를 탑재하였으나, 제니스가 LVMH에 인수된 이후 타사 공급 중지 방침이 결정되자 회사 내에서 기계식 크로노그래프를 만들어내었다.

물론 인-하우스 무브먼트를 제작할 기술이 있더라도, 수지타산이 맞질 않아 에보슈를 사용하기도 한다. 롤렉스는 보수적이고 비타협적인 이미지가 핵심이니

🔷 그림 11-15 롤렉스 인-하우스 자동 크로노그래프 칼리버 4130

만큼, 투자비용이 들더라도 모든 시계 안에 탑재되는 무브먼트를 인-하우스 무브먼트로 제작한다.

(5) 철저한 모델 간 제품 서열

브랜드 내 모델 간 제품 서열이 철저하다. 복잡하게 생각할 것 없이 시계에 날짜 창, 금, 플래티넘, 크로노그래프 등 뭔가 기능이 추가되거나 스틸 이외의 고가 소재가 쓰이면 그만큼 가격이 쑥쑥 높아진다. 더군다나 브랜드 가치 유지를 위해 상위 제품으로 갈수록 생산량을 줄이기 때문에 일부 모델은 돈이 있어도 제품을 못 사기도 한다.

또한, 매년 시계 값을 무지막지하게 올린다. 어느 정도냐 하면, 2015년 기준 리테일가가 1,000만 원인 서브마리너는 몇 년 전만 해도 500만 원대였다. 그만큼 일반적인 중고 매매에 의한 환금성이 좋다.

자료: thegear.co.kr

🔷 그림 11-16 롤렉스 서브마리너

5. 진품 감별법

롤렉스는 짝퉁도 엄청나게 많고 모방의 수준이 여타 짝퉁 시계 중 좋은 편이기도 하다. 짝퉁 주제에 ETA(스위스의 시계회사) 무브먼트를 탑재하고 패를라주 등의 처리와 붉은 특유의 기어 색까지 재현한 모델도 있다. 그러나 일 마감이 절

자료: consumernews.co.kr

🔷 그림 11-17 왼쪽이 진품, 오른쪽이 짝퉁

망적이기 때문에 러그나 브레이슬릿, 다이얼, 용두만 보고 구분할 수 있다. 이보다 더 정교한 물건은 타임그래퍼에 올리는 순간 오차가 잡히기 때문에 알 수 있다. 그 때문에 중고로 구입할 때는 항상 주의할 필요가 있다.

짝퉁과 진품을 구분하는 방법은 다음과 같다.

첫째, 마감, 재질 등 전체적인 완성도를 통해서 구분한다. 진품 롤렉스를 많이 본 사람이라면 짝퉁만의 어딘가 엉성한 느낌을 잡아낼 수 있다. 혹시 신뢰를 보장할 수 없는 거래를 한다면 미리 공식 매장에서 롤렉스 진품의 느낌을 보고 가는 것도 좋은 방법이다. 왜냐하면 진품과 짝퉁의 차이는 아무것도 모르는 사람이 봐도 한눈에 구분 가능할 정도로 압도적이기 때문이다. 흔히 말하는 '전문가도 구분 못하는 짝퉁'이 있다는 것은 진품을 본적이 없거나 잘 모르면서 지레 짐작하는 것이다. 아무리 비싼 짝퉁이라도 소재에서 나오는 빛 반사나 다이얼 마감부터 진품과 차이가 엄청나게 심하다. 사진으로만 보면 아주 심플하고 투박할 것 같은 시계인 서브마리너도 실제로 보면 번쩍임이 엄청나고 굉장히 고급스러운 느낌이 확실히 있다.

자료: mimi1220.tistory.com

🔷 그림 11-18 왼쪽이 서브마리너 진품, 오른쪽이 짝퉁

둘째, 정품의 경우 날짜 창의 사이클롭스 렌즈를 바로 위에서 들여다보면 날짜가 렌즈 정중앙에 위치한다. 가짜는 날짜가 정 가운데가 아니라 상하좌우 어느 한쪽으로 쏠려서 가독성을 해치는 경우가 많다. 배율의 경우는 구분이 힘들다. 진품 롤렉스도 생산 연도 등의 이유에 따라 들쭉날쭉하기 때문이다.

Fake

Real

자료: m.post.naver.com

🛡 그림 11-19 왼쪽이 짝퉁, 오른쪽이 진품

셋째, 가장 쉬운 방법인데, 날짜 창의 숫자 폰트가 롤렉스 정품은 상당히 뚱뚱하다(볼드하다)·날짜 창의 폰트가 얇아서 일반적인 시계와 다를 바 없다면 거의 대부분 가품으로 보면 된다.

넷째, 사이클롭스 렌즈의 투명도가 차이난다.

다섯째, 시계의 메탈 줄과 시계 케이스가 만나는 부분이 정품의 경우 간격이 없이 치밀하지만 가짜의 경우 유격이 심하다. 그리고 브레이슬릿의 무게감도 없고 뭔가 마감이 엉성하다.

여섯째, 짝퉁의 경우 글라스 안쪽 벽의 Rehaut 각인(ROLEX 각인의 반복)의 깊이감이 부족하고 각인의 간격이 엉성하다.

일곱째, 최근 출시되는 롤렉스 모델은 글라스 여섯시 방향 표면에 아주 작은 크라운 문양이 레이저로 각인되어 있다. 정품의 경우 아주 미세하고 정교하게 각인이 되어 있어 육안으로 찾기가 매우 어려우나 가품은 대놓고 쉽게 찾을 수 있다. 즉, 레이저 각인의 유무가 아니라 이 레이저 각인을 얼마나 쉽게 찾을 수 있는지가 진품·짝퉁 구분의 방법이다. 단, 연식과 모델에 따라 정품에도 각인이 없는 모델도 있으니 주의가 필요하다.

ROLEX
SUBMARINER
114060

자료: m.blog.naver.com

⬡ 그림 11-20 서브마리너의 짝꿍 오이스터 브레이슬릿

자료: ppomppu.co.kr

⬡ 그림 11-21 글라스 안쪽 Rehaut 각인도 안보이는 짝퉁 롤 케이스백

자료: komehyo.co.jp.k.ws.hp.transer.com

🔹 그림 11-22 굴과 같이 질기게 닫힌 진품 케이스

여덟째, 용두를 뺏다가 돌려서 다시 넣었을 때 용두의 각도가 항상 같다면 진품일 가능성이 크다.

자료: m.ppomppu.co.kr

🔹 그림 11-23 용두 부분

아홉째, 추가로 롤렉스는 아주 과거의 '프린스' 모델을 제외하고는 시스루백, 시스루다이얼을 절대 만들지 않는다. 게다가 프린스 모델은 구하기도 하늘의 별 따기이고, 현재 정식 매장에서도 절대 볼 수 없는 완전 단종 모델이기 때문에, 시스루백이나 시스루다이얼 롤렉스는 전부 짝퉁이라고 생각해도 된다.

자료: blog.daum.net

🔷 그림 11-24 롤렉스 프린스

롤렉스의 짝퉁은 비교적 정교한 짝퉁 제품이 많다. 그러나 상기했듯이, 다른 브랜드의 짝퉁보다 정교할 뿐이지 롤렉스를 처음 본 사람들도 진가품은 한눈에 구별할 만큼 퀄리티 차이는 심하다.

근본적으로 롤렉스 짝퉁의 수요가 가장 많은 것은 규모의 경제를 실현할 수 있기 때문이다.

그리고 롤렉스의 무브먼트 자체가 따로 화려한 장식이 안 들어가서 겉보기엔 단순하다 보니 적당한 범용 무브먼트에 색칠하면 비슷해 보일 수도 있다. 그러나 뒤를 뜯어서 무브먼트를 볼 것도 없이, 겉으로 보이는 마감의 정교함 차이가 너무 크기 때문에 진품을 소유했었다면 짝퉁은 그냥 한눈에 봐도 구분이 된다.

6. 튜더

튜더(Tudor)는 롤렉스 산하의 브랜드이다. 롤렉스와 같은 오이스터 케이스를 사용하지만, 무브먼트를 차별화하여 사용한다. 기존에는 ETA 범용 무브먼트를 사용했지만, 2015년에 자사 무브먼트를 개발하여 사용한다. 자사 무브먼트 탑재임에도 기존 가격과 아주 많은 차이는 나지 않는 것이 포인트이다.

평균적으로 오메가보다 낮은 가격대를 보여준다. 비교적 합리적인 가격에 롤렉스의 품질을 느끼고 싶은 이들에게 추천하는 브랜드이다. 과거의 블랙베젤과 글로시한 블랙 다이얼, 길트 프린팅, 골드 바통 핸즈, 두줄 텍스트, 그리고 브레이

자료: treport.kr

⬡ 그림 11−25 튜더의 1954년, 2015년 모델

자료: montres.co.kr

⬡ 그림 11-26 1977년 튜더 오이스터 프린스 서브마리너 마린 내셔널(왼쪽)과 1995년 튜더
프린스 데이트 서브마리너

슬릿까지 그 시대의 특징을 고스란히 전승했다. 게다가 롤렉스/튜더 패밀리에서
탄생한 최초의 유니크 피스(1개 한정판) 모델이라는 점에서 희귀 가치가 있다.

 당연하게도 짝퉁이 존재한다. 특히 국내에서 인지도가 낮은 브랜드이니 주의
할 필요가 있다.

자료: bbswatch.com

⬡ 그림 11-27 튜더 짝퉁

제4차 산업혁명의 핵심동력
| 장수기업의 소프트 파워 |

세계 최고의 국제적인
패션 하우스 – **루이비통**

Chapter 12
세계 최고의 국제적인 패션 하우스
루이비통

1. 개요

루이비통(Louis Vuitton)은 1854년에 세워진 프랑스의 고급 브랜드이다. 줄여서는 LV라고도 부르며, 1854년 루이비통이 프랑스 파리에 최초로 매장을 오픈했다. 루이비통은 럭셔리 트렁크와 가죽제품들, 기성복, 신발, 시계, 보석, 액세서리, 선글라스, 책들로 이루어진 최고의 제품들을 가진 LV 모노그램으로 가장 잘 알려져 있다. 루이비통은 세계 최고의 국제적인 패션 하우스 중 하나이다. 루이비통은 독립 부티크, 고급 백화점 내에 있는 임대 매장, 그들의 웹사이트에 있는 e-commerce를 통해 제품들을 판매한다.

프랑스의 하이엔드 명품 브랜드이며, 프랑스의 가방 장인인 루이 비통 말레티에(Louis Vuitton Malletier)가 1854년 만든 브랜드이다.

에르메스, 샤넬, 구찌, 프라다 등과 함께 가장 인기 있는 명품 패션 하우스이며, 일본적인 느낌의 모노그램(monogram, 두 개 이상의 글자를 합쳐 한 글자 모양으로 도안화한 글자) 덕에 특히 일본인에게 매우 인기가 많다. 일본뿐만 아니라 아시아 전반적으로 인기가 많아서 서양권에서는 '아시아에서 유독 인기가 많은

자료: lowr.tistory.com

🕸 그림 12-1 루이비통 브랜드 마크

브랜드'로 인식하는 모양이다. 일본에서는 고등학생들도 들고 다닌다. 전 수석 디자이너 마크 제이콥스의 영향으로 예술가와의 콜라보레이션 프로젝트가 많다. 콜라보레이션 중 가장 대중에게 유명한 것은 팝 아티스트인 무라카미 타카시와 함께 한 수퍼플랫 모노그램(Superflat monogram)과 스테판 스프라우스와

자료: fashionn.com

🕸 그림 12-2 루이비통 말레티에

함께 한 그래피티 시리즈가 있다. 그 외에도 리처드 프린스 등의 거물 현대 미술가들의 작품에서 영감을 받은 디자인들로 제품에 위트를 더하고 있다.

2. 패션 하우스

일반적으로 '역사가 오래되어 그 특유의 가치를 인정받는' 패션 브랜드를 가리키는 말이다. 대표적으로 우리가 잘 알고 있는 에르메스, 루이비통, 샤넬, 구찌, 프라다 등의 명품 브랜드들이 여기에 속한다.

패션 하우스를 명품이라고 해도 틀린 말은 아니지만, 명품이 패션 하우스만 있는 것은 아니다. 디자이너 브랜드도 충분히 명품으로 불릴만한 가격과 품질의 것들이 많기 때문이다.

패션 하우스와 일반 디자이너 브랜드의 차이는, 일반 디자이너 브랜드는 그 디자이너가 창업주이면서 직접 디자인을 하면서 경영을 하고 그 디자이너가 죽으면 없어지는 경우가 많지만, 이러한 패션 하우스들은 주인이 따로 있으며 외부

자료: tinnews.co.kr

🕸 그림 12-3 패션 하우스

에서 디자이너를 영입하여 그 패션 하우스의 정통성과 아이덴티티에 맞는 디자인을 하게 된다.

본래 패션 하우스도 과거에는 디자이너 브랜드였지만, 역사가 긴 만큼 그 시초가 되는 창업자/디자이너는 이미 사망한 경우가 많기 때문이다. 이 두 가지의 공통점이라고 하면 보통 창업자/디자이너의 이름을 브랜드의 이름으로 사용한다는 점이다.

한마디로, 패션 하우스가 화분이라면 꽃이 수석 디자이너가 되는 것이다.

이러한 디자이너와 패션 하우스의 관계는 여러 가지 형태로 나타나는데, 첫 번째 경우는 가장 일반적인 경우로 패션 하우스에서 이미 유명한 디자이너를 영입하여 디자인의 퀄리티를 높이는 것이다. 예를 들면, 에르메스의 장 폴 고띠에, 아디다스의 스텔라 매카트니, 질 샌더의 라프 시몬스 등이다.

두 번째의 경우는 재능은 뛰어나지만 별로 알려지지 않은 디자이너를 영입하여 디자인의 퀄리티도 높이고 디자이너의 명성도 높아지는 윈-윈 게임의 케이스이다. 예를 들면, 에르메스의 크리스토프 르메어의 경우이다.

세 번째의 경우는 어시스턴트 시절부터 함께 해온 디자이너를 수석 디자이너로 임명해 끝까지 함께 하는 것이다. 그 예로는 디올 옴므의 크리스 반 아세, 알렉산더 맥퀸의 사라 버튼, 그리고 꼼데가르송의 준야 와타나베를 비롯한 디자이너들의 경우이다.

3. 역사

(1) 초기

루이비통은 1854년 파리에 있는 노브 데 카푸친느(Rue Neuve des Capucines) 거리에서 루이 비통에 의해 설립되었다. 1858년에 루이 비통은 트리아농 캔버스로 된 가볍고 밀폐된 바닥이 평평한 트렁크를 제작했다. 이러한 트렁크가 나오

◈ 그림 12-4 1876년 변경한 베이지와 갈색 줄무늬 색 디자인

기 전에는 상단이 둥근 트렁크가 일반적으로 사용되었다. 루이 비통은 여행 할 때 마차에 쌓기 편하게 하기 위해 트렁크를 바닥과 상단 모두 평평하게 했다. 이런 디자인으로 인해 성공적으로 판매를 하고, 루이 비통 상표의 이름을 드높이자 타 여행용 가방 제작사들이 루이비통의 디자인을 모방하기 시작했다.

1867년에는 파리에서 열린 만국박람회에 참가했다. 루이비통은 모조품과 차별화를 두기 위해 1876년 베이지와 갈색 줄무늬 색으로 디자인을 변경했다. 1885년에는 영국 런던 옥스퍼드 거리에 첫 해외 매장을 오픈했다.

이후 다른 회사들이 루이비통과 똑같은 제품들을 모방했다. 이에 대응하기 위해 루이비통 상표를 등록해 1888년 'marque L. Vuitton déposée'라는 대표 로고를 만들었고, '다미에 캔버스'를 런칭했다. 1892년 회사를 설립했던 루이 비통이 죽고 아들 조르주 비통에게 회사 경영권을 넘겼다.

자료: lcaparis.com

🕸 그림 12-5 'marque L. Vuitton déposée' 대표 로고

아버지 루이가 죽은 뒤, 조르주는 회사를 세계적인 기업으로 만드는 데 힘썼고, 이것의 일환으로 1893년 시카고 만국박람회에서 회사의 제품을 전시했다. 1869 년 조르주 비통의 구상으로 루이비통은 모노그램 캔버스를 런칭해 세계적인 특허로 등록했고, 이후에 모노그램 캔버스는 회사의 상징으로 알려졌다.

모노그램, 1896년

모노그램 멀티컬러, 2003년

자료: luxurybro.co.kr

🕸 그림 12-6 모노그램 캔버스

루이비통은 남성복이나 여성복, 신발 등의 의류도 만들고 휴대폰 케이스, 열쇠고리, 연필, 필통, 볼펜, 수첩, 여행가이드 등등 이것저것 다 만든다. 가방이나 지갑의 디자인도 모노그램 패턴 디자인이 아닌 다미에, 아주르 등 여러 가지 패턴 디자인이 있지만 많은 사람들이 모노그램 패턴이 들어가 있는 백이나 지갑밖에 모른다. 백에 의한 매출이 거의 대부분을 차지할 정도로 심하게 백만 팔린다. 루이비통의 디자이너들과 LVMH의 경영진들도 그걸 잘 아는지 매 컬렉션마다 백에 항상 집중한다.

자료: *louisvuittonsosterreich.com*

🕸 그림 12-7 다미에 캔버스

(2) 1945년부터 2000년까지

● 1966년, '빠삐용' 백을 론칭했다.
● 1977년, 연 매출이 7천만 프랑(1427만 US$). 1년 뒤, 일본에서 첫 매장을 도쿄와 오사카에 개점했다.
● 1983년에는 타이완의 타이페이에, 1984년에는 한국의 서울로 매장을 확장했다.
● 다음 연도인 1985년에는 에삐(Epi) 라인이 소개되었다.

자료: feelway.com

🏵 그림 12-8 루이비통 빠삐용 토드백

자료: feelway.com

🏵 그림 12-9 루이비통 에삐 블루 동전지갑

● 1987년에는 LVMH 그룹[1]이 탄생했다. 샴페인과 꼬냑 전문 제조업체 모엣 샹동, 헤네시, 루이비통과의 합병으로 다음 해인 1988년의 이익은 1987년보다 49% 이상 증가했다.

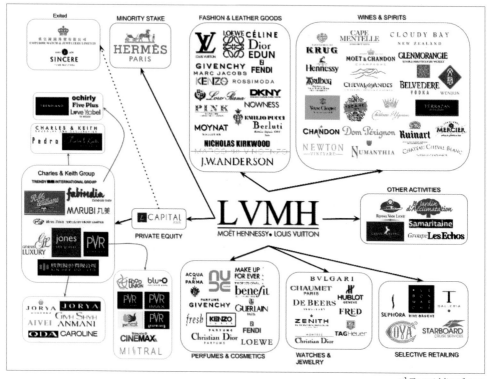

자료: quiddityof.com

🔷 그림 12-10 LVMH 그룹

---

1) LVMH 모엣 헤네시 · 루이비통(LVMH Moët Hennessy · Louis Vuitton S.A.) 또는 간단히 LVMH는 프랑스 파리에 본사를 두고 있는 다국적 럭셔리 그룹이다. 이 회사는 1987년 루이비통 패션 하우스와 모엣 헤네시(Moët Hennessy)의 합병으로 이루어졌다. 모엣 헤네시 사는 1971년 모엣 샹동(Moët & Chandon)과 헤네시(Hennessy) 사의 합병으로 이루어진 회사이다. 이 회사는 약 60개의 고품격 브랜드의 법인들을 관리한다. 이 법인들은 종종 독립적으로 경영되기도 한다. 가장 오래된 LVMH 브랜드는 1593년 설립된 와인 제조사인 샤토 디켐(Château d'Yquem)이다.

- 1989년에 다다라, 루이비통은 전 세계에 130개의 매장을 갖게 되었다.
- 1993년에는 타이가 가죽 라인이 탄생했다.
- 1996년 모노그램 캔버스 탄생 100주년을 기념하는 행사가 전 세계 7개 도시에서 열렸다.
- 1997년, 루이비통은 마크 제이콥스를 아트 디렉터로 임명한다. 다음해에 그는 루이비통의 첫 '프레타포르테' 라인을 선보였다.

4. 마크 제이콥스

1963년 4월 9일 출생, 미국 출신의 패션 디자이너이자 본인의 디자이너 레이블의 이름이다. 세계 3대 패션스쿨 중 하나인 뉴욕의 파슨스 디자인 스쿨을 1981년에 입학해서 1984년에 졸업했다. 미국 스타일로, 그리고 그의 성향답게 파슨스는 상업성을 최우선의 가치로 삼는 패션스쿨이다. 처음 이름을 알리게 된 것은 학교 졸업한지 얼마 되지 않아 맡게 된 페리 엘리스의 수석 디자이너로서이다.

자료: namu.wiki

🔷 그림 12-11 마크 제이콥스

그때까지의 페리 엘리스의 느낌과 전혀 다른 스타일의 디자인을 선보인 패션쇼가 화제가 되면서 패션계의 앙팡 테리블로 자리를 잡았다. 1997년부터 2013년까지 루이비통의 수석 디자이너이었으며, 본인의 레이블인 마크 제이콥스와 세컨드 브랜드인 마크 바이 마크 제이콥스를 맡고 있다.

루이비통 백이 세계에서 가장 잘 팔리는 명품이 된 데에는 그의 영향이 매우 크다. LVMH의 회장인 베르나르 아르노는 다큐멘터리에서 마크 제이콥스를 21세기의 랄프 로렌이라고 말하며, 그에 대한 신임을 보이고 있다. 2013년까지 루이비통에서 근무하고, 2014 S/S 시즌을 마지막으로 루이비통 하우스를 떠났다. 후임으로는 니콜라스 게스키에르가 뒤를 잇는다. 떠난 이유는 본인의 디자이너 레이블에 더욱 신경을 쓰기 위해서라고 한다. 실제로 2014년 F/W 마크 제이콥스 컬렉션은 굉장한 환영과 찬사를 받고, 자신의 세컨 브랜드 또한 호평을 받는다.

마크 제이콥스 디자인의 특징이라면 바로 상업성의 끝을 보여준다는 것이다. 보통 상업적인 패션 디자이너로 가장 많이 언급되는 주인공이 바로 마크 제이콥스이다. 한마디로 그는 팔릴만한 디자인을 하는 것에는 그 누구보다 타고 났다.

자료: instiz_net

🔹 그림 12-12 마크 제이콥스와 그의 남친

그 덕분인지, 현재로서는 그가 객관적인 '세계 최고의 패션디자이너'라고 해도 과언이 아니다.

루이비통에서 일하는 모습을 보면 패션 외의 다른 분야의 예술인과의 콜라보레이션을 무척 좋아하는 것 같다.

5. 루이비통의 성공요인

명품은 제품의 기본적 '기능과 품질' 가치보다 '사회적 이미지'라는 가치가 더욱 크게 작용한다. 프랑스 철학자 장 보드리야르(Jean Baudrillard)[2]는 "현대 소비사회에서 실제로 소비되는 것은 상품이 아닌 이미지와 기호이다."라고 했다.

자료: ko.wikipedia.org

◈ 그림 12-13 장 보드리야르

2017년 자라 덕분에 한 단계 하락했지만 루이비통은 가장 가치 있는 럭셔리 브랜드로서 최면은 유지했다. 에르메스(83억 달러, 약 9조5,425억 원)는 7위를 기록했다.

---

2) 장 보드리야르(Jean Baudrillard, 1929년 7월 27일~2007년 3월 6일)는 대중과 대중문화 그리고 미디어와 소비사회에 대한 이론으로 유명한 철학자이자 사회학자, 미디어 이론가이다.

Rank		Logo	Name	Country	Brand Value(USD & Millions)	
2017	2016				2017	2016
1 ➡	1	Nike	Nike	🇺🇸	31,762	28,041
2 ➡	2	H&M	H&M		19,177	15,510
3 ⬆	4	ZARA	Zara		14,399	10,086
4 ⬇	3	LV	Louis Vuitton		13,183	10,444
5 ⬆	8	adidas	adidas		10,169	7,098
6 ⬆	7	UNIQLO	UNIQLO	🇯🇵	9,597	7,335
7 ⬇	6	HERMÈS PARIS	Hermès		8,342	7,568
8 ⬆	9	ROLEX	Rolex		6,968	5,927
9 ⬆	12	GUCCI	Gucci		6,883	5,439
10 ⬇	5	Cartier	Cartier		6,765	7,875
11 ➡	11	DKNY	Donna Karan		🔒	🔒
12 ⬇	10	VICTORIA'S SECRET	Victoria's Secret	🇺🇸	🔒	🔒
13 ⬆	15	Under Armour	Under Armour	🇺🇸	🔒	🔒
14 ⬆	18	周大福	Chow Tai Fook	🇨🇳	🔒	🔒
15 ⬆	22	COACH	COACH	🇺🇸	🔒	🔒

자료: m.fashionn.com

🌐 그림 12-14 세계 유명 패션 브랜드 순위

세계 명품 브랜드 가치 순위는 루이비통이 오랫 동안 1위를 유지하고 있다.

창립자이자 뛰어난 기술을 보유한 장인(匠人)에서 시작되어 가문으로 이어져 내려온 전통을 가진 브랜드는 명불허전의 가치를 지닌다. 역사 속에서 빛나는 '기원'을 갖고 그 아우라(aura)를 띠는 것이야말로 명품 브랜드의 제1조건이다. 전통을 가진 기술을 유지하고 발전시켜 더 좋은 품질의 제품을 지속적으로 제공하려는 노력이 그러한 가치를 창출한다. 최고의 품질은 명품의 절대적 조건이다. 품질은 제품을 만드는 기술과 소재를 기초로 하며, '패션'보다 우선한다.

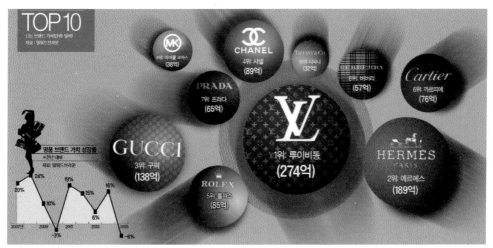

자료: news.jtbc.joins.com

◈ 그림 12-15 세계 명품 브랜드 가치 순위

　역사 속에서 시간의 흐름에 따라 출시되어 온 제품들과 함께 수많은 스토리가 만들어진다. 미래학자 롤프 옌센은 "꿈과 감성이 지배하는 21세기, 소비자는 상상력을 자극하는 스토리가 담긴 제품을 구매한다."로 했다. 고객이 귀 기울여 듣고 싶도록 매력적인 스토리를 만들고 쉬운 방법으로 들을 수 있게 해주는 것이

자료: imgrum.org

◈ 그림 12-16 루이비통 품질보증서 태그

스토리텔링이다. 제품을 통한 스토리는 명품 브랜드의 명성과 품질에 대한 광고 및 홍보에 큰 효과가 있다.

1912년 초호화 여객선 타이타닉호에 탑승한 귀족과 대부호들은 '루이비통 트렁크'를 소지하고 있었다. 영국 사우샘프턴항을 떠나 프랑스 셰르부르에 기항하고 다시 미국 뉴욕에 이르는 항로의 타이타닉호의 일등실 승객들은 루이비통 트렁크를 배에 실었다. 이후 배가 침몰하고 난파 해역에서 건져 올린 후 발견된 루이비통 가방에는 놀랍게도 물이 조금도 들어가지 않았다고 한다. 타이타닉호 침몰 후 바다 수면 위로 떠오른 루이비통 트렁크를 잡고 살아난 사람들도 많았으며, 가방 안의 내용물들이 전혀 물에 젖지 않았다는 일화가 전해진다. 영화 〈타이타닉〉에도 등장하여 루이비통 이름과 품질에 대한 믿음은 더욱 높아졌다. 이는 지금까지 루이비통의 가방이 사람들로부터 더욱 인정받는 브랜드가 된 계기가 됐다.

자료: speconomy.com

🔷 그림 12-17 다미애 캔버스로 제작한 캐빈 트렁크

제품 생산은 물론 유통에 대한 통제력을 강화함으로써 브랜드 파워를 높일 수 있다. 카르셀, 루이비통 CEO는 "공장을 통제하면 품질을 통제할 수 있고, 유통을 통제하면 브랜드 이미지를 통제할 수 있다."고 말했다. '나만을 위한 명품'을 제공하는 특별 주문 생산 서비스 등 차별화된 고객 맞춤 서비스 제공이 필요하다.

명품은 독점적이어야 한다. 고객 한 사람만을 위한 것이어야 하고, 다른 사람은 가지지 못해야 하는 것이다. 소위 'Mass Customization'의 시대인 것이다.

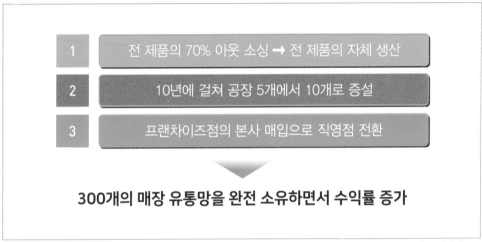

자료: KB금융지주 경영연구소

◈ 그림 12-18 루이비통 공장과 유통 통제를 통한 품질과 브랜드 관리

저렴한 대중적 제품 생산을 금지하고, 희소성을 가진 한정판을 출시한다. 예술과의 협업 등을 통한 특별한 제품을 제공하는 전략을 구사한다. 예술은 명품을 이 세상에 단 하나밖에 없는 예술작품으로 승화시킴으로써 고귀한 존재감을 느끼게 해준다.[3] 세일, 아울렛 및 사은품 증정 등이 없는 가격 정책과 고가 정책으로 명품 이미지 유지 및 브랜드 로열티 증가가 필요하다. 제품이 소비자의 마음에 든다면 가격에 상관없이 팔린다. 소비자를 만족시키는 한 명품의 가치는 계속 될 것이다. 루이비통, 샤넬, 프라다 등은 한 번의 가격인하 없이 지속적으로 가격인상 정책만을 고수하여 고가정책을 유지해도 매년 매출증가로 이어진다. 향후 가격인하 가능성도 낮은 편이다.

---

3) 조혜덕, 명품의 조건, 2011; KB금융지주 경영연구소.

자료: parcusgroup.com

⬡ 그림 12-19 Willingness To Pay

　　고가전략과 고성장은 현대기업의 패러독스라고 할 수 있다. 이 모순을 루이
비통만큼 절묘하게 소화해내는 글로벌 기업도 드물 것이다. 핸드백 하나에
200~300만 원을 호가하지만 전 세계 여성들은 마치 필수품이나 되는 것처럼 구
매하지 못해 안달이다. 160년 이상의 역사를 가졌음에도 불구하고 매년 변신을

자료: madkr.tistory.com

⬡ 그림 12-20 루이비통 매장

거듭해 늙지 않는 신생 브랜드처럼 빛난다. 매출, 시가총액, 브랜드 가치 등 모든 기준에서 전 세계 명품업계 1위이다.

루이비통이 160년 이상 동안 고집스럽게 지켜온 몇 가지 원칙이 있다. 첫째는 중앙에서 매장을 100% 통제하고 관리한다는 원칙이다. 전 세계 어느 루이비통 매장을 가더라도 본사에서 훈련을 받은 순수 자사 직원들로부터 서비스를 받을 수 있다. 루이비통은 다른 명품 업체들처럼 중간 업체와 라이선스 계약을 맺고 제품을 유통시키지 않는다.

루이비통의 기술자들 모두 적게는 수개월, 많게는 수년씩 루이비통 선임 기술자들로부터 직접 훈련을 받는다. 바로 루이비통 성공의 두 번째 비결이다. 한 땀 한 땀을 중요시하는 장인 정신이다. 루이비통의 17개 공장 중 미국 캘리포니아를 제외하고는 모두 유럽에 있다. 그 중 절반 이상이 프랑스에 있고 나머지는 스위스, 스페인, 이탈리아 등에 분포돼 있다. 공장은 가능한 한 파리 본사에서 가까울수록 좋다는 것이 루이비통의 원칙이다.

6. 린 생산방식 도입

루이비통은 일본의 도요타로부터 린 생산방식(lean production system)을 도입했다. 예를 들어, 한 생산 라인에 8~12명 정도로 구성된 소규모 팀이 투입된다. 이들은 각각 가죽 자르기, 바느질, 색감 입히기 등을 담당한다. 그리고 각 근로자는 자신의 작업 이전의 상태를 평가한다. 문제가 발견되면 "여기, 문제가 발견됐다."고 소리치고 즉시 긴급회의를 신청한다. 그러면 다들 모여서 어디서 문제가 발생했는지를 찾아낸다. 기술자들이 기계처럼 맡은 일만 하는 것이 아니라, 스스로 제조 과정에 적극적으로 참여하는 것이다. 린 생산방식을 통하면 오류 제품을 중간 단계에서 잡아낼 수 있다. 다시 말해서, 잘못된 제품을 끝까지 만드는 데 투입되는 시간을 아낄 수 있다는 셈이다. 이런 방식에 익숙해지면 오류를 잡아내고 이를 수정하는 데 걸리는 시간도 점점 빨라진다. 당연히 불량품도 크게 줄어들게 마련이다. 불량품을 생산해서 클레임을 받을 바에야 아예 물량을 적게 공급하는 게 낫다는 것이다.[4]

자료: realtime.wsj.com

🕸 그림 12-21 소규모 팀 생산 라인

루이비통은 순전히 장인들에 의해 만들어진다. 하지만 생산의 효율성이라는 측면에서는 대량생산 방식의 도요타 자동차나 마찬가지라는 것이다. 루이비통 공장의 총괄본부장 자리에 도요타 출신을 앉힌 것도 같은 맥락이다. 도요타 방식의 핵심은 제품을 만들기 시작해서, 시장에 선보일 때까지의 시간을 획기적으로 줄일 수 있다는 것이다. 소위 리드타임의 단축이다.

결국, 루이비통에서도 JIT(just in time)시스템을 도입했다는 것이다. 그날 시작한 작업은 재고를 쌓지 않고 바로 당일에 끝낼 수 있다. 소규모 팀이 작업을 하니, 각 기술자가 담당하는 일은 한 가지가 아니라 여러 가지가 된다. 일인 다기능화이다. 그러다 보면 작업의 전체 흐름이 보이고 가방 하나를 완성시키기 위해 유연성을 발휘하게 된다. 이론상으로는 오늘 주문한 고객의 물품이 다음날 배달될 수 있다.

---

4) Brand & Marketing, 2008. 3. 26, 에세이 쓰는 남자, 명품의 최고봉 루이비통의 브랜드 만들기.

7. 짝퉁과의 전쟁

　루이비통에는 세일, 아웃소싱, 짝퉁에 대한 관용 등 세 가지가 없다고 한다.

　창업자 루이비통은 위조 방지를 위해 일부러, 이니셜인 'LV'를 트레이드 마크로 등록했다. 그런데 지금은 L자와 V자가 오히려 짝퉁업자들의 도용 대상이 되고 말았으니 아이러니가 아닐 수 없다. 짝퉁은 돈세탁이나, 어린이 노동 착취, 마약 등과 같은 명백한 범죄 행위이다. 루이비통은 그래서 무관용 원칙(zero tolerance)을 고수하고 있다. 각국의 정치인들을 만나 로비도 하고 다닌다. 단지 루이비통만을 위한 노력은 아니다. 지하 경제를 없애기 위한 공공적인 성격을 띤다. 물론 중국에서 가짜 상품들이 가장 많이 유통된다. 중국 유통 당국은 문제의 심각성을 이해하고 짝퉁에 대해 철퇴를 가할 의지를 갖고 있지만, 너무 큰 나라다 보니까 통제가 어렵다.

　루이비통 측은 소송도 불사하고, 할 수 있는 법적 조치는 다 하고 있다. 하지만 가장 효과적인 방법은 루이비통 매장을 최대한 많이 여는 것이다. 그래서 더 많은 사람들이 진품을 보고 가짜와의 근본적인 차이를 알 수 있도록 하는 것이다.

자료: board.busan.com

⬡ 그림 12-22　짝퉁과의 전쟁

한번 진품의 맛을 본 사람은 중독되기 때문에 다시는 짝퉁으로 돌아갈 수가 없다는 것이다.

하지만 여전히 명품 매장은 보통 사람들이 자연스럽게 문을 열고 들어가기엔 좀 불편한 생각이 들기 때문에 백화점에도 매장을 심어 놓고 있다. 단독 빌딩 매장보다는 그래도 쇼핑하다가 잠깐 들르기에 덜 위협적이니 때문이다. 백화점 매장과 빌딩 매장을 적절히 배치시키는 전략이다.

8. 루이비통 마케팅의 비밀

16세에 파리로 온 루이 비통은 당시 파리 생 제르만 부근에서 유명세를 떨치던 가방 제조 전문가 무슈 마레샬(Monsieur Marechal) 밑에서 일을 배우며 트렁크 메이커로 자신의 경력을 시작했다. 루이 비통은 섬세한 패킹 기술로 귀족들 사

자료: fashionn.com

🔹 그림 12-23 프랑스 유제니 황후의 전담 패커가 된 루이 비통

이에서 최고의 패커(packer, 짐 꾸리는 사람)로 소문이 나기 시작했으며, 결국 프랑스 황제 나폴레옹 3세의 부인 유제니 황후의 전담 패커가 된다.

옛날부터 명품 브랜드와 상류사회는 떼려야 뗄 수 없는 관계이다. 이제는 브랜드 이름이 돼 버린 루이비통이 1852년 프랑스 황후 유제니를 비롯한 귀족들을 위해 여행 가방을 만들었듯이 21세기의 명품 기업 루이비통도 자본주의의 귀족인 '부유층'을 위한 제품을 만든다.

자료: m.blog.naver.net

🏵 그림 12-24 프랑스 황후 유제니

1854년, 루이 비통은 그의 재능을 높이 산 유제니 왕후의 후원으로 뤼 뇌브 데 까푸신느 4번가(4 Rue Neuve des Capucines)에 자신의 이름을 건 첫 매장이자 포장 전문 가게를 열게 된다. 그 매장에는 '손상되기 쉬운 섬세한 물건들을 안전하게 포장하며, 의류 포장에 전문적임'(Securely packs the most fragile objects. Specializing in packing fashions)이라고 쓴 간판이 걸려 있었는데, 이것이 바로 루이비통 브랜드의 시작이라고 한다.

그 후 빠른 성공으로 인하여 사업을 확장해야 할 필요성을 느껴 1859년 프랑스 파리, 아니에르에 루이비통의 첫 번째 공방을 오픈하여 20명의 직원과 함께 일을 시작했다. 계속되는 사업 성장으로 1900년에는 직원 수가 100명에 달했고, 1914년에는 225명이 되었다. 여행 용품 제작업체로 시작한 그는 트렁크 마스터가 되었다.

루이비통은 VIP 회원들만을 위한 '프라이빗 쇼핑' 행사를 열기도 한다. VIP 회원 한 사람 한 사람이 갖는 영향력과 구매력이 막강하다는 뜻이 있다.

자료: timeforum.co.kr

🏛 그림 12-25 루이비통 프라이빗 쇼핑

자료: news.joins.com

◈ 그림 12-26 서울 청담동 루이비통 × 슈프림 팝업 매장 앞

　명품 업체들은 더 비싼, 더 희귀한 제품을 만드는 마케팅 전략을 쓰기도 한다. 예를 들어, 루이비통은 특정 매장에서만 구입이 가능한 고가의 가방을 출시하는 '일부러 애태우는 전략'(play hard to get)을 쓰기도 한다. 또 유명 연예인의 만화 캐릭터 등을 그려 넣은 백을 한정 생산해, 전 세계 고객들을 모두 몇 달씩 대기자 명단 위에 이름을 올려놓고 기다리게 하기도 했다. 사람들에게 선망의 대상으로 남아 있기 위한 인위적인 품귀 현상인 셈이다.

　인기 브랜드와 인기 브랜드의 만남, 루이비통 × 슈프림이 유난히 주목받는 이유로 두 브랜드가 지향하는 세계관이 정반대라는 점에 주목한다. 주류 문화로 통하는 세계 최대 명품 브랜드와 유스컬처(youth culture, 청년문화 혹은 하위문화)계의 종교와도 같은 브랜드가 만났다는 말이다. 루이비통은 자칫 정체될 수 있는 명품 브랜드의 이미지에 젊은 감성을 수혈해서 여전히 '핫'(hot)한 브랜드로 세를 과시했음은 물론, 가시적인 매출의 성과도 올렸다.5)

자료: news.mk.co.kr

🌐 그림 12-27 루이비통의 이니셜 페인팅 서비스 제작 장면

　　루이비통은 여기서 한 걸음 더 나아가서 100% 자신만을 위한 '맞춤형' 주문 서비스도 제공한다. 사람은 누구나 자기만의 제품을 갖고 싶어 한다. 세계 유일의 제품을 갖고 싶어 하는 고객들의 심리를 자극하는 마케팅이다. 이를 위해 본사 내에 아예 '스페셜 오더' 부서를 따로 두고 각 고객이 원하는 특성이나 디자인을 반영한 제품을 만들어낸다. 이 부서에는 시계에 고객 이름의 이니셜을 새겨 달라든지 맞춤형 옷을 주문하는 등의 요구가 전 세계로부터 쇄도한다. 어느 미국 할리우드 유명 여배우가 화장품 케이스가 들어간 여행 가방을 주문한 적이 있어 화제가 되기도 했다.

---

5) 중앙일보, 2017.7.10.

제4차 산업혁명의 핵심동력
| 장수기업의 소프트 파워 |

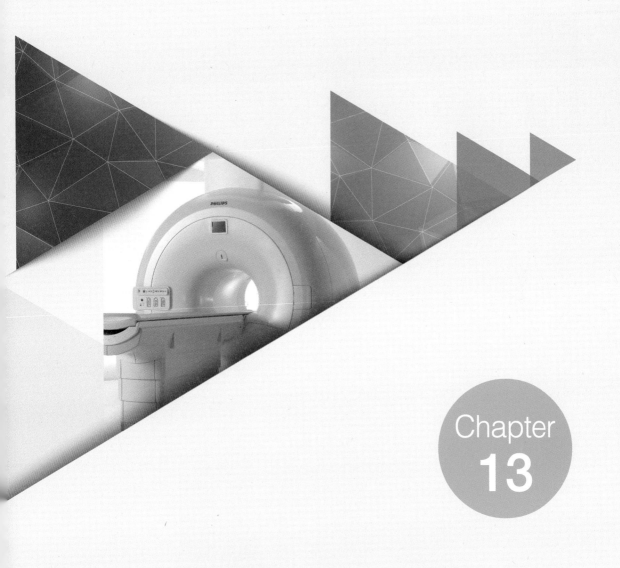

세계 최고 조명 기업
필립스

Chapter 13

세계 최고 조명 기업
필립스

1. 개요

　로얄 필립스 일렉트로닉스 N.V.(Royal Philips Electronics N.V.)는 네덜란드의
다국적 전자 제품 생산 기업으로, 본사는 암스테르담에 위치해 있다.

자료: engadget.com

🔶 그림 13-1 암스테르담에 위치한 필립스 본사

2006년 매출액은 269.76억 유로이며, 그 수준을 계속 유지하고 있다. 60개 이상의 국가에서 약 125,500명의 임직원들이 근무하고 있다. 필립스는 전자 외에도 다양한 영역에서 활동하는 사업부들로 구성되어 있다.

필립스 퍼스널 헬스, 필립스 라이팅, 필립스 헬스 시스템스가 있으며, 또한 필립스는 네덜란드의 축구클럽 PSV 에인트호번의 주요 스폰서이기도 하다.

2. 역사

필립스는 1891년에 카를 마르크스의 모계 사촌인 제라드 필립스(Gerard Philips)가 네덜란드 에인트호번에 설립했다. 처음에는 백열등과 전기기술 장비를 생산했다. 첫 번째 공장은 박물관으로 남아 있다. 1920년대에, 필립스는 진공관 같은 다른 제품을 제조하기 시작했다. 1927년에, 필립스는 영국 진공관 제조업체 멀라드를 인수하였고, 1932년에 독일 진공관 제조업체 발보를 인수했다. 멀라드와 발보는 현재 필립스의 자기업이 되었다. 1939년에 필립스는 전기면도기, 필립쉐이브를 발표하였다. 필립쉐이브는 미국에서 노렐코라는 브랜드 이름으로 판매되었다.

자료: brunch.co.kr

🏵 그림 13-2 설립자 제라드 필립스

그림 13-3 필립스 초기 공장 모습

(1) 제2차 세계대전

1940년 5월 9일에 필립스 이사회는 독일이 5월 10일에 네덜란드를 침략한다는 정보를 파악했다. 이사회는 필립스의 많은 자본을 가지고 네덜란드를 떠나서 미국으로 피난하기로 결정했다. 미국에서 운영된 북미 필립스 기업은 전쟁이 지속되는 동안에 계속해서 경영됐다. 동시에 북미 필립스는 (서류상으로) 독일의 영향권에서 자유로운 네덜란드령 안틸레스로 이동했다.

필립스는 전쟁하기 이전이나 전쟁 중에 엄청난 양의 전기장비를 독일 점령군에게 공급했기 때문에 사람들은 필립스가 그 당시의 다른 기업들처럼, 나치에 이적한다고 믿게 했다. 그러나 필립스 자체나 경영이 나치나 나치의 이데올로기에 협력했다는 확실한 증거는 없다. 필립스 가족 중에 프레데릭 필립스만 네덜란드를 떠나지 않았다. 프레데릭 필립스는 나치에게 지시하여 필립스에서 제품을 생산하는 데 꼭 필요한 382명 유대인의 생명을 구했다. 1996년에 이스라엘 대사는 프레데릭 필립스의 용기 있는 행동에 대하여 야드 바셈 상을 수여했다. 점령당한 동안에 독일군이 필립스의 생산 시설에서 노동자를 학대하거나 학살하는 것을 필립스가 조금은 방지할 수 있었다. 연합군은 전쟁 중에 에인트호번에 있는 생산 설비에서 독일의 산업 목표만 신중하게 폭격했다.

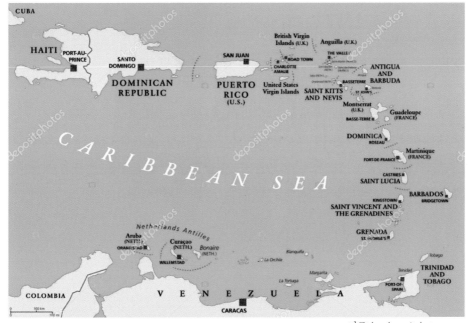

자료: ko.depositphotos.com

◈ 그림 13-4 네덜란드령 안틸레스

(2) 종전 후

전쟁이 끝난 후에 필립스는 원래 본사가 위치한 네덜란드 에인트호번으로 다시 이전했다. 대부분의 비밀 연구 시설은 닫혀 있어서 침략군으로부터 성공적으로 감출 수 있었다. 전쟁이 끝난 후에 필립스는 이런 비밀 연구 시설로 인하여 빠르게 성장할 수 있었다. 필립스는 1963년에 콤팩트 카세트 테입을 발표했고, 큰 성공을 했다. 그러나 비디오 카세트 녹화기 표준으로 시도한, 비디오 2000은 베타맥스 및 VHS 표준과 경쟁하면서 성공하지 못했다. 1982년에, 필립스는 소니와 협력하여 콤팩트 디스크를 개발했다.

자료: blogs.chosun.com

🔷 그림 13-5 1979년 콤팩트 디스크를 발표하는 Joop Sinjou 필립스 CD 연구소장

1991년에 회사 이름을 N.V. 필립스 백열전구에서 필립스 일렉트로닉스 N.V. (Philips Electronics N.V.)로 변경했다. 동시에 북미 필립스는 공식적으로 해산됐고, 미국에 필립스 일렉트로닉스 북미 주식회사라는 이름으로 새로운 기업 부서

🏛 그림 13-6 NXP 반도체

가 신설됐다. 1997년에 회사 이름을 로얄 필립스 일렉트로닉스 N.V.로 변경하면서, 본사를 암스테르담으로 이전하기로 결정했다.

본사 이전은 2001년에 완료됐다. 처음에, 필립스는 렘브란트 타워에 입주했었지만, 2002년에 브라이트너 타워로 다시 이전했다. 어떤 점에서, 본사 이전은 필립스의 설립 장소로 복귀한다고 생각할 수 있다. 왜냐하면 제라드 필립스가 백열등 공장 건설을 생각할 당시에 암스테르담에서 살았기 때문이다.

제라드 필립스는 쟌 리세와 함께 처음으로 암스테르담에서 백열등 대량생산의 현장 실험도 진행했다. 필립스 라이팅, 필립스 리서치(나중에 NXP 반도체로 스핀오프 한) 필립스 세미컨덕터즈와 필립스 디자인은 여전히 에인트호번에 남아 있다.

필립스 메디컬의 본사는 (2002년까지 네덜란드 베스트였으나 이전하여) 미국 매사추세츠 주 엔도버에 있다.

(3) 반도체 사업부 매각

칩 제조사인, 필립스 세미컨덕터는 세계적인 반도체 기업에 포함되는 기업이다. 2005년 12월에, 필립스는 반도체 부서를 법적으로 완전히 분리할 계획을 발표했다. '분리'의 과정은 2006년 10월 1일에 완료되었다. 2006년 8월 2일에, 필립스는 필립스 세미컨덕터 경영 지분의 80.1%를 콜버그 그래비스 로버츠(KKR), 실버 레이크 파트너즈와 알프인베스트 파트너즈로 구성된 개인 투자 채권단에게 매각하기로 완전히 동의했다. 필립스 세미컨덕터의 매각 과정은 2005년 12월에 법적으로 완전히 분리하고 모든 전략적인 선택을 추진하기로 결정하면서 시작되었다. 매각하기 6주 이전에 8,000명의 필립스 관리자에게 전달된 편지를 통한, 필립스의 온라인 회담은 제3자에 의하여 주요 지분이 완전히 독립된 반도체 부서의 변화가 가속화된다고 발표했다. 이 발표는 "매각은 단순한 계약이 아니라 중요한 문제이다. 즉, 필립스 개혁의 긴 여정에서 아마도 가장 중요한 사건이고 특히 반도체 사업에 종사하는 부분에서 새로운 장의 시작이다."라고 진술했다. 115년 이상의 역사에서, 반도체 사업부 매각은 필립스의 이익을 명확하게 변화시키는 큰 진보로 생각된다. 필립스는 19세기 전기 세상에서 전자 시대까지 변화하여 성공한 기업 중 하나였다. 필립스의 반도체 사업부는 1953년에 업무를 시작했고 반도체 사업에서 상위 10대 기업에 포함되었다. 상위 기업에 포함되기 위해서, 반도체 사업부는 지난 50년 동안 필립스에서 많은 개혁의 중심이었다. 마침내 반도체 사업부를 매각하기로 결정하여 매각이 진행되는 것을 동의했다. 반도체 사업부 매각은 경영 이사회에서 가장 힘든 결정 중 하나였다. 2006년 8월 21일에, 베인 캐피탈과 아팍스 파트너즈는 필립스 반도체 사업부의 경영 지분을 인수한 콜버그 그래비스 로버츠가 이끄는 커진 채권단에 합류하기 위하여 최종 위원회와 계약했다고 발표했다. 2006년 9월 1일에, 필립스가 설립한 반도체 기업의 새로운 이름은 NXP 반도체라고 발표했다. 반도체 부서의 매각과 동시에, 필립스는 회사 이름에서 '일렉트로닉스(Electronics)'를 빼는 것도 발표했다. 그리하여 오늘날 회사명으로 바뀐 것이다.

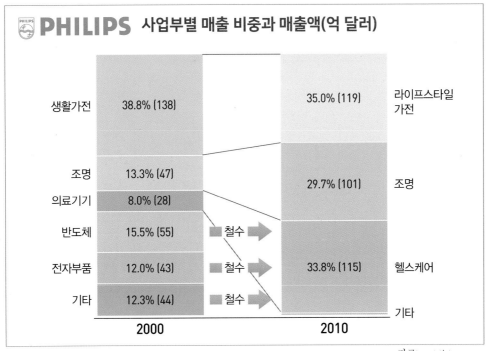

PHILIPS 사업부별 매출 비중과 매출액(억 달러)

	2000	2010	
생활가전	38.8% (138)	35.0% (119)	라이프스타일 가전
조명	13.3% (47)	29.7% (101)	조명
의료기기	8.0% (28)		
반도체	15.5% (55) 철수 →	33.8% (115)	헬스케어
전자부품	12.0% (43) 철수 →		
기타	12.3% (44) 철수 →		기타

자료: nsst.tistory.com

🌐 그림 13-7 필립스의 사업구조 변화

(4) 소비자 가전 매각

2013년 1월 29일 필립스는 소비자 가전 사업군을 일본의 후나이에 매각한다고 공식 발표했다. 매각 금액은 약 2억 200만 달러이다.

3. 회사 슬로건

2013년에, 필립스는 새로운 슬로건으로 'Innovation and You(당신에게 가장 가까운 혁신)'을 천명했다.
ASML 홀딩은 필립스의 부서가 스핀오프하여 설립되었다.

자료: insight.ottomonitor.com

🌐 그림 13-8 필립스, 'Innovation and You'로 마케팅 슬로건 변경

4. 최고경영자

(1) 역대 및 현재의 최고경영자

- 1891년 ~ 1922년 : 제라드 필립스
- 1922년 ~ 1939년 : 애톤 필립스
- 1939년 ~ 1961년 : 프랜스 오텐
- 1961년 ~ 1971년 : 프릿츠 필립스
- 1971년 ~ 1977년 : 헨크 밴 리엠스딕
- 1977년 ~ 1981년 : 니코 로덴버그
- 1982년 ~ 1986년 : 위즈 덱커
- 1986년 ~ 1990년 : 코넬리스 밴 더 클룩트

- 1990년 ~ 1996년 : 쟌 타이머

- 1996년 ~ 2001년 : 코 분스트라

- 2001년 ~ 2011년 : 제라드 클라이스터리

자료: ehistory.go.kr

🌐 그림 13-9 이한동 국무총리 클라이스터리 Philips 그룹 회장 접견

- 2011년 ~ : 프란스 반 하우튼

자료: biz.chosun.com

🌐 그림 13-10 프란스 반 하우튼 회장

(2) 인수

필립스는 수십 년 동안 엠퍼렉스 일렉트로닉, 매그나복스, 시그네틱스, 멀라드, VLSI 테크놀로지, 에질런트 건강 솔루션 그룹, 마르코니 의료 시스템, ADAC 실험실, ATL 울트라사운드, 웨스팅하우스 일렉트릭의 지분과 필코, 실바니아의 소비가전 사업부를 인수했다. 필립스는 인수한 실바니아 이름을 SLI(Sylvania Lighting International)로 변경했다. 다만, 오스트레일리아, 캐나다, 멕시코, 뉴질랜드, 푸에르토리코와 미국에 위치한 실바니아는 지멘스 AG의 오슬람 사업부에 포함된다. 필립스는 발광 다이오드 제조사 루미레즈의 96.5% 지분도 소유하고 있다.

자료: item.gmarket.co.kr

🔷 그림 13-11 필립스/실바니아 캔들워머용 GU10 할로겐램프

2006년에, 필립스는 매사추세츠 주 프레이밍햄에 본사를 둔 라이프라인 시스템즈 기업을 인수했다. 2007년에, 필립스는 텍사스 주 엘패소에 본사를 둔 엑시미즈 기업을 인수하여 의료정보 부서와 합병했다. 2007년 10월에, 필립스는 TPL

그룹의 무어 마이크로프로세서 특허(Moore Microprocessor Patent, MPP)권을 인수했다. 2007년 12월 21일에, 필립스와 리스피로닉스는 최종적으로 합병에 동의함을 발표했다. 합병의 조건으로 필립스는 리스피로닉스의 공모주를 주당 66달러에 구매하기 시작하여, 인수 금액의 총액인 약 36억 유로를 현금으로 지불했다.

(3) 스폰서와 명명권

필립스는 많은 국가에서 락 축제인 필립스 몬스터즈를 지원하고 있다. 1913년에, 네덜란드가 프랑스로부터 독립한 지 100주년 된 것을 기념하기 위하여, 필립스는 사원들을 위한 스포츠클럽을 창설했다. 클럽의 이름은 필립스 스포츠 연합(Philips Sport Vereniging) 혹은 PSV 에인트호번라고 잘 알려져 있다. 아르헨티나에서 개최한 1978년 FIFA 월드컵 이후부터, 필립스는 FIFA 월드컵의 공식 스폰서가 되었다.

자료: ko.gofreedownload.net

🔶 그림 13-12 필립스 FIFA 월드컵 공식 스폰서

또한 필립스는 미국 조지아 주 애틀랜타에 있는 필립스 아레나와 전통적으로 국가 농구 리그로 알려진 오스트레일리아에서 열리는 필립스 챔피언십 프리미너 농구 리그의 명명권을 소유하고 있다.

5. 세계 사업장

로얄 필립스 N.V.는 필립스라는 브랜드로 알려진 가정용 가전 사업부를 매각하기도 했다. 가정용 가전 사업부가 월풀에 매각된 이후에 필립스 월풀과 월풀 필립스로 바뀌었다가 결국에 월풀이 되었다. 월풀은 필립스의 가정용 가전 사업부의 53% 지분을 인수하여 월풀 인터내셔널을 설립했다. 월풀은 1991년에 필립스의 나머지 지분을 인수하여 월풀 인터내셔널과 합병했다.

(1) 미국

필립스의 미국 본사는 뉴욕 주 뉴욕 시 6번 길에 위치한 필립스 일렉트로닉스 북미 주식회사이다.

필립스 라이팅의 본사는 서머싯 주 뉴저지 시에 있다.

제조 공장은 다음 장소에 있다.

- 댄빌
- 배스 시
- 설라니아
- 페어몬트
- 패리스

영업 센터는 다음 장소에 있다.

- 마운틴탑
- 온타리오
- 멤피스
- 애틀랜타

자료: heradk.com

🔯 그림 13-13 필립스 라이팅, 다양한 조명의 미래 전시

　조명 전문 기업 필립스 라이팅은 독일 프랑크푸르트에서 개막한 조명건축박람회 'Light Building 2016'에서 글로벌 조명 기업의 비전과 전략, 주요 솔루션을 선보였다. 필립스 라이팅은 사물인터넷(IoT)과 이더넷(ethernet)[1]을 결합한 스마트홈과 스마트빌딩, 스마트시티 등 3대 전략 분야별 솔루션을 발표했다. 또 '빛 이상의 가치를 전하는 조명(Light Beyond Illumination)'이란 비전도 강조했다.

　필립스 메디컬 시스템의 본사는 앤도버에 있고 북미 판매 사업부의 본사는 보셀에 있다. 또한 앤도버, 보셀, 클리블랜드, 리즈빌과 밀피타스에 의료장비 제조 설비도 있다.

---

1) 이더넷(ethernet)은 컴퓨터 네트워크 기술의 하나로, 전 세계의 사무실이나 가정에서 일반적으로 사용되는 LAN에서 가장 많이 활용되는 기술 규격이다. '이더넷'이라는 명칭은 빛의 매질로 여겨졌던 에테르(ether)에서 유래되었다.

필립스 도네스틱 어플리언스 앤 퍼스널 케어 기업은 스탬포드에 본사를 두고 있다. 가정용 기기와 개인용 기기의 제조공장은 스노퀼미에 있으며 소니케어 전자 치솔을 생산하고 있다.

필립스 리서치는 브라이어클리프매너에서 연구하고 있다. 2007년에 필립스는 북미 조명 업체인 젠라이트 그룹과 완전히 합병하기로 동의했다. 젠라이트 그룹은 북미에서 조명 및 관련 제어(솔리드 스테이트 라이팅을 포함한)와 다양한 응용제품을 공급하는 선두 기업이었다.

(2) 오스트레일리아

필립스 오스트레일리아는 뉴사우스웨일스 주 시드니에 본사가 있다. 약 400명이 넘는 사원이 오스트레일리아 곳곳에서 근무하고 있다. 멜버른, 브리즈번, 애들레이드, 퍼스에 지역 사무소가 있다. IT 서비스는 P-GIS(CAS, CIS & BTS)를 제공하고 있다. 현재 운영 부서 및 사업부는 다음과 같다.

● 필립스 메디컬 시스템즈(뉴질랜드 운영도 담당하고 있음)
● 필립스 커스터머 일렉트로닉스
● 필립스 라이팅(뉴질랜드 운영도 담당하고 있음)
● 필립스 딕테이션 시스템즈

자료: philips.co.kr

◈ 그림 13-14 임상분야 정보는 필립스 글로벌 본사 페이지로 연결

필립스 오스트레일리아는 1927년에 설립되었고 수십 년 동안 많은 사업부를 육성했으며, 특히 제조관련 사업부가 크게 성장했다. 본질적으로 오늘날 필립스 오스트레일리아는 판매와 지원 사무소가 운영된다.

반도체 사업부를 매각한 프로젝트 라이온의 결과로 오스트레일리아의 순위는 매각기간 동안에 43위에서 18위로 상승했다.

(3) 영국

필립스 영국은 서리 주 길퍼드에 본사가 있다. 약 2,500명 이상의 사원이 영국 각지에서 근무하고 있다.

자료: namu.wiki

◈ 그림 13-15 필립스 로고

- 레드힐에 위치한 필립스 어플라이드 테크놀로지는 디지털 텔레비전과 통신 기술의 새로운 제품과 하위 시스템을 개발한다.
- 케임브리지에 위치한 필립스 비즈니스 커뮤니케이션즈는 음성 및 데이터 통신 제품, 고객 관계 관리(CRM) 응용의 전문화, IP 전화, 데이터 네트워킹, 음성 처리, 명령 및 제어 시스템과 무선 전화기를 제공한다.

- 길퍼드에 위치한 필립스 컨슈머 일렉트로닉스는 고선명 텔레비전을 포함한 각종 텔레비전, DVD 레코더, 휴대용 오디오, CD 레코더, PC 주변기기, 무선 전화기, 가정용 기기, 소비 가전(면도기, 헤어 드라이, 신체 관리, 구강 위생 제품)을 판매하고 마케팅한다.
- 필립스 딕테이션 시스템즈는 에식스 주 콜체스터에 있다.
- 필립스 라이팅은 래넉셔 주 해밀턴에서 제조하고 길퍼드에서 판매하고 있다.
- 필립스 메디컬 시스템즈는 서리 주 레이게이트에 있다. 엑스선, 울트라사운드, 핵의학, 환자 감지기, 자기 공명, 컴퓨터 단층촬영장비, 소생 제품의 판매와 기술지원을 하고 있다.
- 필립스 리서치 연구소는 서리 주 레드힐에 있다. 원래 멀라드 리서치 연구소가 있던 곳이다.
- 원래 멀라드의 한 사업부였던 필립스 세미컨덕터는 그레이트맨체스터 스톡포트 헤이젤그로브와 햄프셔 주 사우샘프턴에 있다. 필립스 세미컨덕터는 이제 NXP 반도체가 되었다.

과거에 필립스 영국은 다음 사업부도 운영되었다.

- 멀라드 이퀴프먼트 사(MEL)는 군용 장비를 제조하던 사업부였다.
- 클로이던에 위치한 소비가전 제조공장이 있었다.
- 런던 캐리지는 물류관리와 수송관련 부서였다.
- 케임브리지에 위치한 파이 텔레커뮤니케이션즈 사
- 윌트셔 주 맘스버리에 위치한 TMC 사

(4) 인도

필립스는 1930년부터 인도 콜카타에서 75명의 사원으로 구성된 필립스 일렉트리컬(인도) 사라는 이름의 기업을 경영하기 시작했다. 필립스 일렉트리컬은 필

자료: talkcomas.tistory.com

◈ 그림 13-16 인도에서 제작된 필립스의 헤드폰 광고

립스 램프를 해외로 수출하는 판매로가 되었다. 1938년에, 필립스 인도는 콜카타에 첫 번째 램프 제조공장을 설립했다. 제2차 세계 대전이 끝난 1948년에, 필립스는 콜카타에서 라디오를 생산하기 시작했다. 1959년에, 두 번째 라디오 공장은 푸네 근처에 설립되었다.

- 1957년에, 필립스 일렉트리컬(인도) 사는 주식회사로 전환하면서 이름을 '필립스 인도 사'로 변경했다.
- 1965년 4월 3일에, 백만 번째 필립스 라디오가 인도 제조공장에서 생산되었다.
- 1970년에, 새로운 소비 가전 공장이 푸네 근처 핌프리에서 가동되기 시작했다. (이 공장은 2006년에 폐쇄되었다.)
- 1982년에, 필립스는 1982년 아시안 게임 동안에 인도가 컬러 텔레비전 방송을 할 수 있도록 DD 내셔널에 4문 방송차를 공급했다.
- 1996년에, 필립스 소프트웨어 센터는 벵갈루루에 설립되었다.

자료: householdappliances.com

🔶 그림 13-17 Philips Innovation Center in Bangalore

(5) 폴란드

● 유럽 금융 및 회계센터는 우치에 있다.
● 필립스 라이팅은 파비아체와 피와에 있다.

(6) 멕시코

필립스 멕시카나 SA 드 CV 주식회사는 멕시코 시에 본사가 있다.
멕시코에는 다음과 같은 제조 공장이 있다.

필립스 라이팅:

● 루에보레온 주 몬테레이
● 치와와 주 시우다드후아레스

자료: foursquare.com

🏢 그림 13-18 필립스 멕시카나 SA 드 CV 주식회사

- 바하칼리포르니아 주 티후아나

필립스 소비 가전

- 치와와 주 시우다드후아레스

필립스 도네스틱 어플리언스는 멕시코 시의 산업 벨리 구역에서 큰 제조 공장을 가동하였지만 2004년에 완전히 폐쇄하였다.

6. 가정용 가전 제품

- 1951년: 필립스는 2개 헤더가 회전하는 면도기인 필립쉐이브를 발표했다. 미국에서 노렐코라는 브랜드로 판매되었다.

- 1963년: 필립스는 콤팩트 카세트를 발표했다.
- 1978년: 필립스는 1960년대에 발명된 기술을 사용한 레이저디스크 재생기를 발표했다.

자료: blogs.chosun.com

🕸 그림 13-19 1940년대 싱글 헤드 면도기 광고

자료: blogs.chosun.com

🕸 그림 13-20 1972년 세계 최초 가정용 비디오 카세트 레코더 N1500카탈로그 표지

- 1979년: 필립스는 비디오 2000 시스템을 발표했다. 기술적으로 개선된 제품이지만, 시장 진입에 실패했다.
- 1982년: 필립스는 소니와 제휴하여 콤팩트 디스크를 개발했다.
- 1991년: 필립스는 많은 콘솔 형태의 비디오 게임에서 실패한 콤팩트 디스크 대화식 시스템 CD-i를 발표했다.
- 1992년: 필립스는 버림받을 운명을 타고난 디지털 콤팩트 카세트 형식을 발표했다.
- 2001년: 필립스는 네덜란드에서 센세오 커피메이커를 성공적으로 발표했고, 2002년 이후에 다른 유럽 국가에서 판매했다. 센세오는 커피를 포함하도록

특별히 제작된 패드에서 양조 방식으로 커피를 끓인다. 센세오 패드는 도위 에그버트가 제조한다. 센세오는 2004년부터 미국에서 판매되기 시작했다.

자료: itempage3.auction.co.kr

⬢ 그림 13-21 필립스 센세오 커피머신 HD 7810

필립스는 모든 DVD 제조사로부터 특허비를 받는다.

7. 의료 시스템 제품

(1) 의료 정보과학

● 아이사이트 팍스
● 뷰포럼
● 엑셀레라

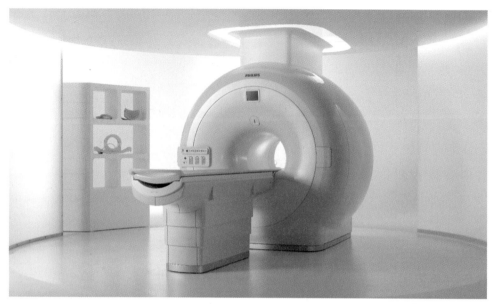

자료: medical.or.kr

🔶 그림 13-22 필립스 자기 공명 영상(MRI)

(2) 영상 시스템

- 심장/혈관 엑스선
- 전산화 단층촬영(CT)
- 투시법
- 자기 공명 영상(MRI)
- 휴대용 엑스선 영상 증배관
- 핵의학
- 양전자 방출 단층촬영(PET)
- PET/CT
- 엑스선 사진
- 방사선 종양학 시스템
- 초음파

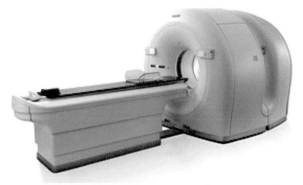

자료: medical.or.kr

🏵 그림 13-23　필립스 최첨단 PET/CT 시스템

(3) 진단용 감지기

● 진단용 심전도

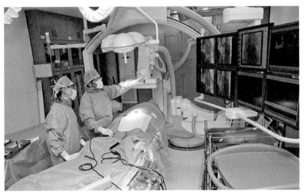

자료: dkuh.co.kr

🏵 그림 13-24　필립스사의 디지털 심장혈관 및 혈관 조영 진단 장치

(4) 환자용 감지기

● 다중측정 서버

- 마취제 가스 감지기
- 혈압
- 이산화탄소 감지기
- 심전도
- 혈압역학
- 맥박 산소계측기
- 온도계
- 경피성 가스
- 환기창
- 진료 정보시스템(상태추정, 컴퓨터기록, 상태차트)

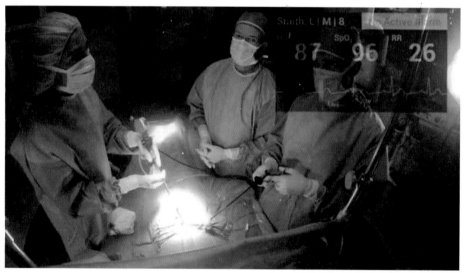

자료: naayo.co.kr

🌐 그림 13-25 필립스의 인텔리뷰 구글 글래스[2]

---

2) 병원의 환자 정보시스템과 무선으로 연동되어 이를 표시해 주는 기능.

8. 조명

(1) 공공 장소용

　아름답게 설계되어 지능적으로 관리되는 공공 조명은 주민에게 새로운 활기를 불어넣고 방문객들의 마음을 사로잡으며, 관광객과 거주민 모두에게 안전을 제공하여 지역사회를 풍요롭게 한다. 종합적인 조명 계획을 통해 도시만의 독특한 매력을 창조하여, 도시를 명소로 만들고 지속 가능성과 에너지 절감 목표를 달성할 수 있다.

　필립스의 연결된 조명시스템은 원격 모니터링, 스마트한 자산 관리, 배경 설정 및 지능적 에너지 계량에 의한 스마트한 조광을 통해 공공 조명 관리에 있어 근본적인 변화를 보여준다. 연결된 조명은 확장 가능하며 완전히 통합된 솔루션을 만들어 방문객과 주민에게 최고의 경험을 선사하는 동시에, 관리 워크플로를 간소화하고 도시가 부담하는 비용을 최소화한다.

자료: lighting.philips.co.kr

🔷 그림 13-26 필립스 공공 장소용 조명

(2) 사무실 및 산업용

사무실과 산업 공간의 조명은 웰빙, 생산성 및 근로자의 활력에 큰 영향을 미친다. 조명을 효과적으로 적용한 매력적인 환경은 이미지를 강화하고 우수한 인재를 채용하고 보유할 수 있도록 하며 시설의 총 가치를 높인다.

필립스의 연결된 조명시스템은 여러 제어 전략을 결합하여 시설 내 조명을 꼼꼼하게 관리하므로 최적의 광도에서 업무를 안전하고 효율적으로 수행할 수 있다. 조명기구를 정교한 제어 및 종합 관리 시스템과 통합하여 업무 활동을 간소화하는 동시에 에너지를 절약하고 직원의 만족을 보장할 수 있다.

자료: lighting.philips.co.kr

🔶 그림 13-27 필립스 LED 사무실 조명이 설치된 맨체스터 공항 올림픽 하우스의 회의실

(3) 소매업 및 서비업용

세련된 디자인과 우수한 조명은 고객이 판매하는 물건, 제공하는 식사와 침대 시트의 수만큼이나 기억에 남는 경험을 선사할 수 있다.

🔷 그림 13-28 필립스 AmbiScene 조명으로 매장 분위기를 멋지게 연출

🔷 그림 13-29 필립스 AmbiScene로 조명을 밝힌 독일 Markenstore의 진열창

필립스의 연결된 조명시스템을 통해 소매업 및 서비스업 공간은 고객의 요구에 더욱 민감하게 반응한다. 연결된 조명은 정교하고 직관적인 조명 관리 소프트웨어와 디지털 컨트롤러, 세계 최고 수준의 필립스 조명기구를 결합하여 사용자 환경에서 모든 조명 지점을 중앙 집중식으로 제어할 수 있도록 한다.

고객의 활동과 선호에 대한 심층적인 통찰을 통해 조명을 맞춤 제공하여 즐겁고 기억에 남는 경험을 선사하는 동시에 브랜드의 핵심 과제인 에너지 효율성과 지속 가능성 목표를 달성할 수 있다.

특히, 필립스의 AmbiScene 조명은 소매업체에 새로운 가능성을 열고 있다. AmbiScene의 유연한 조명은 수많은 새로운 방법을 제시하여 고객의 마음을 사로잡고 이들이 매장을 다시 방문하도록 유도한다. 맞춤화된 조명 효과는 브랜드를 반영하며 방문객들의 이동 편의를 돕는다. 버튼을 눌러 새로운 컬렉션과 테마에 맞춰 AmbiScene 조명을 바꿀 수 있다.

자료: lighting.philips.co.kr

◈ 그림 13-30 필립스 조명 제어 시스템으로 조명 제어

필립스 조명시스템은 쾌적하고 생산적이며, 안전한 환경을 제공한다. 공간을 아름답게 하고 환경을 새롭게 변화시킨다. 필립스 조명 시스템은 세계 정상급의 기존 조명기구와 LED 조명기구에 아날로그 및 디지털 컨트롤러를 결합하여 필요한 때 필요한 장소에 꼭 맞는 조명을 비춰준다.

필립스는 고객의 목표를 효과적인 조명 환경으로 실현하는 데 필요한 심층적인 전문 지식과 다양한 시스템을 갖추고 있다. 또한 고객의 목표를 이해하고 고객의 조명 요구 조건에 맞는 최상의 조명을 보장하는 완벽한 솔루션을 정하고 실행하도록 지원한다.

제4차 산업혁명의 핵심동력
| 장수기업의 소프트 파워 |

세계 최대 항공기 제작 회사
보잉

Chapter 14

세계 최대 항공기 제작 회사
보잉

1. 개요

보잉(The Boeing Company)은 미국의 항공기 제작 회사 및 방위산업체이다. 일리노이 주 시카고에 본사가 있으며, 워싱턴 주 시애틀 근처의 도시 에버릿(Everett)에 대규모 공장이 있다. 다우 존스 산업평균지수의 항목으로도 들어가 있다.

보잉은 크게 두 개의 회사로 나눌 수 있다. 보잉 종합 방위 시스템(Boeing IDS, Boeing Integrated Defense Systems)은 군사와 우주에 관련된 일을 맡고 있고, 보잉 상업 항공(BCA, Boeing Commercial Airplanes)은 민간 항공기를 제작하고 있다. 세계 최대의 항공기 제작 회사이자 동시에 세계 굴지의 방위산업체인 보잉은 록히드 마틴, 노스롭 그루먼과 함께 미국의 3대 항공우주산업체이다.

일리노이 주 시카고에 본사, 롱비치, 세인트루이스 등 미국 전역에 지점과 공장이 있는데다가 해외지부도 세계 곳곳에 두고 있다.

에어버스 그룹 발족 전 모그룹으로 있었던 EADS 같은 대표적인 방위산업체이다.

🏵 그림 14-1 미 시카고에 있는
　　　　　　보잉 본사 건물

🏵 그림 14-2 창립주 윌리엄 E. 보잉

2. 역사

　보잉은 1916년, 시애틀에서 창립주인 윌리엄 E. 보잉(William Edward Boeing, 1881~1956)에 의해 세워졌으며, 이때의 이름은 '태평양 항공기 제작사(Pacific Aero Products Co.)'였다. 1917년에 비로소 '보잉 항공기 회사(Boeing Airplane Company)'로 이름을 바꾸었다. 보잉은 초창기에 주로 수상비행기를 만들었다. 당시 항공기는 주로 나무로 된 뼈대에 방수천을 덧대서 기체를 만들었는데, 보잉은 예일대에서 목재에 대해 공부하기도 했었고, 또 한 동안 목재회사에서 근무했던 경력이 있어서 이런 항공기용 나무 뼈대를 만드는 데 도움이 되었다고 한다. 보잉의 창립에도 일화가 있다. 1910년에 윌리엄 보잉이 로스앤젤레스에서 열린 American Air Meet이라는 곳에서 비행기를 탔는데, 자리가 하나 뿐인 비행기라 조종사에게 날개에 붙어서 탈 테니 태워달라고 하면서 비행기를 탄 게 원인이었다.

그리고 비행기를 타 본 뒤 한말이 "내가 만들어도 이것보다는 잘 만들겠다."라고 하고서, 그 뒤에 시애틀로 돌아와 보잉을 차렸다고 한다. 항공기 제작사뿐만 아니라 항공운송회사도 차리는 등, 점차 몸집을 불려나가던 보잉은 1933년경에 최초의 현대식 여객기라 할 수 있는 보잉 247을 개발하였다.

3. 민간 부문

전술한 바와 같이 보잉은 초창기 시절에도 여객기 등의 개발에 관여하고 있었다.

자료: namu.wiki

◈ 그림 14-3 보잉 707에서 보잉 787까지 제트 여객기를 보잉 시애틀 본사 박물관에 사열시켜둔 모습[1]

---

1) 맨 앞부터 뒤쪽으로 가면서 보잉 707, 보잉 717, 보잉 727, 보잉 737, 보잉 747, 보잉 757, 보잉 767, 보잉 777, 보잉 787이다.

그리고 1930년대 말엽부터 1940년대 말엽까지는 자사의 폭격기인 B-17이나 B-29를 기초로 하여 동체를 여객기용으로 바꾼 보잉 307, 보잉 377 등을 개발하였다.

자료: zetawiwi.com

자료: seouldesign.or.kr

🔯 그림 14-4 보잉 B-29 슈퍼포트리스(상) vs 보잉 377(하)

자료: techholic.co.kr

◈ 그림 14-5 보잉 747

　그리고 2차 대전 이후 보잉 707, 보잉 727, 보잉 737, 보잉 747 등 걸작 제트 여객기를 생산해 냄으로써, 대형 민간 항공기 부문에서는 독점에 가까운 시장 점유율을 가진 기업으로 성장하게 되었다.

　20세기 후반 에어버스가 급성장하여 그 위상이 흔들리는 듯하였으나, 경쟁자를 따돌린 777의 대성공과 보잉 737, 보잉 747 등의 기존 걸작 기종을 기반으로 주도권을 되찾아 현재 시장 1위의 자리를 굳건히 지키며, 에어버스와 세계 민간 항공기 시장을 양분하고 있다. 2010년 2월 기준으로 보잉 747-8, 보잉 787 등 신형 기체를 선보이는 중이다.

　주 고객은 미국 항공사와 일본의 양대 항공사다. 특히 일본의 양대 항공사는 선택의 여지가 없는 보잉파다. 비교적 에어버스를 잘 들여오는 싱가포르 항공과 에미레이트 항공도 보잉에 주문하는 양이 상당하며, 에어버스파인 루프트한자는 747-8i의 런치 커스터머다. 물론 우리의 날개 대한항공도 주 고객 중 하나이다. 멕시코의 아에로멕시코도 대표적인 보잉파 항공사다. 그리고 나라나 주변 국가의 사정 때문에 보잉의 주 고객이 된 항공사도 몇몇 있는데, 엘알 이스라

엘 항공이 대표적이다. 대신 유럽의 항공사들이나 구 공산권, 특히 러시아나 중국의 항공사는 미국에 대한 반발 심리가 있어서인지 보잉 기종의 도입이 비교적 적은 편이었지만, 중국의 항공사에도 차츰 보잉으로 기우는 중이고 소련 붕괴 후 아에로플로트 같은 러시아 항공사에서도 서서히 보잉제 여객기를 도입하고 있다. 얼마 전 중국국제항공이 자사의 800번째 보잉기 도입을 축하하는 행사가 있었고, 2002년 4월 15일 김해국제공항에 착륙을 시도하다가 김해시 지내동의 야산에 추락한 중국국제항공의 기종은 보잉 767이다. 북한은 미국과 적대 관계라 보잉을 주문할 리도 없거니와 주문한다고 쳐도 미국의 적성국 금수 규정에 걸려서 받아줄 지 의문이다. 그리고 무엇보다 보잉은 미국의 방위산업체다.

유럽의 항공사들 중 대표적인 보잉파 항공사는 KLM과 LOT다. 특히 LOT는 1990년 소련이 붕괴되자마자 재빠르게 소련제 여객기를 퇴역시키고 보잉 767을 시작으로 보잉제 여객기로 모두 바꿔 버릴 정도였다. 그러나 보잉 767을 점차 퇴역시키고 올인에 가깝게 도입한 보잉 787이 LOT에서도 예외 없이 기체 말썽을 일으켜서 씁쓸하다.

자료: staralliance.com

그림 14-6 LOT 폴란드 항공

자료: en.wikipedia.com

⬦ 그림 14-7 보잉 787-8

수백 대의 선주문을 받아 놓은 보잉 787의 개발 지연, 납품 지연으로 욕을 들어 먹어 보잉 787의 경우 베이퍼웨어[2]로 악명을 떨치며 한때 지구 멸망의 봉인 등의 별명으로 불리며 조롱당했었다. 게다가 보잉 787을 주문한 고객들도 이를 취소하고 보잉 777 등의 자사의 다른 기종이나 에어버스 등 타사 기종들로 선회하는 등 보잉은 회사의 신뢰성과 이미지에 먹칠하게 되었다. 2009년 12월 15일 보잉 787의 첫 시험 비행을 무사히 마쳐 그러한 이미지를 어느 정도 떨쳐낸 줄 알았는데, 일본항공과 전일본공수(全日本空輸)로 인도된 보잉 787-8의 배터리 결함으로 인한 화재 때문에 FAA로부터 2013년 1월부터 4월까지 전 세계의 보잉 787이 운항 금지를 당하면서 다시 회사의 신뢰성과 이미지에 막대한 타격을 입었다. 이 상황에서 경쟁사의 A350이 성공한다면 보잉은 답이 없어지는 상황이었다. 보잉 787은 보잉 공장에서 생산하던 중 날개에 머리카락 굵기의 균열이 발견

---

2) 베이퍼웨어(vaporware)란 아직 실용화가 되지 않았거나 실제 존재하지 않지만 논의되고 광고도 하는 소프트웨어 또는 하드웨어를 말한다. 베이퍼웨어는 사용자들에게 지금은 할 수 없는 일이 미래에는 가능하다는 환상을 심어주고 당장 구입할 수 있는 경쟁업체의 제품을 사지 못하도록 막는 효과가 있다.

되는 바람에 보잉에서 조사에 들어가는 등 또 다시 말썽을 일으켰다. 중화항공도 보잉 747을 퇴역시키고 보잉 787이 아닌 777-300ER을 주문할 정도이다. 다만, 최근에는 787의 안정화에 성공해서 787과 관련된 말썽의 빈도가 줄어든 편이다.

보잉에서 제일 처음으로 인도한 항공기는 팬 아메리칸 항공이 주문한 보잉 707-120으로서, 1958년 8월 15일에 인도했다. 그리고 2015년 3월 12일 기준으로, 보잉사가 제일 마지막으로 인도한 항공기는 아메리칸 항공이 주문한 보잉 787-8로서, 2015년 2월 27일에 인도했다.

보잉의 말에 따르면, 보잉 797을 계획 중인 듯하다. 현재 정확한 명칭은 없지만, 보잉의 말에 따르면 보잉 797의 사이즈는 보잉 757과 보잉 767의 중간쯤 되는 이중통로기인 듯하다.

우주분야에서는 아폴로 계획, 스페이스 셔틀 등에서 많은 수익을 올렸고, 얼마 전까지도 델타 로켓으로 상업용 인공위성 시장을 꽉 잡고 있었으나, 러시아가

자료: hani.co.kr

🌐 그림 14-8 CST-100 스타라이너

소유즈로켓으로 떨이를 하면서 민간시장을 뺏기고 있다. 현재 민간 우주관광 시장마저 잡힘으로서 에네르기아와 아리안 스페이스사에게 민간위성발사를 거의 빼앗긴 상태다. 미국의 군사위성 및 첩보위성 수요가 상당하기 때문에 망하지는 않는다는 관측도 있다. 스페이스 X와 경쟁하는 민간 우주선 개발에서도 2015년에 끝내 CST-100 스타라이너를 발표하면서 아직은 죽지 않았음을 증명하고 있다. 물론 드래곤에 비해 너무 늦게 시작한 만큼 개발도 지지부진했지만 재활용에 집착하지 않는 냉정한 면모 덕에 2017년 하반기 발사 일정을 확정했다.

그리고 잘 알려지지 않은 사실이지만 보잉은 한때 배도 만들었다. 이름은 보잉 929로, 1973년에 개발된 수중익선이다. 미국 해군의 페가서스급 고속정으로 6척이 납품되었고(현재는 모두 퇴역), 26척이 건조되어 현재까지 민간용으로도 사용되고 있다. 나중에는 일본 가와사키 중공업에서 15척과 중국 Shanghai Simno Marine(上海新南船廠公司)에서 2척이 라이선스 생산하기도 하였다. 일명 제트포일이라고도 하며, 2013년 현재 전 세계에서 37척이 아직 운항 중이다. 부산광역시-후쿠오카 하카타 항로를 운항하는 비틀·코비호, 홍콩-마카오 항로를 운항

자료: wikiwand.com

그림 14-9 보잉 929

하는 터보젯 등이 바로 이 모델이다. 현재는 더 이상 생산되지 않으나, 가와사키에서 사후 지원을 담당하는 자회사를 설립·운영 중이다.

4. 방위 산업 부문

보잉은 초창기에 방위사업 부문에도 여러 번 기웃거리던 중, 1930년대 초에는 전투기 개발에도 참여하여 미 육군항공대가 운용한 최초의 단엽전투기, P-26 피슈터(Peashooter, 콩알 총. 전투기 조종사란 뜻도 있다.)를 개발하였다. 미군은 기체 자체에 불만은 없었으나 지금과 달리 당시의 미군은 해군 쪽을 제외하면 그리 강력한 편이 아니었던지라 생산수량은 고작 150대 정도였다.

보잉이 방위사업 부문에서 두각을 나타낸 것은 B-17 폭격기를 개발하면서부터였다. 사실 이 B-17은 보잉이 그간 여객기를 만들며 얻은 대형기체 제작의 노하우를 모두 집대성하여 사활을 걸고 만든 폭격기였다. 그러나 B-17은 당시 경쟁기종으로 참여한 B-18보다 지나치게 비싼 가격 탓에 미군도 살까 말까 고민하였고, 심지어 B-17 구매계획이 취소될 위기에 놓이기까지 했다. 그러나 B-17의 뛰어난 비행능력에 미군은 이 폭격기를 버리기 아까워했고, 마침내 전쟁에 참전하게 되자 B-17을 대량주문하게 된다. 보잉이 초대형 군수업체로 발돋움하기 시작한 건 덤이다. 이후 개발한 B-29 역시 태평양 전선에서 일본을 상대로 대활약

자료: ko.wikipedia.org

🌐 그림 14-10 보잉 B-17 플라잉 포트리스

하는 등 2차 대전을 통해서 보잉은 고만고만한 항공기제작업체에서 명실상부한 정상급 폭격기 개발업체로 발돋움하였다.

이후 제트항공기 시대가 열리자 보잉은 재빠르게 B-47을 개발하였으며 이후 대형 제트 폭격기인 B-52를 다시 개발하여 군수분야에서 승승장구하였다.

이런 폭격기 이외에도 자사의 여객기를 기반으로 조기경보기, 공중급유기, 수송기, 대잠초계기 등을 생산하여 군수분야의 1위로 이미지를 굳혀갔다.

1960년대에는 헬리콥터 제작사인 버틀(Vertol)을 인수, 보잉-버틀 헬리콥터 회사를 설립하였으며 이후 이 회사는 보잉에 완전히 합병되어 '보잉 헬리콥터 시스템'으로 이름을 바꾸었다.

보잉 버틀은 CH-46, CH-47 등 간판급 군용 헬리콥터를 개발하였으며 또 헬리콥터 제작사인 벨과 한 팀을 이루어 최초의 군용 틸트로터기인 V-22를 개발하였다.

자료: m.blog.naver.com

그림 14-11 보잉 버틀 CH-47

참고로 전 세계를 박살낼 수 있는 대륙간탄도미사일(ICBM) 미니트맨 3도 보잉의 작품이다.

자료: boing.com

🌐 그림 14-12 보잉 미니트맨 3

5. 맥도넬 더글라스 흡수 이후

냉전이 끝나고 악재가 겹쳐 방산업체 M/A 시장에 MD가 매물로 나오자 보잉이 1997년 이를 합병하게 된다. 군용기 분야의 큰손이었음에도 유독 전투기 분야에서 지분이 없던 보잉이 전투기로 대표되는 방산업체의 강자인 MD를 인수하게 된 것이다.

그 덕에 아직도 파생형으로 명맥을 잇고 있는 F-15, F/A-18 같은 명품 전투기 생산라인을 보유하게 되었으며, AH-64도 보잉의 헬리콥터 진용에 합류하였고, 현재 미공군의 주력 수송기인 C-17에다가 하푼 등의 각종 미사일체계도 취급하게 되었다.

자료: nationalinterest.org

❁ 그림 14-13 명품 전투기 F-15

자료: blog.donga.com

❁ 그림 14-14 팬텀 웍스가 디자인 · 개발 · 생산을 맡은 X-37

또한 맥도넬 더글라스 산하의 팬텀 웍스라는 연구개발조직을 흡수하게 되었고, 보잉은 MD 합병 부근을 전후로 전투기 사업에 보다 적극적으로 뛰어들게 된다.

먼저 ATF 프로젝트에서는 록히드 마틴과 컨소시엄을 구성, YF-22의 개발에 참여하였으며, 이후 F-22의 주익, 후방 동체, 항공전자장비 통합, 파일럿 훈련 장치, 유지 보수 설비의 개발 · 생산을 맡게 되었다.

JSF 사업에서는 보잉이 주계약자로 나섰다. 예전에 번번히 전투기 사업에서 물을 먹던 것과 달리 이번에는 보잉이 맥도넬 더글라스의 전투기 사업 분야를 확보한 상태에서 참여한 것이었고 특히 JSF 사업에서 가장 까다로운 수직착륙/호버링 능력 부문에 있어서는 누가 뭐라 해도 보잉이 유리했다. 바로 수직이착륙 전투기인 AV-8 해리어가 맥도넬 더글라스(McDonnell Douglas)의 작품이었기 때문이다. 그러나 크게 실패했다. 특히 문제가 된 부분이 경쟁상대인 록히드 마

자료: geocities.ws

🏵 그림 14-15 AV-8B Harrier

틴보다 노하우가 많다고 자부하던 수직착륙 부분이었다. 혹자는 우스갯소리로 X-32가 못생겨서 탈락한 것이라고도 한다. 나중에는 무인전투기 개발 사업에도 참여하여 X-45를 개발하였다. 그러나 이번에도 도무지 운이 안 따라준다. X-45A 가 성공적으로 시험비행을 마쳤고 그에 따라 미군은 X-45를 더 크게 만들어 좀 더 실전적으로 다듬은 X-45B, X-45C를 개발하기로 했는데, 중간에 사업이 취소 되어버린 것이다. 이후 보잉은 X-45를 해군용으로 개발한 X-45N을 해군에 제시 했으나 이번에는 해군이 X-45N 사업을 아예 취소시켜버렸다. 이래저래 '보잉' 이 름을 걸고 새로 개발하는 전투기들은 도무지 좋은 결과를 못 보는 상황이다. 그 래도 워낙에 맥도넬 더글라스가 잘 가꿔놓은 덕에 어떻게든 전투기 시장에서 버 티고 있는 중이다. 2008년에는 미 공군의 차기 공중급유기 사업인 KC-X에서 탈 락하자 사업을 원점으로 돌려 욕을 또 먹었다. 하지만 2011년 2월에 결국 KC-X 사업의 승자가 되었으니 보답은 받은 셈이다.

현재는 미국의 신규 고등훈련기 사업인 T-X 사업에 사브와 컨소시엄을 맺고 참여한 상황이다. 상대는 록히드 마틴과 KAI의 컨소시엄이 내놓은 T-50A이다. 2016년 12월 21일 첫 시제기의 처녀비행이 성공하였다.

6. 제품

● 보잉 247 : 최초의 현대식 여객기

자료: en.wikipedia.org

🏵 그림 14-16 보잉 247

- 보잉 2707 : 초음속기, 원형기가 만들어지기도 전에 계획이 취소됐다.
- 보잉 307 : 스트라토라이너(Stratoliner), B-17 폭격기를 기초로 개발
- 보잉 377 : 스트라토크루저(Stratocruiser), C-97 수송기를 기초로 개발
- 보잉 707 : 전설의 시작. 여러 항공기의 플랫폼으로 쓰인 걸작 제트 여객기

자료: namu.wiki

◈ 그림 14-17 보잉 707

자료: wolfnhyena.com

◈ 그림 14-18 보잉 737

- 보잉 717 : 맥도넬 더글라스에서 MD-95로 개발하던 것을 717로 만들었다.
- 보잉 727 : 737의 기록 갱신 이전에는 세계에서 가장 많이 팔린 여객기였다.
- 보잉 737 : 세계에서 가장 많이 팔린 여객기. 지금도 하늘을 날고 있고, 앞으로도 계속 생산할 장수만세 여객기이다.
- 보잉 747 : 점보여객기로 유명. 상기한 737과 마찬가지로 반세기 넘게 하늘을 날고 있는 대형 여객기의 클래스 대표

자료: techholic.co.kr

🌐 그림 14-19 보잉 747

자료: mblog.naver.com

🌐 그림 14-20 보잉 777

- 보잉 757 : 협동체 제트기로는 가장 넓다.
- 보잉 767 : 광동체 제트기로는 가장 좁다.
- 보잉 777 : 쌍발 제트 여객기의 한계를 초월한 대형 여객기의 패왕. 경쟁사에게 추월 당하던 보잉을 다시 일으켜 세운 주역 중 하나
- 보잉 787 : 현재 보잉의 신세대 여객기인 드림라이너
- P-26 : 미국 최초의 전금속제 전투기
- B-17 : 유럽을 구함과 동시에 독일을 초토화시킨 폭격기. B29와 더불어 2차 대전 참전 용사
- B-29 : 현재까지 유일하게 실전에서 핵을 떨어뜨린 폭격기다. 2차 대전 종결자
- B-47 : 미군 최초의 제트 폭격기

자료: thisdayinaviation.com

🏵 그림 14-21 B-47

- B-52 : 초기 모델인 B-52A부터 후기형인 B-52H까지 합치면 '할아버지도 타고, 아들도 타고, 손자도 탄' 장수만세 폭격기. 현재도 현역이다.
- C-32 : 757을 기반으로 만들어진 수송기
- C-40 : 737을 기반으로 만들어진 수송기
- C-97 : B-29 기반의 수송기, 엔진, 주익 등은 동일. 한국전쟁에 참전한 전과도 있다.

● VC-25 : 미국의 에어포스 원

자료: community.infinite-flight.com

❄ 그림 14-22 VC-25

● CH-46 : 씨나이트. 미 해병대의 주력 중형(Medium) 수송헬기
● CH-47 : 치누크. 미 육군 주력 대형 수송헬기. 우리나라군도 운용 중이다.
● E-3 조기경보기 : 보잉 707을 기반으로 만들었다.

자료: bemil.chosun.com

❄ 그림 14-23 E-3 조기경보기

- E-737 : 보잉 737을 기반으로 만들었다.
- E-767 조기경보기 : 보잉 707이 단종됨에 따라 같은 시스템을 보잉 767에 얹었다.
- E-4 : 보잉 747기반 공중 지휘소. 핵전쟁으로 지상이 막장이 되면 여기서 총지휘를 한다.

자료: bemil.chosun.com

🌐 그림 14-24 E-4

- E-6 : 장거리 통신중계기. 주로 하는 일은 탄도탄을 발사하는 핵잠수함들에게 내려지는 통신을 중계해주는 일. 보잉 707을 기반으로 제작됨.
- E-8 : 일종의 지상군을 위한 조기경보기. 강력한 대 지상레이더로 적 지상군의 동향을 파악하여 아군에게 알려준다.
- F/A-18E/F 슈퍼호넷 : F/A-18 호넷의 발전형 전투 공격기
- EA-18G 그라울러 : F/A-18E/F 슈퍼호넷을 기초로 개발된 전자전기
- F-15SE : F-15E에서 스텔스 기술을 적용/개량한 전투기
- KC-135 공중급유기 : 보잉 707을 기초로 만들어졌다.
- KC-46 공중급유기 : 보잉 767을 기초로 만들어졌고, 전작인 KC-767을 기반으로 하고 있다. 2011년 2월에 미 공군이 KC-135를 대체할 기종으로서 노스롭 그루먼과 에어버스가 추진하는 KC-45(A330 MRTT)를 이기고 최종 선정되었다.

자료: pgtyman.tistory.com

◈ 그림 14-25 KC-135 공중급유기

- KC-767 공중급유기 : 보잉 767을 기반으로 만들어졌고, 현재 일본과 이탈리아가 운용 중인 기종이다.

자료: premium.chosun.com

◈ 그림 14-26 KC-767 공중급유기

- P-8 대잠초계기 : 737 기반이며, P-3을 대체할 예정이다.
- X-32 : JSF 참여기종

(1) 인수합병한 회사에서 제작한 항공기

● AH-64 : 맥도넬 더글라스

자료: joysf.com

🏵 그림 14-27 AH-64 아파치

● AV-8 : 맥도넬 더글라스

● B-1 : 록웰

● F-15 : 맥도넬 더글라스

● F/A-18 : 맥도넬 더글라스

● F-22 : 록히드 마틴과 컨소시움 구성(록히드 마틴이 주 계약자)

● YF-23 : 정확히는 맥도넬 더글라스가 참여함.

● V-22 틸트로터기 : 벨과 합작

● KC-10 : 맥도넬 더글라스가 개발

● C-17 : 대형 전략수송기. 맥도넬 더글라스가 개발

● 하푼 : 대함 미사일. 맥도넬 더글라스가 개발

자료: llheavenll.egloos.com	자료: blog.donga.com
🔰 그림 14-28 하푼 미사일	🔰 그림 14-29 토마호크

- SLAM : 하푼을 기초로 개발된 지상공격용 미사일
- 토마호크 : 유명한 크루즈 미사일. 맥도넬 더글라스가 개발
- 헬파이어 : 대전차 미사일. 맥도넬 더글라스가 개발
- JDAM : GPS 유도폭탄. 맥도넬 더글라스가 개발
- LGM-118 피스키퍼 : 보잉, 마틴-마리에타(현 록히드 마틴), TRW 등이 개발
- 보잉 블랙 : 보잉이 만든 스마트폰

자료: thegear.co.kr

🔰 그림 14-30 보잉 블랙

- F-4 : 맥도넬 더글라스
- A-4 : 맥도넬 더글라스
- 머큐리 우주선 : 맥도넬
- 제미니 우주선 : 맥도넬

자료: m.blog.daum.net

✿ 그림 14-31   제미니 우주선

- 새턴 2, 3단 로켓 : 노스 어메리칸, 더글러스
- 우주왕복선 오비터 : 노스 어메리칸 록웰

자료: spaceody.egloos.com

✿ 그림 14-32   우주왕복선 오비터

(2) 커스터머 코드(BCC)

 이 회사의 경우 각 항공사마다 커스터머 코드를 할당해서 항공기를 인도할 때마다 처음으로 인수하는 항공사의 코드를 붙인다. 가령 대한항공의 경우 코드가 B5이므로 대한항공 주문 보잉 777-200은 커스터머 코드를 붙여 B777-2B5로 표기한다.

자료: jetphotos.com

🌐 그림 14-33 B777-2B5

자료: cdnjetphotos.com

🌐 그림 14-34 B777-28E

코드가 할당된 국내 항공사로는 대한항공(B5), 아시아나항공(8E)이 끝이고, 국내 일반 기업으로는 삼성그룹(EG)이 유일하며, 대한민국 공군 역시 코드가(Z8) 할당되어 있다.

index

Reference

김진호 저, 빅 데이터가 만드는 제4차 산업혁명 : 개인과 기업은 어떻게 대응할 것인가? 북카라반, 2016.

노형진 저, 제4차 산업혁명을 이끌어가는 스마트컴퍼니, 한올출판사, 2017.

노형진 저, 제4차 산업혁명을 위한 인재육성, 배문사, 2017.

닛케이 BP사 편, 이정환 역, 세상을 바꿀 테크놀로지 100 : 제4차 산업혁명을 주도하는 미래 산업 전망, 나무생각, 2017.

다케우치 가즈마사 지음, 김정환 옮김, 평전 스티브 잡스 vs 빌 게이츠, 예인, 2010.

데스 디어러브 지음, 홍길표 옮김, 빌 게이츠 성공에 감춰진 10가지 비밀, 영언문화사, 2000.

돈 탭스콧 · 알렉스 탭스콧 공저, 박지훈 역, 박성준 감수, 블록체인 혁명 : 제4차 산업혁명 시대, 인공지능을 뛰어넘는 거대한 기술, 을유문화사, 2017.

로버트 루트번스타인 · 미셸 루트번스타인 지음, 박종성 옮김, 생각의 탄생 : 다빈치에서 파인먼까지 창조성을 빛낸 사람들의 13가지 생각도구, 에코의서재, 2007.

로스 킹 저, 황근하 옮김, 다 빈치와 최후의 만찬 : 기적의 걸작 「최후의 만찬」 이야기, 세미콜론, 2014.

린더 카니 지음, 안진환 · 박아람 옮김, 잡스처럼 일한다는 것, 북섬, 2008.

스티브 워즈니악 지음, 정석훈 옮김, 스티브 워즈니악, 청림출판, 2008.

장문수 저, 제4차 산업혁명의 핵심, 스마트카에 투자하라, 원앤원북스, 2016.

지그문트 프로이트 저, 이광일 옮김, 레오나르도 다빈치, 여름언덕, 2012.

최윤식 · 최현식 공저, 제4의 물결이 온다 : 4차 산업혁명, 부의 기회를 잡아라, 지식노마드, 2017.

클라우스 슈밥 저, 송경진 역, 클라우스 슈밥의 제4차 산업혁명, 새로운현재, 2016.

프리초프 카프라 저, 강주현 옮김, 다빈치처럼 과학하라, 김영사, 2011.

프리초프 카프라 저, 김용정 · 이성범 옮김, 현대 물리학과 동양사상, 범양사, 2015.

한중전략경영연구소 편저, 제4차 산업혁명 이렇게 달성한다, 배문사, 2017.

한중전략경영연구소 편저, 제4차 산업혁명 충격과 도전, 배문사, 2017.

吉川良三, 日本型第4次ものづくり産業革命, 日刊工業新聞社, 2015.

尾目藏人, インダストリー4.0 第4次産業革命の全貌, 東洋經濟新聞社, 2015.

岩本晃一, インダストリー4.0 ドイツが與えるインパクト, 日刊工業新聞社, 2015.

長島聰, 日本型インダストリー4.0 日本經濟新聞出版社, 2015.

佐野義幸 · 柳生淨勳 他二人, 3Dプリンタの本, 日刊工業新聞社, 2014.

저자 소개

|노형진|

- 서울대학교 공과대학 졸업(공학사) / 고려대학교 대학원 수료(경영학박사)
- 일본 쓰쿠바대학 대학원 수료(경영공학 박사과정)
- 일본 문부성 통계수리연구소 객원연구원 / 일본 동경대학 사회과학연구소 객원교수
- 러시아 극동대학교 한국학대학 교환교수 / 중국 중국해양대학 관리학원 객좌교수
- 국방과학연구소 연구원 역임
- 현재) 경기대학교 경상대학 경영학과 교수
  전공. 품질경영 · 기술경영 · 다변량분석(조사방법 및 통계분석)
  중소기업청 Single-PPM 심의위원 / 대한상공회의소 심사위원 · 지도위원
  한중전략경영연구소 이사장 / 한국제안활동협회 회장

- 주요저서 : EXCEL을 활용한 품질경영(학현사)
  Amos로 배우는 구조방정식모형(학현사)
  SPSS/Excel을 활용한 알기쉬운 시계열분석(학현사)
  SPSS를 활용한 조사방법 및 통계분석(제2판)(학현사)
  SPSS를 활용한 일반선형모형 및 일반화선형혼합모형(학현사)
  EXCEL에 의한 경영과학(한올출판사)
  SPSS를 활용한 회귀분석과 일반선형모형(한올출판사)
  SPSS를 활용한 주성분분석과 요인분석(한올출판사)
  Excel 및 SPSS를 활용한 다변량분석 원리와 실천(한올출판사)
  SPSS를 활용한 비모수통계분석과 대응분석(지필미디어)
  SPSS를 활용한 연구조사방법(지필미디어) / SPSS를 활용한 고급통계분석(지필미디어)
  SPSS를 활용한 통계분석의 선택방법(지필미디어)
- e-mail: hjno@kyonggi.ac.kr

|이애경|

- 경기대학교 경영학과 졸업(경영학 학사)
- 경기대학교 대학원 석사과정 수료(경영학 석사)
- 경기대학교 대학원 박사과정 수료(경영학 박사)
- 현재) 경기대학교 경상대학 경영학과 겸임교수
  인천지방법원 김포지원 민사조정위원
  (주)용신플러스 대표이사

- 주요논문 : 집단 | 지성의 기업 내 성공적 도입에 관한 연구 - 사례연구를 중심으로 -,
  석사 논문(2011년) 디지털 기술 상품의 사용자체험과 생활만족도에 관한 한 · 중 비교 연구 -,
  스마트폰 사용자를 중심으로 - 박사 논문 (2015년)
  스마트폰 사용자들의 긍정적 정서가 생활만족도에 미치는 영향에 관한 실증적 연구, 학술지 논문
  (2015년)
- e-mail: aizzing57@naver.com

제4차 산업혁명의 핵심동력
- 장수기업의 소프트 파워 -

2018년 1월 15일 초판1쇄 인쇄
2018년 1월 20일 초판1쇄 발행

저　　　자　노형진 · 이애경
펴 낸 이　임 순 재
펴 낸 곳　(주)한올출판사
등　　　록　제11-403호
주　　　소　서울시 마포구 모래내로 83(성산동, 한올빌딩 3층)
전　　　화　(02)376-4298(대표)
팩　　　스　(02)302-8073
홈 페 이 지　www.hanol.co.kr
e - 메 일　hanol@hanol.co.kr
I S B N　979-11-5685-607-8